【当代华语世界人文历史丛书】

毛主义遗产：

1949–1976 实录

The Maoist Legacy:
A Record from 1949—1976

金钟　著

By Jin Zhong

【当代华语世界人文历史丛书】

学术顾问：黎安友、郭汤姆

主　　编：荣　伟

Academic Adviser:　Andrew J. Nathan, Tom Kellogg
Chief Editor:　　　David Rong

Published by Bouden House, New York
ISBN:　979-8-90257-008-0 (Paperback)
　　　　979-8-90257-009-7 (eBook)

The Maoist Legacy: *A Record from 1949-1976*
by Jin Zhong

毛主义遗产：1949—1976 实录

金钟　著

出　版：博登书屋·纽约（Bouden House New York）
邮　箱：boudenhouse@gmail.com
发　行：谷歌图书（电子版）、亚马逊（纸质版）
版　次：2026 年 1 月 第 1 版（简体字）第 1 次印刷
　　　　2025 年 9 月 第 1 版（繁体字）台北印刷
字　数：210 千字
定　价：$35.00 美元

作者介绍

香港新闻记者、政论作家冉懋华，笔名金钟、牧夫。出身于湖南常德之内战分离家庭：父亲冉鹏 1949 年赴台湾，曾任行政院副主计长。五十年代受教于武汉电力专科学校，任水利技术员多年。1980 年移居香港，画商品油画谋生。任聘政论杂志编辑，为各地报刊撰写中国评论。

1987 年，与友人创办《解放》月刊，1990 年改名《开放杂志》Open Magazine，任总编辑。并经营"开放出版社"，出版张戎著《毛泽东鲜为人知的故事》中文版、《文革受难者》《赵紫阳软禁中的谈话》《班禅喇嘛传记》《战俘启示录》《告别总参谋部》等书。

著作：《从毛泽东到邓小平》《中国的演变：风云人物访问录》，编著冉鹏日记《仓皇辞庙》《开放三十年备忘录》、主编《共产中国五十年》《红朝宰相》《中英世纪之争》等。

金钟四十年勉力政治评论，经营政论杂志与出版社，亲力专访知名人物二百余位，有广泛的社会影响。曾获香港人权新闻奖、美国万人杰新闻文化奖。多次入选百名华人公共知识分子。2016 年移民美国。主编《开放网》。本书 2025 年在台湾出版繁体字第一版。

目　录

自　序

这是一本有关毛泽东统治中国（1949-1976）的书。那二十七年是一个独特的朝代。

共产主义运动自从 1848 年《共产党宣言》在欧洲发萌以来，特别重视理论问题，无论成败，都要归究于主义路线，以维护其存在的合理性。近二百年来，他们宗奉的是"马克思列宁主义"，从十月革命的苏共政权（1917-1991）到内战得胜的中共政权（1949-　），是两个最大存亡各异的共产党国家。《列宁全集》出了六十卷。《斯大林全集》生前十三卷，死后不再出。

中共以马列正宗自命，却关门唱戏，独领风骚。毛选集出版五卷，自冠为"毛泽东思想"，以移山之力，压倒古今。万般皆下品，文革为高潮。各色制品，无孔不入。《毛语录》竟发行 20-30 亿册，成为正式被中共当局取缔的唯一毛书，归咎于林彪所为。 但是，毛的思想及其制度，依旧传之五代至今，极权专制，鬼魅不散，改装成中国特色的迷魂剂。就像北京煤山上那颗崇祯上吊的歪脖子树，至今换了新树，供游客"感叹历史的沧桑"。

"毛泽东主义"素以非毛之研究者的俗称，也包含所谓毛派的一份敬意。本书从俗，无关要旨。或与毛思想有所调味。毛其人常有标新立异、不受规范之癖，以其矛攻其盾；以其之言，度其心。也是一种批判方法。不妨以其三句传为经典的至爱名句，解释一下毛主义的精要。如下：

一是"枪杆子里面出政权"——这是毛致力于武力割据的意志所在。重庆和谈有美苏支持的联合政府机遇，胡适、张君劢致毛公开信，建议放弃武装根据地，实现军队国家化。毛将张划成"战犯"而大批胡适，最后夺取政权。

二是"一切反动派都是纸老虎"——这是中共政权，内政外交的总战略。土改镇反、出兵韩战、大跃进都含有崇拜人海战术、鄙视核武的战争万能思想，和二战后的雅尔塔精神、苏共三和路线背道而驰。

三是"天下大乱，造反有理"——这是毛文革反苏、鼓吹民粹、无政府、反法制的思想意识根源。"造反"是形容农民绿林反朝廷的暴力，被毛神圣化绝对化。与现代国家的社会运动殊不相同，毛以"混世魔王"的狂热煽动全民反体制的红色恐怖，打倒一切。

毛以无敌红太阳之名，留下巨大争议而死。其一生志业，从井冈山占山为王、到割据延安，打平天下、进而皇天后土二十七年。其一生功过何在？这是一个尊重历史的拷问。毛未留下任何正式遗嘱、密诏。多年后一篇临终谈话，被视为"政治遗嘱"公开，他要为自己未盖棺先"论定"。并首次提到他的"遗产"，是他发动的文革。他说：

> "发动文化大革命这事，拥护的人不多，反对的人不少……这件事没有完。这笔遗产得交给下一代。和平交不成就动荡中交。若交不好，就得血雨腥风了。"

中共官方，1981 年对文革已有"彻底否定"的结论。毛这个遗嘱有何奥秘？毛显然对文革有至死不变的坚持。官方对此没有任何表示。"礼失求诸野"，因此探讨毛留下的遗产，就是一件至为重要的事。至少我们可以从此政治遗嘱看到：

一、透露接棒天机：当时躬听毛临终谈话的人，四人帮全在场。都是文革干将与亲信。毛视文革为"遗产"，要交给下一代——就是交权给这帮人。但并不放心，有鼓励继续革命之意。 毛称反对文革者不少。——这是毛对他的最后革命的悲观流露。

二、与苏修之仇：毛在仅存一息之际，还将文革列为他不甘心失败的大事。这是前所未有的事。 毛明白他和苏共的恩怨情仇，不共戴天。从 1960 年公开，以至十年文革都是在反苏修，甚至在"联美反苏"的主旋律下进行。至今死神已在敲门，他将国内大批干部、知识分子整得半死不活，而最大的敌人还在莫斯科逍遥，有无损其一根寒毛？这位斗争大师从不认输。

换言之，毛的所谓临终遗嘱，不正是印证了本书的初衷——毛从分歧走到取苏而代之的狂妄，在美苏主导二战后世界大局下必然归于失败吗？毛泽东终于在反苏遗恨中死去。尸骨未寒，文革从权力到纲领被粉粹，如果不是邓小平的偏护，毛还会有今天的面子吗？1981年中苏共先后否定文革。勃列日涅夫也在1981年苏共二十六大指出："中国现在把他们国家在所谓文化革命时期的秩序称为'最残酷的封建法西斯专政'，对此评价，我们没有什么补充的了。"

笔者有幸八十年代初从大陆来到香港，成为自由评论界的一员。在新闻出版业的竞争中，陶冶青春时代的感性意识。更有大量的参考信息和启示，毛后香港和大陆思潮相涌。诚服日本学者福泽谕吉所诚："一个国家的现代化，首先是思想的现代化、然后是制度的现代化，最后是器物的现代化。"中共逆此规律而行。眼看他起高楼、宴宾客，蜕变为物欲横流、与普世价值相对抗的非典社会。更有感于天安门学运、台湾民主和苏联解体的澎湃浪潮，我们出版论集《共产中国五十年》于新世纪前夜。

得到数十位作者的支持，他们是知名作家、历史学家、政论家。令人欣慰的是普大余英时教授惠赐序言，以"边缘人"理论阐述中共的起源，并对此五十年论集给予嘉勉。称该书有特色：

> 涵盖面十分广阔：兼有经纬交织和纲举目张之长；文字有宏观的概括也有微观的个案分析，显示整片森林的形势，和个别树木的枝叶扶疏……

余教授深知在香港奋斗的艰难，他的赞许是海外知识界对一群来自中国的觉醒的一代，独立思考的认同和尊重。我不能辜负先驱者的鼓励。现在这本探讨毛主义留下的遗产的文集，可以认为，是二十五年前《共产中国五十年》的续集。转瞬间，新世纪又过了四分之一。香港改变了模样。前辈友侪离散，我也移居纽约。觉得应该将二十世纪以来，我们曾经日日夜夜跟进的那些忘不了的故事，利用新的史料加以补充、修正，使之略具系统性。揭露毛泽东反苏修的欺骗性，是其中的内涵之一。

本书各篇，选择毛主义统治时期的一些重要方面，探伪求真，也有一些独立的见解和判断。恳请各方先进赐教，同时感谢关心本书出版的朋友们。

金钟 2026 年 1 月

为博登书屋简体字版修订，纽约

导读：毛泽东之死及其遗产

　　我的文集《毛主义遗产》2025 年 9 月初在台北出版，遇上九月连串大事。与这本书有关的是"九月九日"毛泽东逝世 49 周年。拟就此掌故，并介绍若干有关毛的**"遗产"**。

　　毛泽东死在他的九九忌日，有象征意味。中国人信"九九归一"毛生命有两次"九九大劫"。都在他大乱天下的高潮期：一是 1927 年，一是 1976 年。逃过了一次，逃不过第二次。1927 年是中国现代史关键的一年。国共合作失败，毛放弃组织"全国农会"抓权的野心，领导湘农武装造反，准备攻占长沙，9 月 9 日途经浏阳张家坊时，被清乡队抓住！团防局奉命送往总部处决——毛路上逃跑，躲进一个水草塘中，直到半夜才脱险。而后经过"三湾改编"、以赠枪贿络土匪袁文才，上了井冈山。和毛共享"农运大王"之称的彭湃，却逃亡上海，被捕遭处决。

难逃两次九九死劫：1927—1976

　　毛占山为王那年 34 岁。于 1949 年以枪杆子得天下，黄袍加身，独裁到 1976 年，他说："七三、八四，不死阎王请"。最后天怒人怨，唐山大地震，如皇帝驾崩，没有逃过这年 9 月 9 日死劫——1927 九月九到 1976 九月九，有如乱世五十年大循环！在这半个世纪，他自命秦始皇，盈得二十世纪三大暴君之冠的恶名。以杀人 7000 万纪录，压倒希特勒、斯大林。

　　1976 年，毛"九九"死前的后事，他给政权、臣民留下什么？是一个话题。官方记录，他的健康，自 1971 年林彪叛逃而休克开始衰颓，到 1975 年已说话不清，卧床，到 1976 年迅速恶化。6 月出现心梗塞、7 月昏迷、鼻饲。9 月中秋，血压下降，直到 9 日凌晨，心跳停止——在生命渐失、众神末日的一年间，毛不忘私接尼克松来京密会的虚荣，却不留下一字书面遗诏，交代后事（这是历朝历代皇家大事）——故 1976 年 6 月毛"临终嘱咐"一事，引人乐道（序中已提及）。其要点是维护他的"遗产"文革，说事没有完，"反对的不少"，这笔遗产得交给下一代。毛知道党内外从林彪甚至邓小平、无数老干部都对文革愤懑不已。邓最后下台还被指"算文革的帐"……我提出过"文革起源反苏"的观点。是基于毛历史性反苏（反修）的一系列事实。

反苏狂迷二十年：文革国际化

毛不信邪，自称身上有虎气，也有猴气。要和苏共一决雌雄。以"抬杠"手法，反修之名，恶攻赫鲁晓夫，妖魔化苏联是"社会帝国主义"，"三面红旗"挑战苏共"三和路线"。党内 1962 年七千人大会，最疑心刘少奇和苏联勾结反毛——直到刘死和林彪逃苏，证实毛早有反苏心结。许多高干都有"里通外国"之罪，如周恩来竟遭苏联"儿皇帝"之诬……整个政经文化体制铲除苏援痕迹，绑在反苏的战车上，不惜国家经济走向"崩溃边缘"。

文革的国际化，是很少人提到的概念。中外人士都被毛那些粗野的自恋狂啸及你死我活的内部派别斗争所迷惑。其实，共产党原以"国际主义"为教旨，"共产国际"操控各国支部。文革内斗及毛的神化掩饰了中苏交恶下，严重的大是大非。文革后半期，这种国际性，突然战略转移。出现戏剧性的"联美反苏"，予人中美苏三国演义幻觉。美苏冷战竞争，变为中苏誓不两立……。实质上，是毛泽东以帝王之威，不计道德、不讲原则，不择手段地买空卖空，尔虞我诈。和文革初期大乱天下，如出一辙。这是美苏看不懂的**流氓帝王术**。

核武边缘、煽动战争，遭东欧打脸

毛自认和苏分裂，"自 1958 年金门炮战始"。实质是炮打苏共三和路线：向赫鲁晓夫即将访美泼冷水。赫不退让，反对制造紧张局势，并说台湾问题可以采取列宁的政策：成立"远东共和国"。毛充耳不闻（他不可想象苏联解体缘于民族自决权）。从论战到文革，升级到挑动珍宝岛之战，引发超过古巴危机的核战边缘。毛披挂上阵，以"苏修亡我之心不死"的战争动员、1969 年 6 月对军委说："核战没有什么可怕的。中国地广人多，苏联丢几颗原子弹没有什么了不起。何况我们自己也有原子弹"……苏军方对毛的战争狂言高度反应，格列奇科元帅发出核打击警告。不料，真正按下核按钮的却是毛：1969 年九月底，毛指示试爆地下核弹和一枚氢弹，以鱼死网破之凶悍向苏示威。接着全国深挖洞、紧急疏散……周恩来获悉情报，美国对此不干预，欣喜告毛："我们可以敲开美国的门了"。毛以这场核战危机为要狭，开启美国总统来朝的一页。从此，他见外宾必煽动打仗！还要求建立一条国际反苏"横线"……苏东华沙阵营鄙视毛的好战狂言，连曾为毛效力的阿尔巴尼亚霍查，也站出来造反，长篇斥责毛泽东内外政策以苏为敌，是"反革命""假革命"。他们已经把毛当作一个比纳粹还可怕的狂人。

以上就是毛反修反苏、发动文革，直到与天下人为敌，走到核战边缘——的一条死亡之路的轮廓——毛利用垄断的党国庞大资源，狂热地自造图腾、红太阳，"毛泽东思想"摆上神枪，以暴力和战争政策，两面三刀，贯彻二十七年统治全过程，形成独裁恐怖的国家专政力量。十年文革是这个反历史潮流的登峰造极。已经踏上宪政之路的台湾，评文革犹如"一座东方疯人院"。毛对他的御医**李志绥**说过："我是不会写罪己诏的。"的确，毛正是从一件件坏事，走向一个个罪行，视亿万百姓，或为蝼蚁、或为炮灰，从无怜悯之心。——临死还抱着文革不放，宣称是他的重要遗产。这是黑暗无尽头的凶兆。请看文革已过去五十年，毛留下的专制主义遗产，不是依然和天安门他的偶像一样，不给历史一点面子！面对这样一个万死不足以蔽其辜的暴君，本书应该是中国启示录的一页。

仇视西方文化为所欲为的个人特质

对毛反苏的历史背景与个人质量，应予补充：中苏共皆出自一党专政、中循苏制。但实质上两国在历史、文化上存在不可相融的巨大差别：一个是中世纪农耕体制延续、一个是与美国竞争的现代强国。毛反修的理论与实践，皆无丝毫时代意义可言。例如苏军体制已在部署核导弹战略，批判过时的舰队主义；中共却在鼓吹"世界农村包围欧美大城市"！"修正主义"原系德国考茨基一派批判马克思的争论，符合二战后世界潮流。文化上，中国与西欧之文艺复兴差距数百年，苏联体系实为彼得大帝西化的传承和深厚的宗教意识，工业科技已达"超级大国"之境，如航空航天，早有加加林宇航、图144客机之范例。文革却在鼓吹赤脚医生、五七干校，"一不怕苦、二不怕死"。毛执意恶搞，有太平天国的杀人如麻，没有清帝登基后的"勤政求治"。

毛泽东的个人素质，是不容忽视的方面——毛是自认山大王，"打天下坐天下"的农民造反领袖，又是一个饱受中国传统文化影响的流氓皇帝。其井冈山绿林意识和作派贯穿延安到北京宫闱。他那唯我独尊、家长式习俗，和苏式风格、西方文化格格不入。同时，毛又是受过不少诸子百家影响，自称可以**"背诵四书"**，认同孔孟大义的边缘人。他的著作中有数百条古典语录，引用马列甚少。古为今用，直到死前还在批孔。斯大林说他是"人造奶油式的共产主义"，并非戏言。传统文化浸染，给了他强词夺理的一手诡辩文章。形成党八股新教条，确是中共高层中无人可及。毛崇拜湘军首领胡林翼，熟读文集，连其号**"润之"**也摘来自用。胡是非常守旧的人。一次见到长江西洋军舰，行速飞快，惊愕之际，回营即大口吐血，不久去世……可见中国人的惧外排外心理由来之深，毛不掩其对白种文明的排斥与山寨傲慢。这和列宁在西欧住过十五年、孙文通晓西方政治，去欧美二十次大异其趣。毛的谈吐和生活方式，处处"土法上马"，令人吃惊。

亿万人苟活在令人窒息的严密组织中

毛主义统治一大技术特征，为当代各国所无。那就是厉行至今的**党内蛛网结构和保密制度**。此事之严密可怖，超过黑手党，外人无法想象中国竟如一座监狱式的大兵营。也被人讥如蚂蚁般的国家，人民没有起码的人权可言。保密不是法规，而是有如人人头上一把刀。其党章至今留有地下党的铁规"保守秘密……永不叛党"。以泄密违纪被囚、至死者，不知凡几。独裁者无不狡妄阴险，是新闻自由、政治开放的死敌，千百万党员无异于害民的暗探、整人打手，连香港共党已入港府，亦誓不公开。邓不讳"中国人民已组织起来"是执政优势……故戈巴乔夫的改革将"公开化"列为首义；胡耀邦也说，党史都公开，我们就要垮台。有关毛的公开史料中，掩蔽、删改、美饰之处比比皆是。例如本书特别评析的"联美反苏""大战略"，在 1981 年三万字否定文革决议中，竟只字不提！不少文革史家，亦对此长达五年密史，视若无睹。即使"政治遗嘱"，也无人置评（不由人想起孙中山、蒋介石之立遗嘱是何等庄重肃穆，"女皇"慈禧，也颁布三百字的遗嘱，交代辅佐幼帝及立宪新政）！

毛泽东死有遗恨的"苏修"，在经过艰难的社会民主主义转型，三和路线外交，最后实现国家和共产党的自我解体，三色旗升起。显示一个执政党的历史勇气和责任感。必须指出，中共若再生，定无走"修正主义"之路的可能。因为苏俄历史的脐带，早就和西欧文明、西敏寺传统有气脉、宗教的关连，中国完全是两回事。毛的中国，只承从秦皇汉武到乾隆慈禧的皇权香火，文明社会一切善良规范被大破砸烂。三教九流、无法无天，是毛最大的遗产。

本书内文 28 篇，精选之意在于，毛独霸遗患，不仅是臭名昭著的十年文革，还有整个毛统治期所构建的政治体系、思想文化逻辑、一套严密的东方专制主义。毛和死于他的恐怖专政的不幸者及部分遗属，都已化为历史的尘埃。我认识很多人，生前敢怒不敢言，死后应该有人代他们说出他们想说的话。当局封锁了档案，也封锁很多人的脑袋、使他们失去人的尊严、成为党的工具——严酷的事实是，毛要打倒的国内外"帝修反"一大群，最后都活了下来。他们见证了一个暴君蹂躏历史的可怕力量。作者也是被吞噬过的幸存者。真正被毛施虐的，是牺牲美好青春的一群。其中有的人成为毛的遗嘱执行人。他们前途迷茫。

我希望本书可以作为想了解或研究毛泽东那个黑暗朝代的一个简明的史话性读物。那些个案、人与事，没有深奥的思辩、没有繁琐的考证，也没有时髦的文词；但有一些罕见的个案观察和分析，及新聞論述的可讀性。我希望不会遗漏重要的有趣的情节。

因为我在美国，不能像往日在香港那样，协助发行商和朋友们沟通、交流。一切都要经过网络（允晨文化出版社提供了几个网站。诚挚感谢廖志峰先生和他的同事，为本书初版付出的辛劳，及几位关心本书出版的教授。）网络发行，我无经验。拜托各方好友，大驾烦劳，上网选购，不胜感激。

最后，非常感谢纽约《博登书屋》社长荣伟先生，他为本书提供了简体字的出版空间，使我藉此机会，对 2025 年的繁体字版，作一次修订，删改个别篇章，并在自序后，增加这篇【导读】。

金钟 2025 年 12 月纽约
电邮 jinmw07@gmail.com
（2026-1-22 修訂）

毛主义视觉

（1949～1976）

　　1949 年的南京，是国共和美国关系博弈的转折点。这是蒋介石（左 2）下野前的 1948 年底罕见的照片，他和美国大使司徒雷登（右）最后一次低调见面，二人已无话可说。久握手而别。副总统李宗仁（右 2）在座。他代蒋总统后，致力于"划江而治"。遭中共抵制而败。

刘少奇是中共土改运动的高层决策者。一刀切打倒地主富农，造成大规模血腥的阶级灭绝风暴，死者超过二、三百万。出身名门的北京大学生王光美投靠延安，在土改中认识刘少奇，一同去西柏坡，结为夫妻。这张照片1948年结婚不久。她说当时挽丈夫的手也不行。

曾任北大校长、驻美大使的胡适（1891-1962），一直是国民党的批评者和支持者。国府迁台留美，直到1957年当选中研院长，定居台北。批评总统违宪连任，主张多党。中共大肆批判胡适，次子思杜打成右派，自杀死后1962年才知悉。胡适是公开批评中共武力割据的名士之一。此和蒋中正合照摄于1958年。

反右派著名受害人章伯钧、林昭。章以"一个皇帝、九百万清教徒、统治五亿农奴"语，被邓小平定为最后不摘帽的大右派。林昭划右后不屈服，以血书批毛，被枪杀于狱中。

麦克阿瑟是美国捍卫民主、英勇反共的战神。他指挥韩战，不仅有仁川登陆，还发现白宫竟有间谍向中共出卖高级情报。否则他可以迅速炸桥、击败共军，解放整个朝鲜半岛。

赫鲁晓夫 1959 年 9 月访问美国，是其"三和政策"的辉煌成功。以开放幽默务实的形象赢得美国人的好感。他坚持访问好莱坞和女星梦露午餐一节，一直为毛忌恨，封锁报导赫与梦露见面实况。

西藏反共暴动，印度总理尼赫鲁欢迎流亡的达赖喇嘛（图右），毛周大怒，以胡乔木的臭袜子文章羞辱尼赫鲁（左），中印关系一落千丈。

这幅林彪的彩色特写照片，是江青 1971 年 6 月 9 日为他所拍。8 月隆重发表。一个月后，913 事件爆炸。成为林彪最后的写真。文革中江青为所欲为，不可一世。林彪成了一个"甩手掌柜"。

林彪儿子林立果最清晰的一张照片。他在文革中扮演至为特殊而无畏的角色：组织"小舰队"策划杀毛，最后和父母（叶群）一道成仁于温都尔汗，留下一册《五七一工程纪要》，否定文革批判毛泽东，淋漓尽致。右起：林立果、叶群、李作鹏、吴法宪、邱会作。

　　毛泽东 1971 年发动"联美反苏"大战略。妄图以美帝强大实力打倒"苏修"，不顾一切，买空卖空，至死不休，十足流氓。对此中共至今羞于面对，只字不提。这张与尼克松见面照片，因有张玉凤拖手，改来改去。媚美全过程蒙在黑暗中。

　　毛的宫廷艳闻，在厉行禁欲主义的大陆，上下皆好奇，传闻纷纷。作者不避雅俗，作此独家专访，哄动一时。官网亦为之睁眼闭眼。无人质疑所述真实性。当为国粹。左起：作者、陈惠敏、英国记者梅兆赞。

　　1973 年家喻户晓"红都女皇"事。弄成一桩既是政治谣言，又是歹戏连场的变态事件。保密多年，无人敢言。实涉江青深知毛的继承人部署，迫不及待欲上位。欲借美国学者维特克（右）造势，被官僚体系暗阻而破产。

　　周扬曾是毛管制文化界的"文艺沙皇"。可是文革被打成吹捧封资修的"黑帮"总头目。关押九年。文革后大彻大悟，从根本性理论反思中共的异化，遭胡乔木等批斗而脑疾，失语流泪，留医五年而逝世。成为一位具悲剧命运的觉悟者。

赵紫阳属中共第二代领导人。为改革开放奠定务实基础。因同情八九学运而被软禁的谈话录，显示对毛体制的深刻反思。赵曾于1984-1985两次访问美国，获里根总统高度赞扬为有远见有魅力的技术官僚。这张照片洋溢自信的风度。

红色高棉血洗柬埔寨的后台毛泽东1975年6月接见波尔布特（中），鼓励波布实行文革暴政。1976年还派张春桥前往私访。1978年赤柬政权被越南出兵推翻，布后亦死亡。但中共为虎作伥，发动1979侵越战争，为赤柬复仇！毒化国人至今。

明朝万历 1582 年之中国版图。原载《简明中国历史图集》，作者谭其骧，是中国享有威望的历史学家。本文指出，中国现疆域据清朝而定，不足 400 年，大部武力扩张而得。何来大一统神圣的根据？

香港地下党深受毛害。以 1967 年反英暴动，实行恐怖暗杀，遍布土炸弹，遭港英当局反抗。大公报社长费彝民沦为凶首。这张他驾豪车率斗委会示威的照片是罪证，竟被网上灭迹！文革后港共仍潜行于地下对付民主派。

　　香港占中反逃犯条例两场声势浩大的民主运动，和 1956 年的"匈牙利革命"可谓一脉相传。有国际背景，有武力对抗，只是没有坦克飞机的镇压。本质上都是反共运动，中共力主苏联出兵，毛邓创造了消灭体制内民运的经典模式："刀子论"。

　　斯维特兰娜 2011 年在美国威斯康辛逝世。她逃出苏联已 45 年。从斯大林之女成为二十世纪著名的驱魔人。令人想到中国那些一代代的太子党，愿意放弃特权，步她足印千山独行者，有几人？（此照摄于 1967 年纽约）

　　邓小平是毛主义幕下，最强悍而多诈的专制大臣。承袭毛的风格、路线，绵里藏针。为反苏的头号干将，理论有限公司，而被毛重用，自诩有七次赴苏（上阵）。毛死后还反修 13 年，包括侵犯越南。1989 戈巴乔夫来访，自承关系正常化要他作主。这张照片，邓以少见的亲切和戈夫妇握手方式，外人不明其难言之衷。

　　司马璐（左）1998 年在纽约和新闻界新老朋友聚会，右为尚在香港主编政论杂志的金钟。（摄影：曾慧燕）

余英时教授是毛泽东研究领域广受尊敬的学者。很多人去普林斯顿大学向他请教相关的历史和思想性问题。这是 1992 年金钟赴美探亲后，去普大拜访刘宾雁，在余教授家约刘一道做三人对谈："苏东演变后的中国"。（金钟摄影）

阎锡山和太原屠城。1948 年美国时代周刊到太原访问阎锡山。阎摊出准备好的 500 颗（自杀用）氰化钾说，他和部下要誓死保卫太原，宁死不屈。共军从 1948 年 10 月起重兵伐晋，但堡垒坚强。1949 年 2 月，南京调阎去当行政院长。他命梁敦厚指挥，共军六个月攻不下，4 月 24 日以 60 万兵、1300 门大炮总攻，一日内全歼太原 15 万守军。阎侄慧卿自杀前报告"同仁五百，成仁火中"。一年后，台北建成【太原五百完人纪念祠】，今为观光园区。

第一章

狂　澜

1. 南京陷落和 "划江而治"

【作者按：国民政府首都南京陷落，是中国内战的标志性事件。国军从此走向溃败，政府亦处于危机中。李宗仁代总统力图实现以长江划界国共分治，搞两个中国，虽然在军事失势和美国拒绝支持下，无法阻止共军渡江。却留下一个插曲：苏共领袖斯大林曾秘密地扮演令毛泽东愤怒的角色：试探分治的可能性。多年后毛恨未消，指骂斯大林 "不许革命" 之罪。内涵禁止深究。其实这是一个质疑中共革命的议题。】

公元 1949 年 4 月 23 日，南京——1912 年建立的中华民国首都，被共军一夜占领，没有攻防激战，也无社会骚动。这是中国内战的一个戏剧性事件。历史上，南京虎踞龙蟠，是著名的 "六朝古都"。近代气数多舛，1842 年鸦片战争有 "南京条约"；1853 年被太平天国劫占称为 "天京"；1864 年湘军收复，火焚掠杀，死人十万；1927 年 4 月蒋介石北伐攻占南京，立为首都；1937 年 12 月日寇占领南京，施行大屠杀；1940 年汪精卫在南京自立亲日政府至日本投降；1946 年国府还都南京；三年后，被共军占领，中共后将其首都转至北京。

国共内战中的阴谋与叛变比比皆是

南京的陷落，标志国共内战大转折。国民政府一路撤退广州、重庆、成都，最后台湾，开始隔海对峙七十年的 "两个中国" 时代。中共信奉 "成王败寇" 史观，不认台湾中华民国法统。强迫国际社会只认 "一中"。然而中国历史上，两中、多中的分裂政权，屡见不鲜（如北宋南宋分治达 153-168 年）只有版图大小、时间长短不同而已。谁是正朔，谁是叛逆？1972 年，毛对尼克松总统说，我们和蒋委员长都以"匪"相称，"匪来匪去的"。至于国共内战的是非成败，数十年来，莫衷一是。对比美国内战、苏俄内战和中国内战，三国内战，各有性质相异的战争形态和评论。本文仅以新的史料分析国共内战，探讨南京撤守被掩盖的历史层面，和被扭曲多年的"划江而治"事件。

为何南京易帜无战事？当时，共军已拿到"三大战役"击败国军主力的优势而兵临长江。但以兵力之比，国军号称三百五十万超过共军之二百万，加上长江天堑和海空优势，李宗仁当局自信，有几十条军舰、上百架的飞机，江防至少百万兵，阻止共军渡江，守住三个月无问题。可是共军渡江到占领南京，仅仅两天！中共几十年歌颂毛泽东的《七律：占领南京》："钟山风雨起苍黄，百万雄师过大江"，亦有名画《占领总统府》，虚构攻占南京的炮火连天。

事实上，南京处于共军"射程之内"，中共早已部署一场总体战，包括策动学潮、舆论造反，打入财经界、统战反蒋派，更策划如荷马传奇的现代"木马屠城记"，以图不战而胜【注 1】。中共内战逆转胜，除野战主场外，兵不厌诈，使用过许多诡计秘端，正是木马战术发挥关键作用。从东北战场到川康战役可谓无役不兴：策反将领、利诱叛变、匪谍纵横……进入南京将红旗插上总统府的共军，竟是叛将**吴化文**指挥的三十五军！甚至不乏"木马"潜入代总统官邸的神奇桥段。但是《李宗仁回忆录》指江防战役之败，悉归蒋介石的战略错误：由他的亲信汤恩伯执行"无意守江而守上海"的计划，调三十万精锐布防上海，对南京、镇江、芜湖一线则以弱势兵力应付，促使李白政权的垮台……显示国府内部长期存在的战略分裂。【注2】

国共和谈：无异于要求国府无条件投降

南京沦陷正是中共上下其手，欺诈策反，积木马破城之极的一例。1949 年 4 月的"国共和谈"便是他们的阴阳大舞台。这次和谈的发起者是桂系首领李宗仁、白崇禧（世称李白），他们早是国府内的非蒋派，认为内战节节失利，是蒋的指挥无能所致，例如蒋贻误击败山东陈毅部之机，而祸延徐蚌大战（淮海）……三大战役，精锐尽失。

为保住半壁江山，和中共和谈，争取"划江而治，组成联合政府"是李宗仁执政后的最佳选择。中共方面，经 1946 年 6 月至 1948 年 6 月两年内战，已经兵临城下，根本不给对手丝毫讨价还价空间。中共响应和谈的五个条件，第一条"惩办战犯"（毛亲手旨定），开出四十三人名单，国府政要及同盟者尽在其中（见附录），摆明是一份要求"无条件投降"的羞辱书。【注3】

李白决以委屈求全之心求得毛周有所让步，甚至不惜以逼蒋出国，开门揖盗的对策和共党周旋，派出张治中为首的代表团赴北平（北京）谈判。毛的谍报总管周恩来得以玩一场"猫捉老鼠"的死亡游戏。玩了三个月，四月中旬，六只老鼠张治中、邵力子、黄绍竑、李蒸、章士钊、刘裴，被南方报纸视为"一批可怜虫、一群被征服的奴隶"，实则全是亲共分子或地下党（最后都留在北平事共）。甚至，在南京撤退的前一天，邵力子竟打电话劝降李宗仁，要他"留在南京，如果不安全，可以直接飞来北平，一定大受欢迎"……当时国府方面已是两个权力中心分庭抗礼：南京政府的李宗仁和奉化溪口的蒋介石。蒋不反对谈判，却坚信中共不会接受划江而治方案，谈判能争得一些时间也好。于是，毛周的杀手锏得以宣然畅行：绝不同意隔江而治，"谈判成不成功，解放军都要渡江"。化点时间谈判，对内对外宣传有好处，因为大家都要和平；并可借机分化敌人，利用桂系打倒蒋介石（和谈前已布局的"联桂反蒋"，李白的私人代表黄启汉、刘仲容兄弟，已北上密会毛周，商定合作事项）。【注4】

毛周的魔手还直接伸到李宗仁身边。和谈开始，竟密派三名民革民盟说客住入南京副总统官邸，向李宗仁面授毛周旨意、威胁诱降。视代总统为牵线木偶。蒋宣告下野，毛立即在战犯名单撤除李白，称对桂系"由敌对关系改变为交朋友关系"。同时，加紧完成对"江阴要塞"的最后策反。——在中共强势的渡江谋略下，严重暴露国府内忧外患的深重。李宗仁不服于蒋的干政与实力，而漠视蒋政治上的坚强抗共；将派系之争（蒋李）放在宪政与极权主义的对立之上，这是李宗仁的致命伤。导致他 1965 年在中共文革暴政前夕腼颜投共而自毁一生。

斯大林战后策略转变与美国白皮书弃蒋

随着金陵变色，长江呜咽，"划江而治"的命运，在 1949 年国共内战的下半场，已经出局。共军席卷南中国，整个华东、华南，乃至西南、新疆、海南岛，都没有引人注目的大战事（只有一场白崇禧指挥的"青树坪大捷"，歼灭林彪属下钟伟部八千兵）。国府之江防溃败后，"划江而治"如鬼魅般远扬，偶有人语，也只是一句"异想天开"而已。但是在共产党方面，"划江而治"却是一个长期被封锁的"历史之瘤"。这是令人费解的事。因为 1949 年的这个政治主张"划江而治"，涉及不仅是国共两党内战的成败，也涉及二战后美苏等大国设计的国际秩序、世界和平的大局，和中苏共高层引起的分歧：

斯大林 1953 年死后的苏东"非斯大林化"浪潮中，毛泽东批评史在中国问题上犯过错误："要我们和蒋介石以长江为界，搞南北朝"。他给斯大林扣的帽子是"不许革命"。还指责斯大林 1945 年重庆会谈前夕说："中国打内战，中华民族会毁灭"，又"不相信我们会胜利"……这是一般人长期无知的、毛对"伟大领袖斯大林"的严重指控。

实况是：1949 年 1 月 8 日，蒋下野（1 月 21 日）前，国府向美英法苏大使发出照会，希望他们出面"调停中国内战"，促进国共双方和谈。但美英法无响应，只有斯大林作了委婉的表示，将照会转给毛，答称"苏联过去和现在都主张中国停止内战，建立和平，中共不应拒绝和谈。如果我们同意调解，想知道中共是否同意接受苏联的调解……"毛见此大怒，即予强硬响应，表示要打过长江去，解放全中国……斯大林随即转态表示支持中共立场。苏外交部正式拒绝调停……斯大林、毛泽东就此亲手将"划江而治"的可能性扼杀殆尽。

　　莫斯科从此开始了对中国问题的大转折：相信中共将取得内战的完全胜利，已不可逆转（斯大林的外交代表罗申在此照会前的 1948 年，一直在试探国共和谈的可能性），现在代之以派政治局委员米高扬秘密访问中共高层，一月底（调停疑云刚散），米高扬到西柏坡和毛刘周深谈八天十二次，米每天向莫斯科汇报。这是斯大林力图维持他对中共具有无上权威的一次重要举措。到 1949 年底，毛首次访苏。斯大林当面对毛说了一句客气话："胜利者是不受指责的"。

　　战争掩盖的问题是：大老板斯大林，在二战后为什么从重庆会谈到划江而治一再对中共"不许革命"？历史学者沈志华分析道：斯大林经过和西方合作赢得二战的胜利，反思和资本主义长期对抗是没有出路的。因此 1943 年宣布解散共产国际，又经过德黑兰、雅尔塔、波茨坦系列高峰会议，建立和参与战后和平的国际体系。他答应西方，不输出革命，在东欧建立议会制、多党制，命令法共意共放弃武装，参加联合政府，强烈主张毛赴重庆谈判……【注5】这些在冷战时代的决策，对后来苏共路线的转轨，奠定了基础。对中共也有重大影响，延安七大的中心口号就是"联合政府"——斯大林逝世，苏共政治局毫不迟疑地结束韩战，声称"是强加给我们的战争"（和毛高呼要和美国打到底，南辕北辙）；其后二十大"三和路线"崛起……苏共为首的国际共产运动的历史脉络，明显超越革命传统：走向和平反战。

　　美国如何看待划江而治？对于中国内战，美国政府持明确与公开的反战立场，从罗斯福到杜鲁门总统都希望国共两党二战后走向和平民主的联合政府，美苏联手推动重庆会谈，是举世瞩目的事实。当国共两党在争夺日本投降后的地盘，出现激烈对抗时，杜鲁门又派马歇尔前来调停国共军事冲突，马在华一年多，组织军调处三人小组，努力撮合国共停战，谈判合作，但告失败。他 1947 初回国前说，失败是因为国共间"缺乏信任"。此话没错。国共基本分歧是，美国坚持认定蒋介石代表合法的国家政府，并以美援支持之。但中共将此斥为"援助国民党打内战"。其实，共方也有苏军背后的装备支持。

因此停战无法实现，共军越打越猛，国府不断被指责"腐化、无能"，尤其"三大战役"崩溃般的失败，令华盛顿甚为震惊。他们得出的两条结论——蒋介石必须下台放弃权力；不组成联合政府，休想获得美援。

因此，白宫认为"划江而治"符合他们对中国内战不可调和的估计，能够保住半壁江山，防止整个中国"成为苏联的附庸"，是现实的选择。但军事介入又很冒险，最怕引起苏联参战。因此，1949 年 1 月起杜鲁门接连下令不再支持反共力量，召回顾问团巴大维，停止军援。蒋不得不下野回到奉化溪口。在李宗仁满怀平分秋色的联合政府之梦时（要求美英法三国发表反对中共渡江声明），共军渡江部署完毕，粟裕面告周恩来"江阴要塞"策反完成，周立即宣布停止谈判，毛下令渡江进军全国。芜湖荻港首渡成功，4 月 23 日占领南京。三野冲破下游江防，5 月 27 日占领上海，横扫江南……在此大厦将倾之际，美国务院袖手旁观，竟发表《白皮书》，长达一千页，全面综述中美关系，从 1844 年望厦条约至 1949 年 5 月李宗仁致函杜鲁门。尽诉中美友谊，强调对中国局势已无能为力，败局是国民党的腐败无能所致。美国只有退出，不再援助国府。"白皮书"的发表，严重打击国府的反共士气，以致失败主义盛行。

划江而治：战后国际政治的历史大转折

毛泽东看到"白皮书"披露许多中美关系的材料，一连发表六篇大块文章。多次污蔑美蒋："美国出钱出枪，蒋介石出人，杀中国人""在过去三年，用卡宾枪……飞机炸弹，杀死了数百万中国人。"（中共军史正式统计三年内战阵亡仅 26 万人。）【注6】毛如此穷凶极恶之声讨，史无先例，足显对美国仇恨之深。将美国在华宗教、慈善、文化、教育、庚款留学等一概指为"精神侵略"。毛亲斥"白皮书"无异给"划江而治"判具死刑。李宗仁后来公开媚共反蒋之后，也有反悔当年力图划江而治之说，那自然是一位文理不及格的政客心态。他否定南北韩、南北越的生存……今天，对"划江而治"这桩历史公案，有何反省呢？

被"李白"憧憬的划疆而治，在毛共枪杆子主义狂飙，并取得压倒优势之下，必为幻想。但是接连发生的韩战，持"国际战争论"的观察家们认为，美苏有缘的国共内战结局，关键在于支持国府的美国当局。美国若同韩战一样，军事介入，以其强大的海空优势，可以防阻共军渡江，实现"划江而治"——逻辑上这种假设完全成立，事实上则有困难。当时美苏关系有冷战之声，双方都不愿投入一场大战。"白皮书"已经表态，美国将"袖手旁观"。只是一年后，美国才猛然醒悟，朝鲜战火的惊人爆发，白宫断然派遣第七舰队保台。世人看到杜鲁门有决策反省，台湾是值得民主国家去捍卫的。可谓亡羊补牢，其犹未晚。划江而治失败了，"隔海而治"却无与伦比地获得成功。南北韩分治也成功了、东西德也成功了，他们都是在西方文明与实力的呵护下，度过风雨交加的漫长岁月，和台湾一样，在多元的世界贸易中，傲然挺立，创造了举世尊敬的成就。——是否可以论证：1949 年如果美国以海空军力封锁长江，完全可以阻止共军渡江，滔滔长江，苏联也不会参战。中国问题的走向将是另一种景象。可惜当时的政治条件非常不利于国府：美国当局的反共堤防已经被中共统战的左派白蚁几近侵蚀穿透。"白皮书"无异于一面白旗。

另一方面苏联。斯大林作为世界共党领袖对国共内战的关注，显示一定的历史评价。史料说明，斯大林有意将战后在欧洲推行和平宪政的"法国道路"，引入中国。而且他深知障碍在中共甚至在毛泽东身上。斯大林介入的事证有三：一是 1945 年 8 月重庆会谈史给毛的催促电报、二是 1947 年 8 月不同意共军进攻大城市，通知刘少奇转入游击战、三是 1949 年 1 月史给毛的电报，试探为国共内战调停。同时，斯大林对蒋介石作为中国抗日领袖怀有好感，且在日本宣布投降的 1945 年 8 月 15 的当日和国民政府签订《中苏友好同盟条约》，其中有限制中共武力扩张之意（到毛访苏时，史尚迟疑，不愿放弃此约）。

斯大林对毛的鄙视含有睿智的远见

斯大林警告毛，打内战会导致"民族毁灭"——这句话分量很重，绝非言过其实。直到"九评"时，中共都不敢公开此话。毛在后来为反苏之用，才吞吞吐吐说出来："我们内战胜利，中国没有毁灭"。迄今中共官史例如"历史决议"之类，对二战后和斯大林的分歧，都是遮掩或淡化，为什么毛要回避？无他，因为斯大林的主张，已触及中国革命本质的合理性！直接挑战所谓"毛思想"的战争万能说的权威。更有甚者是，中共统治充满灾难性的记录已经作出明鉴：例如毛的大饥荒、加上文革浩劫，离"毁灭"有多远？这是中国人都心知肚明的。毛的"一党专政"，文革后已被指为"封建法西斯专政"！国共分离七十年，两岸人民的祸福，又是一份旁证……

总之，任何客观理性的人，都会看到斯大林对毛的鄙视具有睿智的远见。中国缺乏苏式革命基于现代工业及其无产阶级政党的条件。毛在（1949-3）西柏坡会议上，因受到莫斯科关于党的成分的压力，也说过这样的话："只有百分之十的现代工业，中共就没有资格领导中国革命"。但是他御政二十七年，自称只打了内战、搞了文革。工业化只字不提。岂不证明斯大林的预言？他早说过"毛是人造奶油式的"打着马列旗号的农民领袖。

而国际史论，也显示白宫政客有如对牛弹琴。到了 1949 年，对中共依然一片肤浅，直到国务院不少美国人还认为毛不是共产党，是个"农业改革者"。而美中悠久政治经济文化关系，也无助对二战后国民党艰难推行宪政化国家重建的同情。蒋当然知道马歇尔来华的无能为力，在告别之际，仍然要求马帅留下，将全部大权授予他，那一幕也绝非儿戏。当时有一位香港知名评论家陈孝威，曾极力支持马歇尔扮演辛亥革命时促成南北议和，清帝退位的英国公使朱尔典的角色。谁能想到，马帅半途而废，南京陷落后，还来一个白皮书，落井下石？【注7】

美国在中共渡江的关键时刻放弃蒋介石，并非价值观的背叛，而是白宫当权者的失策、缺乏远见及中共对美体制无孔不入的渗透的结果。美国政治的自由主义在对抗极权主义时的败退一直延续下来，如韩战中撤销麦克阿瑟的炸桥计划并撤职、如文革中和毛暴政结成反苏联盟。而中共专制经过占山为王、延安清洗和游击战打磨，已经是一个组织严密的恐怖集团，毛泽东的独裁体制已经成熟，而且与日俱增地显出中国农民狭隘野蛮邪恶的草莽性格。

可以断言，"划江而治"这件事，只要有斯大林的决策，中共领袖若不是毛泽东，而是任何一位无论刘少奇、周恩来、彭德怀、林彪、高岗、陈毅……都极可能听命而成功推行南北中国分治。"南北朝"各行其是又如何！纳入苏共三和外交，加入世贸，南方政权、北方政权的数亿人民反对战争祈求和平的善良愿望，在美苏两大国领导人的影响下，摆脱悠久的亚细亚式的落后愚昧，纳入现代化潮流……又将是一番何等景象！

黄绍竑、江阴要塞、中共地下党

在李宗仁代总统主政十个月间，下列相关人事值得一记：

一、桂系首要黄绍竑。和谈代表。4 月 20 日奉命返京向李白报告和谈经过。黄不讳言毛临别特地向他当面保证："李代总统若签了和平协议，未来联合政府中将是当然副主席；白崇禧军退回桂广，解放军绝不开进两粤；桂系干部任新政府官员"——对此无耻谎言，李沉默不语，白崇禧却听得脸色铁青，厉声质问黄，我们为什么要接受这样的"无条件投降"……黄被骂得招架不住，当场血压突升，即送中央医院。嗣后，黄悄悄飞去香港，后转北平投名政协，他选择一不做二不休。黄绍竑是桂系中最具投机能量、野心最大的政客。在北平伏地输诚，被毛周挖心投降，竟宣称毛的"睿智度量为历史上圣君大帝无人可及"。但归附红朝后，结局最惨。1957 年即被划为右派分子。文革大劫更遭酷烈批斗，两次服毒自杀不死。1966 年 8 月 31 日即红卫兵"红八月"杀人最烈之日，他去看望昔日主公李宗仁，奉劝他"小心为上"。当晚回家后，即在寓所以剃刀刎颈自杀而死。留有遗书：

"余当年弃国投共，始令亿万黎民今于水深火热之中。余投共而罪该万死，而国人却无辜矣，即九泉下亦无面目见万民。"【注8】

二、江阴要塞叛变，渡江和谈，国府4月20日拒绝签字后，毛泽东决定收网，凶相毕露，南京、上海相继沦陷。江阴要塞叛变，重要的一页。是中共版的木马标本，江阴要塞位于京沪中点长江水面最窄处之黄山上。抗战后，国军加强要塞炮火，配有德制美制重炮40门，其他炮54门，相当一师的兵力三千人，完全可以控制25公里的正面江防，阻止共军渡江。1948年由少将戴戎光任要塞司令。可是中共从1947年就派唐氏兄弟打入要塞，有计划地层层策反，控制主要职位，甚至在要塞内建立党组织；以财色之诱，架空戴司令……最后集体"起义"，逮捕戴戎光。配合三野粟裕部以致渡江"一无战斗、二无伤亡"。直到炮弹落到自家阵地上，国军司令部还不明所以。据《李宗仁回忆录》载，李早在三月份已获情报，戴戎光秘密通共谋叛，李找参谋总长顾祝同商议，顾以"流言不可轻信"，一语否定。可见国军内部之腐败虚弱！

三、地下党被大整肃。在占领南京之役中，助毛有殊功的是南京中共地下党，书记陈修良（女）领导二千党员策反南京警卫师长、窃送南京军防图和国军密码，促二野八兵团陈士渠取消攻城计划。但"解放"后，革命者被革命。陈和丈夫沙文汉（浙江省长）1958年双双打成右派分子，其他地下党也无一幸免。只因毛得天下后不信任国统区党员，制定排斥地下党干部的十六字内部政策："降级安排、控制使用、就地消化、逐步淘汰"。陈修良平反后死于1998年，时已双目失明。其女出版回忆录《拒绝奴性》。画家李斌确信1949年4月23日"南京没有战火，郁郁葱葱……"他将陈修良、陈士渠、吴化文、王晏清……都画入他的画中，驳斥陈逸飞违反史实的画作。

（谨以此文献给我亲爱的大姐懋荃，她生于南京，在父爱下初度童年。后伴慈母挨过大陆凄凉岁月。带着对南京的怀念和遗恨，长眠香港。又记）

【附录】反共救国共同宣言　1949 年 7 月 7 日

（作者按：此件系民国朝野在大陆发表的最后一篇政治宣言，由各界名流九十九人签署，湮没七十年，2019 年由开放网发掘刊登。这是中国历史上第一个共和国被武力颠覆，灾难即将降临的声明。发起者胡适，得到蒋介石支持。呼吁国人坚持宪政法统，团结战斗。不失为一份罕见的史料。）

十二年前之今日，中国政府与人民为保卫国家生存，维护世界和平，对侵略主义者发动全面抗战，经长期艰苦奋斗，抗战军事始告胜利结束。在此战后四年之中，中共党徒如果体念民国缔造之艰难，抗战牺牲之深巨，激发起爱国天良，放弃武装叛乱之阴谋，接受政府和平建设之方针，使人民安居乐业之愿望得以实现，国家复员建设之计划得以进行，则中国已成为民主统一和平繁荣之国家，对于世界安全人类幸福有其重大之贡献。不意共党凭借抗战时期乘机坐大之武力，利用抗战以后国力凋敝之机会，破坏和平，扩大战祸，八年抗战之成果为其所摧毁无余，而国家危难比之于十二年前更为严重。

吾人深知中国如为共党所统治，国家绝不能独立，个人更难有自由，人民经济生活绝无发展之望，民族历史文化将有灭绝之虞。中国民族当前之危机实为有史以来最大之危机，而中国四亿五千万人口一旦沦入共产国际之铁幕，远东安全与世界和平亦受其莫大之威胁。

今日国难当前，时机迫切，吾人特共矢精诚，一致团结，为救国家争自由而与共党匪徒奋斗到底。吾人生死与共，个人绝无恩怨，民族之存亡所系，党派绝无异同。国家之领土完整与主权独立一日不能确保，人民之政治人权与经济人权一日不能获致，则吾人之共同努力即一日不能止息。所望我全国同胞与政府通力合作，齐一意志，集中力量，重建抗战精神，坚持反共战斗，克服空前未有之危机，完成救国之使命。

宣言签署人：（共 99 人）

蒋中正、李宗仁、阎锡山、胡适、于斌、曾琦、张君劢、吴敬恒、徐傅霖、于右任、居正、王宠惠、何应钦、张群、邹鲁、程潜、吴铁城、钮永建、吴忠信、李文范、李璜、白崇禧、徐永昌、朱绍良、陈诚、马步芳、马鸿逵、童冠贤、刘哲、翁文灏、朱家骅、傅斯年、钱穆、张发奎、陈济棠、余汉谋、薛岳、黄旭初、杨森、刘文辉、王陵基、卢汉、谷正伦、陈立夫、王世杰、张厉生、左舜生、蒋匀田、陈启天、余家菊、俞大维、李书华、刘健群、白云梯、张道藩、谷正纲、胡宗南、郭寄峤、陶峙岳、董其武、董钊、贺衷寒、萧同兹、成舍我、杭立武、黄季陆、张其昀、张云、辛树帜、李寿雍、欧阳驹、吴国桢、何成浚、潘公展、林翼中、黄朝琴、陆幼刚、方天、周岩、邹作华、张维、李品仙、丁文渊、顾毓琇、向传义、尹继伊、唐伯球、平刚、周鸿经、林一民、张洪沅、盘珠祁、邓传楷、张廷休、汪德耀、马元海、高上佑、范众渠、任忠杰。

注释：

【注1】希腊发动特洛伊战争，攻城十年不破。后以"木马计"藏兵于巨大木马中入城。"特洛伊木马"成为间谍、卧底的代名词。

【注2】《李宗仁回忆录》李宗仁忆述、史学家唐德刚整理撰写，1964 年完成，1980 年广西中文版出版。1988 年华东师范大学再版，台湾远流出版社初版。2010 年。

【注3】毛亲拟定之"战犯名单"43 名：蒋介石　李宗仁　陈诚　白崇禧　何应钦　顾祝同　陈果夫　陈立夫　孔祥熙　宋子文　张群　翁文灏　孙科　吴铁城　王云五　戴季陶　吴鼎昌　熊式辉　张厉生　朱家骅　王世杰　顾维钧　宋美龄　吴国桢　刘峙　程潜　薛岳　卫立煌　余汉谋　胡宗南　傅作义　阎锡山　周至柔　王叔铭　桂永清　杜聿明　汤恩伯　孙立人　马鸿逵　马步芳　陶希圣　曾琦　张君劢。

【注4】《毛泽东军事文集》第五卷，1993 年 12 月，北京军事科学出版社。有统战白崇禧之原始文件。

【注5】沈志华:《毛泽东斯大林与朝鲜战争》第三版,全球防务出版社 2017。

【注 6】内战死亡人数。毛泽东多次指称：美国出武器，蒋介石出人"杀戮了几百万中国人"。中共国防部 1985 年公布战史资料：国共内战解放军死亡 26 万人、国民党军死亡 36 万人，平民死亡 10 万人。

【注 7】蒋介石，1947 年 1 月 7 日，设宴饯别马歇尔的谈话。见维基百科、陈孝威《为什么失去大陆》，台北跃升文化公司，1988 年 7 月。

【注 8】黄绍竑遗书，维基百科《黄绍竑》条。

2025-5-8 修订

2. 毛泽东文稿第一册：土改与韩战

（1949 年 9 月～1950 年 12 月）

【作者按：毛泽东著作出版概略】中共 1949 年建立政权后，定"毛泽东思想"于一尊。从 1951 年起至毛死后近七十年，以数百万至上亿册的庞大印数、无穷的资源、人力和政治权力，炮制其选集、语录、论集、书信、诗词、手书、年谱……作为思想统治工具和毛维持独裁权力的手段，拥有改变社会和制造恐怖的力量。贬斥百家，对读书人的洗脑改造，软硬兼施，远超过历史上的焚书坑儒和文字狱，也为纳粹和斯大林体制望尘莫及。反映毛的文字控制力在中共集团中有驾驭性的强势。

毛留下的这笔遗产，中共当局尊藏至今，只有一次例外：1979 年 2 月中宣部发通知"停止发行毛泽东语录"。人民出版社（毛语录 30 亿册的主要发行者）指毛语录是"林彪为捞取政治资本而搞的。断章取义、危害甚大，流毒甚广，为肃清林彪四人帮流毒，即日起新华出版社、国际出版社出版的毛泽东语录中外文民族文本，一律停止发行。"毛语录 1968 年统计印行数达七亿四千万册，不仅以"最高指示"的权威，号令天下，也使毛成为那一穷二白时代独家豪取稿费的百万富翁。1980 年代，改革开放兴起，毛书无人问津，1989 天安门事件后，邓小平指示，又印了一千多万册毛选第二版。

毛的数十种出版物中，以官史价值而论，以下五种大型毛集比较系统完整：

① 1951-1977 年出版的《毛泽东选集》五卷

② 1987-1998 年出版的《建国以来毛泽东文稿》十三册

③ 1993-2002 年出版的《毛泽东年谱》1893-1949，上中下三卷

④ 2013 年出版的《毛泽东年谱》1949-1976，六卷

⑤ 2018 年出版的《毛泽东文集》八卷

以上五种反映 70 年来，不同时期的政治气候和官方对毛的态度，虽然没有实质性的差别，却有可供研究之处。例如第⑤种，编者宣称毛之文稿"错误的，不选入"。我认为第②种，《建国以来毛泽东文稿》（下简称《毛文稿》），是 2000 年前的毛文集中，较有史料研究价值的。适逢在香港主持杂志时期，购得该书初版。对"中共当局以十年之功不动声色出版了四百万字的毛泽东建国后的文稿集"，兴趣跃然。于是每月撰写一册的书评，共 13 篇在《开放杂志》发表。现在收入本书的书评，为第一册与第二册。点评内容有感二十年来相关史料不断出现，和史识的深入，已作了较多的修改。

以上仅属于官方主导的毛出版物，其他形形色色，尚有不可计量者。以笔者所见，各种《文集》还有多种，如《毛泽东军事文集》军事科学出版社、中央文献出版社 1993 年 12 月。共六卷，260 万字。收入文稿 1612 件，"大部分第一次公开发表"。至于毛的稿费问题，甚为复杂，此不议。例如以毛名义发表之文稿，若干为他人所撰……

本书选择研究《建国以来毛泽东文稿》，因篇幅浩大，仅选一、二册。

《建国以来毛泽东文稿》（简称《毛文稿》）由"中共中央文献研究室"编选。值得留意的文稿来源是：毛的手稿，包括文章、批示、书信等及毛审定过的讲话记录稿。以第一册而论，共计 523 篇，有 364 篇首次发表，占九成。编者在前言中指出"部分文稿有一定的机密性"。又称"未经毛泽东审定的讲话、谈话记录稿，根据本书的编辑方针，一律不编入。"

《毛文稿》第一册的时间从 1949 年 9 月至 1950 年底，共约四百八十天，收入文稿四百八十件，平均一天一件。常有一天数篇的记录。可以推定，在红朝第一年，百废待兴，毛平均一天批示的文稿绝不止一件，换言之，有多至数百上千件文稿未能编入此册中，这些手稿无疑具有更大的机密性。以此类推，十三册文稿总计便有更大数量

的手稿未编入此套书中。故《毛文稿》的保密性极高。

所谓机密性，即指机要和保密文件，难免有涉某些丑闻或不宜公开之事为。从编辑体例之"注释"可见"保密慎之又慎"，"报喜不报忧"的编撰原则。基本只列人物的"职称"，生卒年份、性别、籍贯、事略一般不出。仅个别列出相关人事。因此，同一人之注释，大量重复出现。阅之甚烦。

一、开国前后三个月的毛文稿

"打天下"割据二十二年，一朝君临京都，1949 年冬季部分，可窥其登基之盛，共计 128 篇（《毛选》第五卷只收此间四篇）。值得关注的大事有以下几件：

1. 重兵围剿白崇禧军队

为举行开国仪式，中共完成两项重大准备：对内，4 月份北平国共会谈破裂，共军实现渡江战役；对外，刘少奇 6-8 月秘密访问苏联，取得斯大林（斯大林）对中共的认可与支持。其时，国民政府尚据有广东和华南、西南、西北的大片地区和约二百万军队。国府行政院十月份还驻守在广州，直到再撤退重庆、成都，在中共二野四野与西北军的攻击下，12 月以空运力量完成最后撤退台湾，国共大陆的军事对抗基本结束。《毛文稿》中可见最后决战的共方兵力部署状况。其中焦点系白崇禧部队。毛至少有五件电令指示以重兵围歼白军。

白崇禧（1893-1966）桂林人，穆斯林，一级上将，战略帅才。和李宗仁是桂系首领人物。抗日屡建战功，内战任国防部长，督战东北，大败林彪，力主追击，被马歇尔蒋介石所阻，丧失灭共良机。徐州会战时，白任华中战区总司令，派黄维兵团十个师驰援，率部坚守华中，驻镇武汉。徐州会战后，国共兵力几乎打平，桂系等军政界对蒋之统帅无能痛感失望，"战既不易和亦难"，白崇禧首电蒋呼吁停战言和。1949 年至，蒋决计引退，由李宗仁代总统，以图和中共"划江而治"，毛提出"八条"逼降。几经周折，和谈失败，共军随即渡江，4 月 23 日南京沦陷。

白将军三十万大军是江防的中流砥柱，也是抗共的主力部队。自然成为中共最后的主攻目标。他们调动四野二野扑向华中，同时策反程潜、陈明仁、张轸。在和谈前，说客特工已经鱼贯潜入李宗仁官邸，李则派私人代表刘仲华刘仲容北上密会毛周，商定安庆至黄冈（约五百公里）"守军撤退"的指定时间。毛摆明"联桂反蒋方针"，对白崇禧则以化敌为友的统战诈计，表示对黄冈、黄陂、汉川、黄陵矶一圈暂不攻占，以保汉口人心不惊惶……白崇禧配合李宗仁放弃半壁江山忍辱求和心理，但在应对上有高度警觉，是国府高层最坚定"可和不可降"的拒共堡垒，当黄绍竑衔命返南京，报告毛如何佳言承诺后，白痛斥黄失职……拒签城下之盟，共军渡江后，白原估南方五省几十万兵，尚可抗敌三个月。没想到副总司令张轸叛变，白将主力撤退湖南，并亲自劝阻程潜陈明仁变节投共，遭到劫持风险。毛占领武汉后，即改计伐白，加之西线江防宋希濂抗命，移兵恩施，宜昌常德一线门户洞开，二野直捣湘西，对白军西翼造成压力。

毛七月文稿指示林彪以"远距离包围迂回追歼白崇禧部"的战术，白则在八月中发动"青树坪战役"，全歼共军钟伟部八千人，震惊中外，得驻守衡阳三月之久。毛发动广西战役，令以根据地方式，"八个军歼灭白崇禧"，指白是"中国第一个狡猾阴险之军阀"。中共十月占领广州，白军苦战粤西桂南，最后五个兵团被打散溃败，少部撤出钦州港登陆海南岛，白将军于 1949 年最后一天回到台湾。

2. 对苏秘密外交的第一场演习

毛泽东和国际派内斗争权，和斯大林亦有分歧，1947 年起三次欲去苏联会见斯大林被婉拒，现在革命成功，终于获准访苏朝圣。1949 年 12 月 6 日离开北京，坐专列（中国境内沿线 100 米一名士兵警卫）16 日到莫斯科，1950 年 2 月 17 日告别，3 月 4 日回到北京。出访 88 天。《文稿》发表有关毛访苏文件约 16 篇。前后一再交代对此行"保密"（1949 年 6-8 月刘少奇访苏两个月亦保密三十年）。可见中苏共党之间有特别不可公开之内幕，但所发文稿颇为谨慎，避重就轻。只提到和苏方签订三个条约，及外交部发声明反对台湾蒋廷黻在联合国安理会的代表权二事。

毛首会斯大林，择其七十大寿之日，却遭遇非常之不愉快。苏方愿给足史毛并列亮相的面子，毛则看重和苏联签订新的友好同盟条约，以废除 1945 年和国民政府（宋子文）签订的"中苏友好同盟条约"。毛十分自信：蒋介石已被我打倒，斯大林又是共产党的"大老板"，废除和国民党的旧约岂不是举手之劳？和斯大林首次见面，毛便提出条约问题。史即予说明：1945 年中苏条约是根据雅尔塔协议缔结的，得到美英的同意。若要修改，美英也会要求修改千岛群岛、南库页岛的条款。保留还是修改？可以讨论。史未言废除。拖了半个月，1950 年初，莫洛托夫、米高扬奉命和毛谈条约问题。毛提出三个办法，莫洛托夫随即同意"签新约代替旧约"。苏方作出让步。

周恩来被召来莫斯科，和苏方签订新同盟条约，以及关于旅顺大连中长铁路、贷款三亿美元的两个协议。《毛文稿》遮掩了中苏的一个分歧：毛为斯大林准备的寿礼竟然是"山东产的大黄芽白菜、大萝葡、大葱、大梨子"各五千斤共二万斤，有分析说：这四样农产品，暗喻中共是农村包围城市的成功，共军四野，威震天下？毛曾指斯大林对中国犯过"不准革命"的错误：信任蒋介石领导下的联合政府。送此四大件，有意反讽而泄耿耿于怀之怨，说他是"有话无处说"的人。斯大林谨回以家长式的安慰："胜利者是不受责备的"。

这次访苏，显示毛的独裁政治在"秘密外交"上的示范。毛有批文严责部队与教会中学的美籍教员交往看戏娱乐，深刻检讨并通报全军！可见锁国政策之严厉：周恩来指示"外交无小事""外事有限授权"。中共驻苏大使馆最初四年（张闻天任大使），竟然没有一次出外参观访问记录，全体人员一律关在使馆内。

二、有关土地改革的文稿

中共建国初期三大运动"土改、抗美援朝、镇压反革命"，1950

年正是初发时期。有关土改的时间部署，毛泽东在年初，指示饶漱石、林彪，华东和中南地区在 1950 年冬季开展，前三季做好准备工作。有如下要点可疑可议：

1. 富农淹没在暴力土改中

因在年初访苏期间，听斯大林谈过富农问题，毛指示刘少奇等，中国土改要"只动地主不动富农"，以便孤立地主，防止过左，稳定民族资产阶级。毛强调土改对地主只是废除其阶级，"不是要消灭他们的肉体"。这项政策，早在抗战和 1947 年，中共即曾提出，要将中小地主、富农和大地主、豪绅恶霸加以区别……但是，这项政策区别很快被负责土改决策的刘少奇所放弃，得到毛的同意。"区别"变为"反对恩赐土地、和平土改"的"一刀切"。

以致整个毛统治时期（1949—1976），富农和地主都并列为"地富反坏右五类分子"，一锅煮，成为专政和毁灭的对象，并祸连其子女。刘少奇在"八大"宣称"在暴风雨般的阶级斗争中……地主阶级被消灭了。"地主死亡人数中外专家估计为 200～470 万人，但没有富农死亡数字。中国地主富农及其被诛连亲友数以千万计的生命，便湮灭在"暴力土改"的狂潮中。

2. 土改政策的地富比重 70—80%完全无依据

刘少奇 1950 年 6 月在全国政协会议提出《关于土地改革问题的报告》，是中共开展大规模土改的纲领性文件。毛对报告批示"很好，很有用。"并抨击英国、法国、德国、日本各国的土改都"不彻底"。——刘少奇土改报告，开宗明义宣称，为什么要进行土改？

"就是因为中国原来的土地制度极不合理：占农村人口不到 10%的地主和富农，占有 70%至 80%的土地，他们借此残酷的剥削农民。而占有农村人口 90%以上的贫农、雇农、中农及其他人民，却总共只占有约 20%至 30%的土地，他们终年劳动，不得温饱。""这是我们民族被侵略、被压迫、穷困及落后的根源……"

　　刘对中国土地高度集中的几个百分比论述，成为支持中共发动一场数千万人付出生命代价的革命的至高理据。是否确实呢？已有许多专家学者加以否定。从 1930 年代的国府调查，1940 年代董时进博士的研究，到参与土改领导的杜润生，和后来的钱俊瑞、郭德宏教授等人以大量的考察数据，证明中国地主 400 万户（约 2,000 万人）占地 36%，除 1%的大地主外，99%的地主占地人均约 10 亩。以刘点名的四川省为例，1950 年底，中共西南局对 3,000 户地主调查，半数以上地主占地 100 亩以下，200 名地主占地仅 10 亩。江津七县，大地主（占地 250 亩以上）占 13%，中小地主占 86.8%。中南区地主人均占地统计：河南 21 亩、湖北 21 亩、江西 21 亩、湖南 10 亩、广东 5.7 亩、广西 7.5 亩……

　　结论是：中国是一个小地主为主的小农经济国家，小地主与农民没有本质的差别，而且不断的对流换位。是以家庭为生产消费单位的、土地可以买卖租佃的土地占有制度。而欧洲多数国家和旧俄国因贵族世袭，土地不能买卖，易产生众多大地主，没有小地主生存空间。苏联土改暴力剥夺大地主及部分富农，而后强行集体农庄制，牺牲农业，换取工业化。而中共土改并未促进农业经济的发展（至今困在"三农问题"中）。中国近代落后的根源不是土地制度，而是政治经济文化全面故步自封，脱离时代潮流。这些国情与背景，毛刘既无知又拒绝进言。他们不可能接受如战后日本成功的土改模式。

3. 毛不掩饰土改的战争本质——

　　1950 年 6 月，《毛文稿》中毛有两篇谈"土改的胜利"。他在中共三中全会说：

> "我们已经在北方约有一亿六千万人口的地区完成了土地改革，要肯定这个伟大的成绩。我们的解放战争主要就是靠这一亿六千万人民打胜的。有了土地改革这个胜利，才有了打倒蒋介石的胜利。今年秋天，我们就要在约有三亿一千万人口这样广大的地区开始土地改革，推翻整个地主阶级。在土地改

革中，我们的敌人是够大够多的。第一，帝国主义反对我们。第二，台湾、西藏的反动派反对我们。第三，国民党残余、特务、土匪反对我们。第四，地主阶级反对我们。第五，帝国主义在我国设立的教会学校和宗教界中的反动势力，以及我们接收的国民党的文化教育机构的反动势力，反对我们。"

这段话，明白无误地说明：中共的土改，内含强烈的政治战略意图，即利用土改，争取农民支持内战打败蒋介石。一个字没有提到土改最本质的意义（耕者有其田）。这不是疏忽，而是胜利者为了自身的特权，罔顾国计民生的宣示。

4. 晋绥土改严重暴力的教训

《毛文稿》给刘少奇土改报告中添加了一大段 1946 至 1947 年北方土改"发生偏差"的文字。涉及严重的土改暴力，"一些地方发生乱打乱杀现象"，并以当时政治军事形势紧张、没有划分阶级成分的经验为辩护。中共从 1946 年"五四指示"到 1947 年 9 月的《中国土地法大纲》，刘少奇负责为在北方各省大规模土改，制定一套极端"共产"的土改政策。号召发动群众"彻底平分全部土地和财产"均分给每个人，"彻底打垮地主阶级，彻底消灭封建"。清算斗争地主，扫地出门，部分富农和中农也在劫难逃，土改法得到毛的赞赏，毛代表中央覆电："平分土地，利益极多，办法简单，群众拥护。"当年刘少奇首先拿来开刀的晋察冀边区，就是平分土地最彻底的典型灾区之一。腥风血雨，各种酷刑，惨不忍睹（最残酷的个案是斗争抗日爱国士绅牛友兰，以铁丝穿鼻，命其子边区副主任牛荫冠牵执游街，牛父绝食而死）。斗地主、挖底财，"分房分地分老婆"。山西通史载，兴县 1948 年统计，全县土改被打死 1,050 人（地富 766 人），自杀而死 862 人（地富 600 人）。

5. 董时进预言中国土改将会"饿死人"

1950 年全国开展的土改运动，其"乱捕乱斗乱杀"之惨烈，岂是三年前晋绥土改可比！不仅划成分、煽动阶级斗争，荒谬残酷，而且增加"抗美援朝"的背景。出兵朝鲜，掀起全国反美战争狂热。当年十月毛亲定"镇压反革命"双十条例，要求各地党委开展镇反运动，给土改暴力加油升温。华东局闻风而动，富庶的苏南各县，乡以上的斗争会三万余次，被斗 28,234 人，数百人被打死。中南区正在土改试点，发现"和平土改"倾向，立即要求敢于放手，搞"斗争土改"。毛亲自斥责广东土改迷失方向，派陶铸撤换方方。雷厉风行，斗华侨，全省从初期自杀 7,000 人，狂升到"村村流血"、处处酷刑，1952 年粤西统计一个月 1,165 名地主自杀，东莞地主自杀二百余人……中共干部为土改杀红了眼，毛泽东表示："过去规定给地主摘帽一般是三、五年，现在看来，恐怕要三十到五十年。"毛自认土改杀了地主 200-300 万人。

这样，毛刘执掌倾国大权的土改，便创造了旷古未有的奇迹，用杀戮和野蛮暴行将一个维护三千年小农文明的庞大社会阶层，赶尽杀绝，只花了三年时间。中国四十年代最杰出的农业专家董时进先生，曾发表《上毛主席书》，力劝中共不要土改，中国土地问题，不是分配不均，而是人多地少。中国封建土地制度两千年前已经结束，土地可以自由买卖、出租，农民勤劳可以成为地主……受到中共排斥、污蔑。他出走香港后，对中共土改十分悲观。预言中共土改后，又会集体化，农民被整体奴役，问题很多，会饿死人。回到农奴制度，惹出乱子，将会杀死和饿死许多人……他不明白，对农业没有研究的共产党先生们，竟敢将关系几万万人生活的农业经营制度拿来当实验品？不料，土改后果，都在董时进的预言中。【注 1】

三、有关抗美援朝运动的文稿

中共发兵和美国在朝鲜半岛的三年战争，是中国历史上和西方强国的第一次大规模交战，也是东西方文明的一次代价高昂的殊死冲突。韩战发生在中共建政不到一年，是中共陶醉于满身火药味的延续。其历史研究延续至今。毛泽东这部《毛文稿》提供了不少史料。

1. 毛决意在朝鲜战场大显身手

首先，令人吃惊的是，1950 年这部官方纪事，有关抗美援朝的电文手稿十分突出。在全书 523 篇文稿中，竟选载 119 篇，土改文稿只有十余篇。但是看不到事件应有的脉络。韩战初期有三个重要的看点：一是 1950 年 6 月 25 日韩战爆发。金日成指挥军队南侵突袭大韩民国，势如破竹，占领汉城，美韩军退守釜山；二是麦克阿瑟 9 月 15 日率军成功登陆仁川，扭转战局；三是中共派志愿军入朝的背景。毛泽东对韩战最早的反应，是 7 月 7 日批准军委会议决定调动"四个军三个炮兵师"（25 万人）在东北安东等地集结。8 月中电高岗要求集结部队应于九月底完成一切作战准备。8 月 27 日，更电彭德怀"集中十二个军"以便应付时局。此后，直到十月初决定出兵援朝。以上三件显示毛准备在朝鲜战场大显身手（16 个军是上百万兵力，韩战后中共承认出兵超过 200 万）。9 月的仁川登陆是整个战局的转折点，足显美军的海空优势，毛式的游击战术已完全不是对手。

2. 斯大林不愿中共参入朝鲜战争

这是韩战史记中一个重大谜团。本册《毛文稿》选载毛 10 月 2 日致斯大林电报"决定派军队入朝作战"出兵六条，是一个全面的战略提纲。后来出现"罗生门"：据俄罗斯学者 1995 年在美国一次研讨会上透露，就在当年同日 10 月 2 日，毛有另一封给斯大林的电报，表示暂不出兵的理由，拒绝斯大林前一天请中共出兵五、六个师的要求。这封电报是苏联大使罗申发给斯大林的。这两封绝然相反的电报的真实性查证无误。

毛后电反对出兵是因：很可能将苏联拖进战争，与美作战没有胜利把握，出几个师可能被驱赶回来、朝鲜应该转为游击战。此电非常低调。前电则十分高调，斗志昂扬——要歼灭驱逐美军、准备美国宣布和中国进入战争状态、战争形成僵局，对我们不利。出动 12 个师打防御战，美一军有炮 1500 门，我军只有 36 门，我军只能以四倍于敌的兵力，四个军对付敌人一个军……毛这份致斯大林决定出兵的电报，是中共抗美援朝决策的最重要文件。

后来的争议是：苏共档案中却没有这份文件（《毛泽东军事文稿》注明"该电未发出"）。学者分析电报没有发出是因为中共内部有分歧。毛决定出兵，不仅遭到高层的大多数抵制（毛说只有一个半人赞成：他和周恩来。彭德怀领军，亦表委屈），和苏共也有严重分歧，态度模糊，毛随即派周恩来林彪飞赴斯大林黑海休养地，和大老板会谈，主要是争取苏联的武器特别是空军支持。但史对参战仍然保守消极，他和周联名致电毛劝退：中国不要出兵、朝鲜军转为游击战、指挥员与主力撤退到中国东北。至于空军，要两个月后才能出动，只能在中国驻防——这在毛眼中无异于未战先败！但斯大林在黑海的反应，《毛文稿》只字不提。

3. 中共九兵团长津湖激战，伤亡惨重

《毛文稿》连发毛三电给周恩来，告知出兵部署，二十六万人十天内日夜抢渡鸭绿江。美方第八集团军攻陷平壤后，朝军濒于溃败。美军统帅麦克阿瑟收到情报，中共在满洲集结八十万大军三个师即将渡过鸭绿江。麦帅决意切断共军后援：命令空军九十架 B-29 轰炸机 11 月 6 日炸毁鸭绿江大桥。不料在 6 日前夕，陆军部长马歇尔将军急电，撤销轰炸命令……

麦帅面对华府不可理喻的禁令，怒不可遏，决心立即辞职抗议，被参谋长劝阻。麦帅自信凭借空中优势切断共军补给线，必将取得战争胜利。但华府决策给敌人开绿灯，让共军大部队开进朝鲜。二十天后，共军超过二十万人，发动长津湖战役，美陆战第一师被九兵团重重包围。《毛文稿》中突出"九兵团"的批示。兵团辖三个军十五万人，司令员兼政委宋时轮。毛特令围歼"美军中战斗力最强的"第一师。激战十四天，双方伤亡惨重。九兵团从江南仓促调往朝鲜，没有换冬装，即赴严寒作战，给养奇缺，毛只有一句："减员达四万人之多，中央对此极为怀念。"

其实，九兵团死伤超过 48,000 人，其中冻死三万余人（零下 30°

-40°C）。完全是毛一意孤行，不顾士兵死活，无冬装上阵、两天吃一把雪干粮，以人海战术伏击美军所致。被士兵形容"以血肉之躯对抗钢铁洪流"。美军损兵 13,000 人，31 团大部阵亡，第一师伤亡半数。在修桥、造临时机场后，十万美军及大量装备从下碣隅里撤退至兴南港，并救助 98,000 难民，登上 193 艘军舰，安全脱围到达釜山。麦克阿瑟对十军和西岸的八集团军的撤退十分满意。认为面对红色中国大规模的"不宣而战"，为避免牺牲，创立了罕见的大规模撤退模范。

4. 华府高层有战略谍报，密通中共

《毛文稿》关于韩战的许多指示，都不掩其"人海战术"的本质。例如要求四个师去围困美陆战一师的两个团；四个军去围歼美三个师，虽然装备低劣，但人数足够。……麦帅被要求"率部撤往日本"后，意志坚定，率部和共军苦苦缠斗，他需要更多的兵力、武器。他答复白宫"放弃朝鲜"的电报：强调美国应反制中国，封锁其沿海，以海空优势摧毁中国的战争工业能力，接受台湾的兵力支持……麦帅开始制定彻底摧毁共军的长期计划。他坚信，如果华府不限制他的指挥权力，他可以解放整个朝鲜。

毛泽东在此急时，心喜获得秘密情报，1950 年 12 月 21 日以〔密息〕电告彭德怀、高岗、宋时轮。云美军由于极大损失，总参谋部已命令麦克阿瑟准备撤出朝鲜。——查此时麦帅尚未收到撤离电报。毛随即致电全军，推广 38 军的经验："携带足够干粮，不怕疲劳，采取大迂回包围断敌后路……我军完全可以战胜有高度优良装备的美国军队。"更指示彭"不再歼灭美英军至少四、五万人，朝鲜问题是不能解决的"……麦克阿瑟年终才回复华府，毛获悉李奇微上任的信息，似乎可以印证麦帅司令部一直感到不安的怀疑：华盛顿高层有人泄漏战略情报给中共高层。可以设想：马歇尔从中国调停内战回来，姑息中共的一身灰尘尚未涤净。（至 2020 年冬中共高层智囊人士翟东升透露"在美国的权势核心圈有我们的老朋友……我们有路径依

赖。"中共统战无孔不入，由来已久。)【注2】

　　研究 1949-1950 年中共历史有特殊意义。因为冷战时代关键的两件大事发生在这段时间：共党武力割据夺取政权和朝鲜战争爆发。这两件事密切相关，实质上，韩战是中国内战的继续。七十年前的东亚战火，影响二十世纪至今未了的世界民主自由和共产党极权独裁大对抗的基本格式。《毛泽东建国以来文稿》第一册是这段历史的一份第一手文件。其决策背景的重要性，需要加以分析解读。本文着重分析中共发动土地改革运动、参与抗美援朝战争的决策内幕，检讨毛泽东不可推卸的历史责任。附带指出，主持西南局的邓小平，主动配合毛参与的韩战，连呈报告，力主加强国内镇压，从严处理四类"反革命"，深得毛之赞许，毛批文转发全国照办。这是邓小平谄毛所逞，不久即上调党中央的一份投名状。入朝之战使东南地区进入战备紧张，以防国民党登陆反攻，同时，加剧了整个大陆的暴力专政气压。

2024-5-9 修订

注释：

【注 1】董时进（1900-1984）出生四川垫江。北师大农学院毕业，留学美国康奈尔大学，获农业学博士，赴欧洲考察一年。回国任北大、川大农学院长，致力农业改进，成立农协会办农场、农民杂志，创建农民党，谋求城乡平衡发展，农民不再被拉去打仗，作牺牲品。1949 年欲参加新政协，赴京求见周恩来。得会利瓦伊汉，董被面斥反共反土改，农民党是地主党。1950年出走香港，1957 年赴美，大学任教。1973 年发表〈论毛泽东〉痛斥毛的残忍嗜杀性格，得统治大权后，滥杀无辜，是最怯懦卑鄙的行为。（载《中华杂志》）

【注 2】翟东升（1976-zhai 东升）江苏启东人。18 岁至今在中国人民大学学习至博士、教授，对外研究中心副主任、秘书长，国际关系学院副院长。曾在法国、美国的大学做访问学者、讲师，参与政府中央外交部、中联部、中组部、中央党校、军科院等重要部门活动、策划。2020 年 11 月公开演讲透露：中国当局过去数十年利用"美国权势核心圈内的老朋友"来影响美国政治和对华政策。视频上网后，被官方紧急下架。显然，有泄密之嫌，翟指"老朋友"非白宫高层者谁属？麦克阿瑟亦有此疑。

3.　一切政治运动都是镇反运动

【作者按：中共开国以来的杀戮记录，以 1951 年开始的"镇压反革命运动"最为残暴血腥、肆无忌惮并规模空前。镇反的处决人数大大超过国共内战死亡者总和。官方对真相保密至 1980 年代，有所透露。本文研讨《毛泽东建国以来文稿》第二册。刊出毛的镇反决策与指挥的文件上百件，甚为触目。同时，反映党内外普遍对镇反的疑虑与不满。本文初稿为 1993 年毛文稿出版时的评论，收入本书时，加入后期探索者提供之公安系统数据。】

《毛泽东建国以来文稿》第二册，选编 1951 年之内的各类文稿共四百零九（409）篇，首次在本册中发表的文稿三百五十四（354）篇，约占全书文稿八成半。最引人注目的是关于"镇压反革命运动"的指示，共一百零三（103）篇，占总篇数四分之一。1988 年赵紫阳当权时代"内部发行"。1999 年，官方出版大型图集纪念建国五十年。七百余页，数千张图片，竟无一张是"镇反"，也无一字记录！完全抹去这场杀人运动的存在！故此，毛文稿第二册值得重视。

镇压，是中共处决人犯的常用词，毛泽东在内部外部，最喜欢的毫不忌讳的用词却是"杀人"（文明国家从政者皆忌用此词，且已有 144 个国家废除死刑）。人命关天，对生命的态度，是中国历来区别仁政与暴政的至高准则。毛时常将专政与杀人混为一谈。他不讳言列宁斯大林是杀人的"两把刀子"。

中共镇反运动始于 1950 年 10 月 10 日，毛泽东主导，彭真、罗瑞卿制定【注1】"关于镇反活动的指示"（双十指示）。运动有两大特点——其一是古今罕见的"按比例杀人"，而不是按罪行判刑；其二是杀人决策权高度集中于毛一人之手。

在非战争之和平环境，任何政权无不以"死刑"为执政的大事，极为慎重。中国这个三千年帝制国家，自汉唐朝代起，到明清大帝国，都实行死刑由皇帝核准方可执行的"覆审制"。所谓"斩立决、秋后决"，将死刑分为重犯及时处理、一般死犯集中在秋季处决，二者皆由刑部审核，呈皇帝御审"勾准"，三番五次的"覆奏"，直到处决当日，皇帝还要过问……毛泽东镇反时也是朕躬天下，但是他不是康熙乾隆那样审案，而是给各省市书记下指标，按比例，限时限量，完成任务。他亲自算出来的杀人比例是人口的"千分之一，先杀一半，最高不超过千分之二"。

与镇反同时进行的"抗美援朝"，毛说过"只有一个半人"同意出兵，但这场荒谬的杀人运动，中共高层的决策讳莫如深。权位显赫的刘少奇有常务性的镇反指示，如"首恶必办，胁从不问"之类，他跟随毛的镇反运动意志。但没有毛那样死抓到底，一人独断，无人敢于非议。显然，"杀反革命"比打美帝更为敏感，中共档案不愿意泄漏更多的高层秘密。让我们先看看毛亲自对各大城市及省区下达明确的杀人指示，及各地领导人严重的"右倾"情绪。毛曾一天数电多个省市大城市党委书记，下达具体镇反指示，直批他们"宽大手软"，不敢放手杀人。

毛泽东钦定各省市杀人指标

先看毛《毛文稿》中 1951 年对若干大城市杀人数字的指示，（）括号为批示时间：

北京市："北京人口二百万，已捕及将捕人犯一万，已杀七百，拟再杀七百左右，共杀一千四百左右就够了。"（4 月 30 日）

上海市："在上海这样的大城市，要大捕大杀几批……请参看北京市委的经验，召开群众大会，会后大杀一批。"（3 月 24 日）"上海，在今年一年内，恐怕需要处决一二千人，才能解决问题。在春季处决三五百人，压低敌焰、伸张民气，是很必要的。南京方面，请华东局指导该市市委好好布置侦捕审讯，争取在春季处决一二百个最重要

的反动份子。"（1 月 21 日）

天津市："天津准备于今年一年内杀一千五百人（已杀一百五十人），四月底以前先杀五百人。我希望各大城市、中等城市，都能大杀几批反革命。"（3 月 18 日）

南京市及华东地区："过去该市（南京）手面太小，不敢大张旗鼓杀人，现已彻底转变，做得很好，大有成绩，并且跑到许多城市的前面去了。"（4 月 13 日）"华东各城市的反革命份子应当再逮捕几批，到逮捕干净时为止。各城市的捕杀批准权，如你认为必要，可以推迟一个月到七月一日再收回至上一级，以利继续捕杀。"（5 月 28 日给饶漱石【注2】的电报）

湘西："四十七军在湘西廿一县中杀了匪首恶霸特务四千六百余人，准备在今年由地方再杀一批，我以为是很必要的。华北新区约二千万人口，用比较和平的方法分配土地，匪首恶霸特务杀得太少，至今这些地区地主威风还有很多没有打下来，贫苦群众不敢抬头。"（1 月 17 日）

广东：毛一月廿二日给叶剑英等的电报指示镇反分三方面进行：（一）剿匪方面由军区军分区军事法庭判处死刑；（二）"与剿匪无关的反革命重要份子，由地方法院及军管会军法处判处死刑"；（三）"乡村普通恶霸及不法地主，则由农民斗争、监视及由人民法庭判刑"。"广东必须有计划地处决几千个重要反动份子，才能降敌焰，伸张正气。"（1 月 22 日）同意罗瑞卿所提对逃至外县外省的匪首恶霸必须以追至天涯海角的精神予以处死。（2 月 25 日）

可见之杀人手法突出的是按比例、定数量。1951 年 5 月第三次全国公安会议决议指出"现在一般地区，处决反革命罪犯的总数已达很大数量，需要迅速加以收缩。""关于杀反革命的数字，必须控制在一定比例以内，在农村中，一般应不超过人口的千分之一。特殊情况必须超过者，须经中央局批准，并报中央备案，但亦不应超过太多。在城市中杀反革命，一般应低于人口的千分之一，以千分之零点五为适宜。最高不超过千分之二。"其次才提到犯人的罪行："对于有血债或其他最严重的罪行非杀不足以平民愤者和最严重地损害国家利益者，必须坚决地判处死刑，并迅即执行。"只字不提对"罪行"需要审讯、确证。也没有任何程序。刘少奇在"双十"后的一个批示中，显得有一点弹性，他说："向我自新投诚，不再进行反革命活动的，即使有血债，亦不应杀。否则会引起自新分子恐慌。"

毛对镇反范围，在 1951 年 3 月给华东局第一书记饶漱石的电报中指示："镇反是一场伟大的斗争，这件事做好了，政权才能巩固。镇反包括：（一）社会上的反革命；（二）隐藏在军政系统旧人员和新知识分子中的反革命；（三）隐藏在党内的反革命。"

由此可知，镇反的对象"反革命"，除社会上"气焰嚣张的事实"（包括无法律准则的对新政权不满的言行，被镇压者不在少数）外，还涵盖中共体制内部"隐藏"的反革命。对此，刘少奇《建国以来文稿》提供一个例证。刘在 1951 年 5 月 21 日关于进行"中层"与"内层"镇反的文件中指出，要先清理首脑部门与要害部门，以"整风"的方式，实行坦白交代，不强迫不随便戴帽子。对隐瞒问题的人，要分清是非轻重……结果内部镇反，清理 108 万人，逮捕一批反革命（无下文透露）。总之，这两部分"隐藏"的镇反对像是针对那些具有前朝身份和有"历史问题"的人。毛曾批示"不能将小偷、吸毒犯、普通地主、普通国民党团员军官包括在内。"可见捕杀对象已严重扩大化，必然引致广泛的不满和愤恨……

遍及全国上下党内外的不满情绪

毛文稿第二册，可以看到中共政权内部到处都有对"大张旗鼓杀人"的疑虑与抵触。毛的镇反是手持"反右倾"的盾牌展开的。请看下列记录：

河南省 1951 年 1 月给中央报告说，大规模镇反后，民主人士一部份人表示摸不着底，缄默寡言，工商界也表示沉默小心，莫谈国事，学生、新干部也感到震动。

毛致电张云逸、陈毅等，指广西犯了"惊人的右倾错误，宽大无边"，不杀匪首恶霸及其他反革命，以致土匪越剿越多，人民受害极大。

中共华北局 1951 年 2 月给中央报告中指出，镇反之前杀的反革命份子很少，在一千五百万人口的新解放区土改中几乎没有杀人。镇反之后，决心在新区"要狠狠地杀几批"。

毛 1951 年 3 月转发关于浙江省镇反报告时，指出目前工作重心"仍然是对那些优柔寡断的市委县委给以检查和督促，使他们坚决行动起来，严厉镇压反革命。"

福建省 1951 年 3 月给中央的报告称，该省镇反大部份地区不狠，个别地区未动，"主要原因是领导思想上一下转不过弯子，存在怕乱、怕纠偏等顾虑。"

毛 1951 年 3 月给各中央局指示中说："直至现在党内还有不少干部不了解坚决镇压反革命的必要性和重要性。"

公安部长罗瑞卿 1951 年 3 月 20 日关于几个大中城市镇反工作给毛并中央的报告称，城市中干部怕镇反引起震动，"加重了自己的顾虑，决心动动摇摇，硬是杀不下去。""不敢放手发动群众，小手小脚，跳不出狭隘的圈子。"

湖南省委书记黄克诚 1951 年 3 月致毛电报称，湖南镇压了一大批反革命，但发生了"逮捕范围扩大，处理方式简单"的情况，"如继续猛烈镇压下去，杀人将很大超过中央限度。目前猛烈的方式与隐藏的反革命斗争，一定发生混乱。"

毛 1951 年 3 月批示，山东镇反有些地方劲头不足，有些地方草率从事，"这是全国各省市大体上都存在的两种偏向，应注意纠正。"同日，毛在转发中南局加强镇反宣传批示中称，"很多地方，畏首畏尾，不敢大张旗鼓杀反革命，这种情况必须立即改变。"

以上是党内各级干部的反映，民间的敢怒不敢言可想而知。这些资料足以否定毛发动镇反的依据与口实：老百姓痛恨反革命，"不杀不足以平民愤"。本册文稿如上册一样，仍只是毛当年文稿的一小部分，平均一天仅一件多，但有时一天达七、八件。可见未解密的重要文稿仍然很多。

毛杀人为乐，喻比下场透雨还痛快

究竟这场狂风暴雨的"镇反运动"怎样结账？自从我们 1990 年代作过一些研讨外，二千年之后已有若干新的进展发表。例如大陆的历史学者尹曙生【注3】，便提供过关于镇反运动确实的史料与分析。让我们知道更为清晰的内幕。尹先生曾任安徽省公安厅常务副厅长，是中共公安的资深干部，下面数据来自公安系统统计：

镇反运动长达三年，分为三个阶段：1950 年 10 月至 1951 年 9 月为第一阶段。这一年中杀人数量占整个运动的 75%。官方提供的杀人总数是七十一万二千人，七成半就是五十四万余。而这一年的杀人高潮是 2、3、4、5 四个月，**尹曙生**指出，在短短的四个月就杀了五十多万人！已经超过了国共内战三大战役的双方死亡人数：四十万。令人震惊（尹根据《解放军全史》公布的统计：国共内战共方阵亡约三十万、国方阵亡四十万，双方共计约七十万）。镇反情景如何："当时全国党政军领导都在忙于杀人，而且是急急忙忙地杀人。有的人前一天被抓，第二天甚至当天就被枪毙；夜里被抓，白天枪毙。"【注4】

大城市是毛泽东猎杀的中心目标。《惩治反革命条例》1951 年 2 月出台后，毛立即指示北京、天津、青岛、上海、南京、广州、武汉、重庆及各省会城市，说这些城市"是反革命组织的重要巢穴，必须有计划地侦查和逮捕，在几个月内，大杀几批罪大有据的反革命分子"。又说："我希望上海、南京等大城市、中等城市都有一个几个月至年底的切实的镇反计划。大杀几批反革命。人民说，杀反革命比下一场透雨还痛快。"北京市在罗瑞卿直接指挥下，两个夜晚共逮捕 1725 人，公开枪决 257 人。上海向毛报告计划逮捕 1000 人、杀关管 1000 人。毛立即电覆"如果你们能逮捕万余，杀掉三千，将对各城市镇反发生很大的推动作用。"并交代迅速审讯，半月就杀一批，若干天再杀一批。上海市委于是一天逮捕 8359 人，三天后处决 285 人，以后每隔几天就杀一批……在毛的鼓动下，全国扑杀成风、失控，纷纷要求突破指标，到 1951 年 5 月，广东广西已逮捕 18.8 万人，处决 5.7

万人。广东一月处决一万多人，到四月底，华东区处决十万零八千人，中南区杀人超过二十万。

不少党委发现问题严重，如中南局要求下属湖南、湖北、河南、江西停止大捕大杀，但收效甚微，一个月又杀了五万。毛开始反应，他指示各中央局控制杀人比例，但态度含有姑息。尤其如贵州要求千分之三，毛响应"可以超过千分之一，但不要超过太多……**贵州省委**要求再杀二万多，我们允许杀一万多一点，已经超过千分之二。"……在这样的杀人风不可遏制的背景下，毛紧急召开"第三次全国公安会议"（1951 年 5 月 15 日），补杀狂潮得以一定程度遏制。10 月统计，仍然逮捕近五十万人，处决十四万人。

因此，整个镇反的杀人统计，仍然密藏在中共的保险柜中。现在沿用的七十一万二千（71.2 万）人，无疑极为保守。那是公安部副部长徐子荣在 1954 年 1 月一个报告中提出的数字，他说"镇反运动以来，共捕了二百六十二万名、其中杀掉反革命分子七十一万二千名、关了一百二十九万名、管制了一百二十万人。"学者杨奎松认为镇反处决总数"大大超过七十一万"。尹曙生则明确指出徐子荣的数字，只是第一次大规模镇反运动中的数据。第二次在 1955 年，处决九万五千人。还有"肃反"与"肃反补课"名义的镇反。嗣后 1956年打击反合作化、1957 年反右派判处管制一百二十万人、大跃进时各地大肆捕人，公社都可以组织劳改队，抓人比镇反时还多。四清对敌斗争、文革的清队不少人估计杀人总数应在二百万人以上。……**尹曙生得出结论："一切政治运动都是镇反运动"。**

镇反运动开启无法无天的野蛮时代

研究镇反的法学者指出，1950 年的"镇反运动"，是中共体制数十年"无法无天"的强力肇始。早在其建国前的 1949 年 2 月，中共就废除了民国时代的《六法全书》（王明任内）[注5]，摧毁中华民国法统，也就葬送了辛亥革命以来艰辛创立的中国法制现代化进程。《六法全书》中的基本理念"正义、平等、公正、诚实"及法律根本原则：

无罪推定、不溯及既往、一事不二罚、疑罪从无……就一锅端地被颠覆，代之以革命阶级斗争名义的暴力人治，开启三十年无律师的蛮荒时代。最核心的是对前政权的非法处治：数以十万计的国民政府的党政军人员，被公开和秘密关押、处决。网上流传一份二百四十二名在镇反中被判处死刑的前国军将领名单（包括辛亥元老与抗日将军）。

法令显示，中共在历年的专政与镇压中，实行一条如按比例杀人一样荒谬的统战政策，公然违背法制最重要的公平原则。中国古有"王子犯法庶民同罪"，今有"法律面前人人平等"，家喻户晓，法律适用。但是，中共在内战中、在政治斗争中，不是个别，而是广泛地，惩罚不按罪行，而是按人的社会等级地位执法，称为统战需要。镇反运动最为明显。例如死刑的界限，规定以国府县长、县党部，军队以连级为界，省级以上不适用。突出一例是镇反最狂热的贵州省委，竟将原已投诚、有安排处理的八十一个县的县长全部按划线处决！整个社会死于这条生死线的无辜低级官职员，料想是大多数。同时，很多人愤慨，在镇反时空范围内的日军侵华一千一百名战犯，罪行确凿，不仅在战犯管理所受到良好待遇，后全部被特赦回国。（毛另曾多次向来访日本人感谢皇军侵略中国，使共产党走出山沟获得胜利。）

1949 年 4 月 25 日毛泽东朱德发布《中国人民解放军布告》，宣布对国民党政府军队议员警察等，凡不持枪抵抗、破坏者，一律不俘虏、不逮捕、不侮辱。兵勇交出武器者，概不追究……1949 年日内瓦战俘公约，周恩来也公示接受、人大批准。中共镇反完全违背了这些承诺，背信弃义，滥杀无辜，违反罪责原则，将镇反变成对国民政府中下层党军的复仇祭祀，"约法三章"是毛的第一个骗局，此后，数十年中国大陆都侵蚀在阶级血仇的毒化宣教之中。动辄以"千百万人头落地""血债血偿""你死我活"的恐怖言辞，掩盖其以中国农民暴动的嗜杀传统，践踏善良人性。镇反以无数尸骨铺向反右、文革之路。【注6】

注释：

【注 1】彭真，1902-1997，山西侯马人，1948-1966 北京市委书记、市长，中央政法组长，中央书记。文革被打倒。复出，人大法制委主委。罗瑞卿 1906-1978 四川南充人，公安部长、共军大将、中央书记、副总理、总参谋长。1965 年被毛林斗倒，自杀未遂，1973 年复出，1978 年赴西德治伤病逝医院。

【注 2】饶漱石，1903-1975，江西临川人，上海大学，通英文。赴苏、美、法活动，掌新四军，华东第一书记、中组部长，1954 年涉高饶案被捕，判刑 14 年，病逝狱中。

【注 3、4】尹曙生，1937 生于安徽，1961 年政法大学毕业，1981、1983 年任青海省、安徽省公安厅副厅长，安徽大学教授，主编《安徽公安志》。另著揭露安徽特大饥荒真相、青海省长王昭之死等纪实报导多种。开放杂志 2014 年转载其大作《毛泽东与第三次全国公安会议》。

【注 5】王明，1904-1974，安徽金寨人，中共亲苏派领袖，1928-1945 任政治局常委，代理总书记。1945-1954 任中共政务院法制委员会主任，1956 年赴苏，留居至终。妻孟庆树著《王明传记》。

【注 6】中共已于 1998 年 12 月取销"反革命罪"，代之以"危害国家安全罪"。

2024-9 定稿

4. 反右派：百万书生蒙难记

【一九五七年大鸣大放运动，中国右派知识分子群起批判中共制度的弊端与罪行，毛泽东使用手段"阳谋"，公然欺诈，"引蛇出洞，诱敌深入，聚而歼之"。其株连之广大，迫害之残酷，受害人数以百万计，是中国帝制传统"焚书坑儒"极大化的一场暴政。知识分子的鸣放，虽被全面镇压，但反抗精神与反共启蒙，已深藏人心，直捣共产党专政体制。如章伯钧所言："一个上帝、九百万清教徒，统治五亿农奴，非造反不可。"】

1957 年毛泽东发动的大鸣大放和反右派运动，已经广为人知。它的历史定位却被中共所扭曲，迄今不改只是"处理扩大化"的定性，海外评论这场人为的运动，是比秦始皇焚书坑儒远为残酷的灾难。在大陆封闭社会，不少人视为"大冤案"，所谓右派，并不是反党反社会主义，他们只是帮助整党而提出批评。像所有社会运动先知先觉者只是少数一样，他们在高压下的遭遇构成这场人道灾难的主体。这批被大力攻击围剿的右派分子，是具影响力的社会精英，他们对中共政策的透视代表主流的进步民意。按照国际社会的广泛定义，他们是政治上的右翼。只是这种定义完全不适用一个极权主义社会。正如指责中共"党天下"的"大右派"、光明日报总编辑**储安平**所说："民主在国民党统治下是多少问题、在共产党统治下是有无问题。"这是上百万人受到迫害的反右运动的政治背景。

坚持数十年为右派正名的杜光先生论断【注1】，反右派是"中国民主力量与新专制主义政权的第一次对决"。在反右运动广泛的社会层面，有许多可歌可泣的英雄人物，为了坚守自己的言论和观点，饱受批斗折磨，劳改监禁，甚至牺牲生命。林昭案【注2】就是一个最惨烈的例子。这位北大女生目睹反右运动的欺骗和横暴后，表示对中共不可屈服的抗议，不惜在监狱里写下大量文字（包括血书）批判毛泽东的理论与政策，关押到文革初期，被秘密杀害。表现普罗米修斯般的高尚人格。她就刑后还被"索取五分钱子弹费"的事实，文革后一度成为专政制度最可耻象征。

有关反右派真相的出版物后来不断出现，包括反右派五十周年前后，**吴弘达**在美国主持的"劳改基金会"出版的《黑色文库》系列纪实作品（数十位反右受害者回忆录），揭示反右不仅是对言论自由的封杀，而是一场惊人的大规模反人类罪行【注3】。特别为"右派分子"制定的"劳动教养"配合劳改制度，将反右中数以十万计的无辜者，打入无数地狱般的苦役中，例如杨显惠、赵旭2000年关于甘肃酒泉"夹边沟"劳改农场的著作《夹边沟纪事》，及一系列相关回忆录、自传、纪录片，揭露三千余政治犯和劳教分子，在荒原中住地窝子、无粮无药、吃尸体……最后幸存者不足三百人，大部分都已饿死冻死。其状之酷，惨不忍睹。

邓小平定章伯钧言论 "穷凶极恶" 永不平反

诚然，在上百万右派分子之中，不少知识界人士有非共言论，可以视为中共专制制度的异见者。但是，他们不是从政者，更无政党背景，不少是中共党员，只是从事非政治的其他专业。唯有运动的主要对象"民主党派"有所不同，也曾被忽视。回顾既往，从1984年林希翎到香港，发表其个人冤案到2004年胡杰纪录片"寻找林昭的灵魂"的放映，香港传媒都被大量右派个人和家庭的悲惨故事所吸引。在疏理大量纪实与史料后，我们对反右运动有了多面向的更深入的分析和归纳。

众所周知，毛泽东反右派出手最重的，是钦点一批"民主党派"头面人物，如章伯钧、罗隆基、储安平、章乃器、黄绍竑等。并亲自撰写人民日报社论，怒斥"章罗同盟"和文汇报的"民盟右派系统"。毛死后，同盟之说，已显无中生有，纯属构陷。但是章罗言论的政治份量，超越一般民众较多倾向的切身感受，尤其是**章伯钧，**不仅提出"政协、人大、民主党派、人民团体应该是政治上的设计院"，"不满共产党的无产阶级专政，没有人民民主专政"。主张人大、政协改为议会制。并力行改变他负责的民盟、农工二党，要发展到二百万人的"第三大党"，挑战中共一党独裁。他被迫承认"有政治野心""到处点火"。

已近似一副西方政治家参与竞选的姿态。当遭到强大火力围攻后，章伯钧不得不退却，并坦承他的政治抱负及思路来历。值得重视的是，和苏共二十大修正主义潮流挂钩，符合他多年反蒋反共的第三条道路。他赞"只有铁托、毛公"敢批斯大林野蛮杀人。四月末，毛在最高国务会议上，放言为马寅初争权、要撤销高等院校党委。章听得心花怒放。"六学者会"慷慨激昂，他认为中国到了"波匈前夕"。不料一个多月，疾风暴雨的反右劈头而来，而且是利用民盟中央批斗他，史良长篇发言对他彻底清算——跟着毛发表"处理人民内部矛盾"全文。章伯钧对照一读，大怒。和国务会议大变调，出尔反尔，便痛斥毛："我没讲错，就是一个大流氓！"七月，人民日报指民盟、农工党是"有组织、有计划、有纲领、有路线的反共反社会主义。"——这无异于宣布从蒋时代开始的"第三势力"在大陆的最后溃败。

最后清场的是总书记邓小平。他操控下，顶级右派定为"标兵"，二十五人，民盟一级右派六十一人。1980 年平反，独留中央级五大右派不予"改正"，首犯即章伯钧。统战部通知家属，证据只有一条：指七月交通部的反右大会上，揭露章伯钧"穷凶极恶"的言论：【注4】

> "中国这么大的国家，一个上帝，九百万清教徒，统治五亿农奴，非造反不可。"

中共高层表示，其他问题都可以过关，这段话不行。若无章诒和女士（章伯钧之女）揭示，无人知道这段隐秘。实因这段话确属击中要害。高度概括国情与中共政权本质，一言九鼎，千言万语莫敌！不愧为"头号大右派"之誉。难怪章伯钧被毛视为安徽三大人物之一

（另为李鸿章、陈独秀）。辛亥以来，中国知识界的洋务派、立宪派、自由派无不倾向西欧的社会民主主义。国共之争中，章伯钧罗隆基张东荪等是反蒋亦反共的"第三势力"。他们幻想美国支持下实现联邦制，"南北朝"。可惜美国撒手，大局丕变。章罗附共后，自叹做了"政治俘虏"。直到为苏共二十大的变革所迷。不幸反右一役，全军覆灭。

从此，中国知识界自由民主传统被砍断。一个无人可以想象的屈服之例：**沈钧儒**这位辛亥革命已闻名的民主斗士、七君子之首，中共最高法院院长，反右之后，竟在口袋中置一字条，每日自问："你是不是听党的话？听毛主席的话？走社会主义的道路？你对人民究竟做了什么事？"洗脑竟渗入八秩大贤的口袋！[注5]

不予恢复名誉的五大右派之二，是光明日报总编辑储安平和森林工业部部长罗隆基。储直接向"老和尚"毛周提意见，批评每单位都派党员做领导，是"一个一家天下的清一色局面"，他质问，十二名副总理怎么没有一名党外人士？"党天下"之说，传遍天下。肃反运动，是中共专政的敏感领域，虽然公安部长罗瑞卿在反右前内部讲话中承认"有些干部对犯人比奴隶主对奴隶还残忍，简直是惨无人道。"但是罗隆基质疑年年肃反，主张成立一个委员会，为历次运动受冤屈者平反时，就罪莫大焉。罗还不满民主党派的不少领导人都是中共秘密党员。

章罗储的言论和今天香港人的民主要求性质完全一样，是对中共专制最直接最有力的挑战。而毛所以要对他们斩草除根，深知章罗等人是资深的政治活动家，他们在国民党时代或为中共同路人，或为支持者，而且都是向蒋介石争民主的独立之士，有才能，有影响，他们对中共本质认识之深，绝非一般知识分子可比。他们受过西方民主自由熏陶，又有政治斗争经验，章伯钧是中共南昌起义的重要干部，**储安平**留学英国，办《观察》杂志，早是著名的政论家。因此，在观念上，他们是西方价值观的传播者。艾奇逊白皮书寄望于中国的"民主个人主义者"，首先是他们，毛泽东早已怀恨在心。他们在反右运动的地位与影响力，当然不同一般，无异于一场多党政治的非典型争战。成为毛必铲除而后快的目标。这是反右运动的高层战略所在。

知识分子：极权主义的天然反对派

毛打右派的第二目标是"知识分子"，包括文艺界、教育界、新闻界、科技界的学者、专家、作家、艺术家、演员、编辑、记者等。他们的批评大多根据自己在"外行领导内行"下的经历见闻而发出不平之鸣，但是也有相当的尖锐性。如京剧名角李万春说："党的领导干部根本不明艺术，一律以马列教条吓唬人，似乎拉屎撒尿都要结合社会主义，才拉得正确。"编辑冯亦代为胡风叫屈："钦定式文艺，是对文艺界头上插上一把刀，文艺要丧命。"不少作家编辑主张允许办"同人出版社"，要求言论出版自由。

清华大学教授徐璋本建议取消马列主义作指导思想，公开呼吁结束共产党一党专政，提议成立劳动党，走尼赫鲁中间路线（徐死于劳改营）。河南文联栾星认为，胡风集团案是"一个大的文字狱"。"当今无产阶级专政，思想统治，比清朝文字狱还要凶，还要厉害。"剧作家吴祖光批评禁戏"把有几万出戏的古典戏曲挤兑得只剩几出戏在舞台苟延残喘。"沈阳师院教授徐公振说："我国自古以来是尊重教师的，天地君亲师。只有今天共产党不尊重教师。"北大王铁崖教授等也批评学校机关化衙门化，学术自由，已近窒息，学者专家变成鹦鹉。法律学者尤其不满中共强令解散法学院：教的都是"资本主义的一套，要连根拔除。"前辅仁大学社会学系主任李景汉气很大，鸣放时说："于今党不仅要洗去脸上的尘埃，更应该把肥皂吞到肚子里去洗一洗。"上海一位教授调侃毛是"秦始皇、孔夫子加马克思的混合体"。

知识分子鸣放之前顾虑重重，怀疑共产党放长线钓大鱼，善良的读书人终于招架不住毛假惺惺的诱惑，毛一再高调鼓励"言者无罪"，并赞同党委治校不合适，要出版"蒋介石全集"。电影女演员吴茵大为感动："怕甚么？有毛主席给我们撑腰！"他们哪里知道毛早已在鸣放前铺垫了满途地雷。这些知识分子多已中年，他们在民国时代受教育或留洋回国，接受西方价值观的洗礼，必然与中共的教条相冲突，知晓中共执政没有真正的社会主义民主，连资本主义的假民主也没有。

与此相关的"青年右派"，以大学生为主体，他们的思想资源和上述两类有区别。深受苏共二十大批斯大林的自由之风影响，同情波匈暴动，欣赏南共纲领，以鼎鼎大名的**林希翎**【注6】与谭天荣而言，林赞扬铁托，抨击中共肃反，逮捕胡风是破坏法制："中国杀了七十七万人，冤枉的人也有七十二万。"她说："中国只能叫封建基础上的社会主义，是非典型的社会主义，我们要为真正的社主义而斗争！"**谭天荣**批评毛是帝王思想变相复活，刘少奇、郭沫若、李政道、杨振宁等人无知、无耻，形而上学。他反对的是如波共领袖哥穆尔卡所说的"那种把威信建立在血、牢狱与欺骗之上的本国版的贝利亚主义。"

谭天荣要求全民直选，对地主也给以选举权。北京大学"民主墙"带动社会，泛滥至文革。北京大专院校中，有不少党支部团支部成员大比例地被划成右派份子，因为这些青年党团员是学生中最关心政治的部份，对苏东动荡的反应自然十分敏感。毛亲批处理学生右派："开除学籍，留校劳动，当反面教员。"但后来不少学生被劳教、判刑、劳改，【注7】北大一家，右派共计达七百一十六人（占全校师生 7%），七人死于死刑。文革后被平反，也不得留在北京，被发落回原籍，以防他们东山再起。

反右运动造成社会政治虚伪成风不知羞耻

综上所述，可见各类右派不约而同地对中共执政八年作了广泛的质疑与抨击，批判的深度超过后来的历次运动，足以享有中共史上首开大规模异议运动的荣誉。章伯钧、罗隆基以英国《大百科全书》加载对他们在反右运动中要求民主政治的高度评价而感到自豪，是一个独到的历史脚注。著名记者、作家**刘宾雁**，曾遭多年"右派贱民"折磨，在香港《明报》撰文〈毛泽东是亚洲最大的政治流氓〉，痛斥毛以卑鄙的欺骗手段，将一代中国精英打入野蛮的摧残和镇压中，使言路堵绝，全国全党失去任何一点制衡能力，听任毛撕破全部伪装，以赤裸裸的地痞流氓嘴脸，在大跃进、大饥荒、文革、联美反苏中，将国家推到崩溃边缘——这无疑是反右最大的恶果：

中共从此踏上流氓政治的不归路，公然以国家权力施展诈骗，将自上而下党政军干部全部伪善化。说假话、办假事，上下通吃，不以为耻。"革命"招牌彻底变质。

于是导致政治体系上的土匪式民粹主义更趋严酷。这种统治模式，原已是中共得心应手的看家本领，动辄以万众大会、发动群众，制造红色恐怖声势，免除法律手段的规范和耐心。但反右起，这种以势压人的斗争方式，扩大蔓延到大小单位，不分昼夜，到处可闻打倒声。而且批判现场从大而空升级到深挖家史、人身攻击，不时出现殴打。予批斗对象，不仅打倒，还要"搞臭斗臭"，彻底毁灭人格。

恶心的一幕是 1958 年三月中共策划各民主党派在天安门开大会，竟要狭党外人订立"社会主义自我改造公约"，会后多名头人要求加入中共，被拒。——反右的这种恶性演变，很快在大跃进、打倒彭德怀及至文革中，延续爆发为红卫兵及全民性的"群众专政"，甚至提出"打倒公检法"，民粹极大化泛滥成群氓"打砸抢"的疯狂暴行。万里副总理在 1999 年五十周年国庆，曾借反右批评文革的"'最高指示'就是个人专制的代名词。五七年储安平党天下早已批评过。"此外，反右的"反党反社会主义"，也为随即发端的二十年反苏共修正主义埋下引信。因为很多"右派"都承认是受了苏共二十大的影响。

最后，有关 1957 年反右派运动及 1958 年的反右"补课"中被划为右派的人数统计是多少？官方数字"五十五万多"人，显然是大为隐瞒的。刘宾雁据党内机要透露是一百零二万人。留美学者丁抒多年推证结果，右派总数一百万人，另有数十万"中右份子"，"反社会主义份子"。最惨重是几个高级知识分子的小党，尤其民盟，被划右派达 5173 人，中央一级右派六十一人。文革结束后，邓小平承认"反右扩大化"，给右派"改正"。笼络了王蒙、朱镕基等少数右派，大多数右派经历劳改、劳教，九死一生。不少幸存者仿效德国提出要求赔偿，无人搭理（据说有个别人获得千元赔偿，讥为小费）。【注8】

注释：

【注1】杜光（1928- ）曾任中央党校理论研究室副主任、中国政治体制改革研究会干事长及会刊总编辑，1958 年划为右派，1979 年改正。他认为反右运动是中国民主革命力量与新专制主义政权的第一次对决，民主力量面对的是一个"斯大林加秦始皇"的专制暴君。

【注2】林昭（1932-1968）原名彭令昭，江苏苏州人。入读北京大学新闻系，1957 年定为右派，1962 年关押于上海提篮桥监狱。狱中书写大量反毛泽东等反共文字、血书，1965 年判刑 20 年，1968 年被枪决龙华机场并收取五分钱子弹费（时张春桥在上海当权）。1980 年获平反，被称为"圣女"。独立制片人胡杰 2004 年摄制影片《寻找林昭的灵魂》、杜克大学教授连曦 2018 年出版《林昭血书》。

【注3】吴弘达（1937-2016）上海人，就读北京地质学院。1959 年划为"右派分子"，关入劳改营十九年。1985 年加州大学邀请访问、定居美国，多次回中国收集劳改资料，曾被捕获释，1992 创办劳改基金会，出版回忆录《昨夜雨骤风狂》。2016 年 4 月在洪都拉斯度假突然死于泳场。

【注4】章诒和（1942- ）作家、章伯钧之女，著《最后的贵族》《伶人往事》等，此处引《顺长江，水流残月》，2007 年牛津大学出版社。

【注5】同上。

【注6】林希翎（1935-2009）反右运动时为人民大学法律系学生，在人大、北大发表多次演讲，力批中共政策，成为第一学生右派，判刑 15 年。株连家族和支持者数百人，1975 年获释，1983 年出香港，接受杂志访问，牧夫整理成长篇报导《林希翎冤案内幕》发表。2009 病逝巴黎，2010 年移葬故乡浙江温岭。

【注7】劳教。1957 年 8 月为关押右派而设立的劳动教养制度，名为非刑罚之行政处罚，限期三年。后适用广泛扩大，收容时间长，为惩治政治犯的常用手段。无异于判刑之劳改。受劳教人高达数十万。2013 年被人大立法废除。

【注8】右派平反与赔偿。参考德国政府为纳粹政治迫害的赔偿，二战后曾

达 600 亿美元。2001 年德议会通过赔偿法案。尚存受害者达 120 万人，个人可获数千元美元不等。包括居住西方国家的受害人。有关反右派运动统计资料，包括划定各类"右派分子"等人数，资料极为混杂。官定右派分子 552,973 人，1978 年声称"全部摘帽"，却认定中央章伯钧、罗隆基、彭文应、储安平、陈仁炳 5 人及地方 91 人不予改正，包括林希翎、孙大雨、冯元春等人。档案显示"中右分子"达 140 余万人，加上其他种种名目的反右受害者、株连者，不在 300 万之下。2007 年反右 50 年，据称尚健在的右派分子有一万人。中共当局对政治迫害之赔偿迄今无动于衷。

2004 年初稿 2026 年修订

5. 追踪大饥荒真相的群体

【作者按：发生在 1958-1961 的中国大面积严重饥荒，六十多年来已经有不少学者专家作出研究调查，得出饿殍人数在 3000-4000 万不等的结论，并肯定饥荒原因主要是包括毛泽东在内的中共高层决策荒谬，和对灾民生命的冷酷无情。完全驳斥中共欺骗性的灾源宣传。但是如此惨绝人寰的浩劫，中共当局至今没有交代、反省并严格保密真相，迫害敢于说真话的彭德怀等人，更引起疯狂的权力斗争⋯⋯本文概括介绍饥荒，和追究真相的几位人物事迹，包括作者 1984 年因此被邓小平点名批判的事。】

共产党统治中国近六十年最大的劣迹，无疑是 1958 年大跃进运动导致的三年大饥荒。饥馑的死亡人数无论是官方透露和海内外各种研究成果，都达到"千万"数量级。因此形成对这场大饥荒两个最根本的质疑：究竟饿死多少人？原因何在？

官方捏造大饥荒成因嫁祸于人

中共官方对饥荒死亡人数，近五十年来，从未发布正式统计资料。对于饥荒原因却有一个提法。1978 年 12 月中共十一届三中全会通过《关于建国以来党的若干历史问题的决议》，邓小平为了应付当时党内外的批毛浪潮。决议批判大跃进运动，指为严重的"左倾错误"。涉及大饥荒的表述是：

> "由于大跃进和反右倾的错误，加上当时的自然灾害和苏联政府背信弃义地撕毁合同，我国国民经济在一九五九年到一九六一年发生严重困难，国家和人民遭到重大损失。"

可见中共没有改变毛时代对大饥荒的掩饰，仍是三点："大跃进的错误、自然灾害、苏联背信弃义"，结局是"重大损失"。这个定性是抽象的、不负责任的、违反事实的。这三条只有自然灾害，是有记录可稽的，已有人（包括笔者）查阅过气象记录，那三年没有也不可能有全国范围的自然灾害，大致风调雨顺。但是大跃进和苏联背信弃约两条，完全不能成立，而且有案可查。

先说大跃进。【注1】缘起于 1957 年 11 月，毛率邓小平、陈伯达、宋庆龄等访苏出席十月革命四十周年庆典。当时苏共雄心勃勃，卫星上天、核电站、农业丰收……赫鲁晓夫在庆典上宣示"十五年在人均的主要产品上超过美国"。毛听后，不顾置疑，即时决定，"中国十五年将超过英国"。并在随后的大会上当众宣布。与会者并未当真，没想到"这是大炼钢铁大跃进的第一声号角！"正如南共**卡德尔**【注2】预见：俄中争当首领的斗争开始……毛想在一个山寨社会发动一场不怕死的战争，赢得称霸世界的本钱。超级狂妄的代价，死神横扫中华大地。

当赫鲁晓夫确认中共陷入困境时，他做了什么？1961 年提出给中国 100 万吨粮食，50 万吨蔗糖，毛只要糖不要粮；1960 年撤走苏联专家，周恩来对韩素音说，（大跃进）已经使他们无法工作。赫还建议中共不要搞核武，又费钱又无用，（社会主义）大家庭有保护伞就够了。还债问题是毛设计的一着嫁祸于人的邪说，让中国人对"苏修逼债"忌恨至今。因韩战苏提供 87 个师的装备，半价还债，还有十年还清，因为 1960 年交恶，毛要求勒紧裤带五年还清，苏外贸部很不满这种单方面改约行为……学者指出，中方六十年代的世界革命路线外援的费用大大超过对苏还债。

总之，上述三个理由，都是强词夺理，嫁祸于苏联。中国从大饥荒活过来的一代人，三十年来，历史记忆驱使有良知的学者，对大饥荒作了不少研究，包括学者蒋正华、李南、金辉、曹树基等，他们偏重于根据一些人口统计资料，作死亡人数的推算，而对饥荒成因、饥荒惨状的分析有所不足。直到今年 2008 年 8 月，**杨继绳**先生在香港出版的巨著：《墓碑》，才给大饥荒研究树起一座纪念碑。杨先生是北京党内改革派喉舌的刊物《炎黄春秋》的副社长，曾是新华社资深记者，他为调查大饥荒真相，下了十年功夫。搜集大量翔实的资料，推翻了中共对大饥荒的定性。提出"三千六百万"的大饥荒死亡数字，揭露很多悲惨、丑恶令人不忍卒读的情节。（《墓碑》已由美籍学者Stacy Mosher 英译在美国出版）【注3】

我的"大饥荒情结"由来已久

杨继绳来香港校阅书稿时，我曾和他见面，对他著述风格的朴实严谨留下清晰印象。也交换过研究大饥荒的情况，我提到八十年代在香港搜集人口资料评论大饥荒被邓小平点名批评的事。念及这是中共高层对大跃进政策的一个罕见的反应事件。值得在此具体说明，以为备考。

我的"大饥荒情结"由来已久。早在文革前，因从事水利技术工作，经常下乡去工程现场与各地农民乡干接触。多次听到那些贫下中农主动向我们诉说"困难时期"饿死人的情况，甚至有公社干部说四清开"忆苦思甜会"，农民不忆"旧社会的苦"，反而忆共产党大跃进之苦。1964 年我曾去外婆祖居湖南桃源三阳港一游，见到外婆家的老佃农谌家老大，拉着我的手告诉说，小时候记得的谁谁谁，一个二个地都饿死了。使我内心十分震动。

后来，文革中批判彭德怀，看到他的材料深为他感到不平。同时，从社会上大量负面材料中，终于看清了毛"反修批修"发动文革的本质，都与那场"大跃进"的失败有关。心想有朝一日，能说话时，一定要揭露这"千古奇冤"。一个闯下弥天大祸的独夫竟然还发动（文革）这么大的运动，去打倒为老百姓说了两句公道话的老战友（彭德怀、刘少奇），且将他们置于死地而后快，天下竟还有如此混账的事！

从大饥荒到文革，耳闻目睹，我的世界观逐渐成熟，对毛和他的制度感到彻底幻灭。因此，1980 年来香港，1981 年进入新闻界后，我的政论立场就是批毛不遗余力，留意相关数据。有一次《红都风流录》的作者夷叔老先生（唐瑜 1912-2010）来香港，他是文化界高级统战对象，对毛知之甚深。他对我说：共产党老说"蚍蜉撼大树，可笑不自量"，我撼不了大树，也要剥他两块树皮！【注4】

1983 年中国统计年鉴的出版

香港有新闻自由，可谓"信息爆炸"。但有关大饥荒的材料仍有限。1984 年夏天，一位北京社科院出来的朋友王俊铭先生告诉我，1983 年《中国统计年鉴》出版了，你可以找来看看。对"数字"绝不陌生的我，拿到这本满是数据的书，颇有喜出望外之感。发现他们公布了 1949 到 1982 逐年的统计资料！以前很多都被"空白"，尤缺 1958 至 1961 年大饥荒四年的人口统计。现在补齐，虽不理想，如 1960 年人口锐减 1000 万整———显然失真。

我在已有的数字中探索，估算出 1958 至 1961 年"非正常死亡"人数是 1530 万。后来，又看到一套《中国人口》丛书（联合国资助出版），分各省市三十二册，有各年人口数，还有死亡人口的"绝对数字"。我终于 1993 年查到了各省的相关数据，便以 1957 年和 1961 年正常的死亡平均数，来估算四年大饥荒的非正常死亡数。得出二十四个省死于饥荒的总人数为**二千零四十万**（2040 万）人。最严重六省是四川、安徽、河南、山东、湖南、贵州，都超过百万人。

1948 年十月号《九十年代》月刊（原《七十年代》）在中共建国三十五年专题中发表我以"牧夫"署名的文章〈中共治国三次大挫败〉，其中主要论述是"大跃进"引致之大饥荒。文中提出饿死人数之估计，还以官方数据，驳斥大饥荒的自然灾害之说，从外贸资料指出大饥荒期间粮食出口太多，进口大减，是令饥民处于死亡线的原因之一。当然，公粮征收超过正常标准一倍，更是饥荒的主因。也驳斥了嫁祸"苏联撤援"的说法。

邓小平点名批评香港政论文章

一个月之后，十一月十二日，总编辑找我谈话，告诉我中大教授传话，有大陆学者来港开会打听牧夫是谁（牧夫是我当年主要的笔名），说邓小平点名批评牧夫〈三次大挫败〉一文，指示十月号該刊不准在国内流传。老总說详读我的文章，觉得写得持平，没有情绪化，都是根据官方资料。不知何以如此被重视？我解释说，这篇文章份量不轻，有新观点，把批评具体化，他们受不了……

同事们都明白，中共领导人点名批评一名香港的评论文章，确实是绝无仅有的事。过两天，老总请大家在合和中心饮茶。他笑着说，"牧夫已是邓小平点名的人，应該他来請客"——以上是根据当年日记摘录的经过。

这件事，已过二十多年，后来几位学者的研究，更为吃重（例如上海曹树基查过上千册县志及明清的史藉，作背景分析）。只不过我用的分析方法和作出的结论没有大的问题。我使用的是官方的统计资料，也引起官方的留意，当然是一件难忘的事。

周恩来销毁国务院调查大饥荒绝密文件

邓为甚么在乎"牧夫"这篇文章？我认为不在于利用官方数据估算了大跃进饿死人的数字，而在于确实地指出饥荒的原因：苛政猛于虎。戮穿了他们多年炮制的谎言。邓作为毛的亲信，是何等精明的共犯，深知中共几十年，就是"大饥荒"这一关最过不去，他绝对知道饿死的几千万人都是农民，是中共口口声声依靠的贫下中农！而有无天灾、苏联是否逼债？他比谁都清楚！（邓在大跃进中被毛任为"副帅"。）

杨继绳的书和报导，惊人地揭示一个事件——1961 年国务院粮食部长陈国栋与办公室主任周伯萍、统计局长贾启允三人奉命要求全国各省市领导人汇报，人口统计，包括饿死人的数字，他们三人汇总，全国人口少了多少、饿死多少人——他们报告给周恩来、毛泽东二人。周恩来阅后，通知周伯萍"立即销毁，不得外传"。三人照办后，周还特地电话追查一次。为了坐实，杨继绳 2003 年追访健在的周伯萍，谈当年和周恩来接触经过，得出了一个 **3000 万人**的数字，並非准确的饿死人之数。但是肯定一个细节，说周恩来要求他绝对不要透露三千万这个数字，"不然国外敌人会以此疯狂攻击我们。"

另有留美学者丁抒严厉指责周恩来在 1960 年 1 月正值饥荒死人高峰时期，否决以黄金买粮食救灾的建议，而投机黄金市场，低价买进几十万两黄金。周竟下达文件谎称 1960 年夏粮将达 500 亿斤，其实仅存 127 亿斤——1960 年死人最多，实与高额出口粮食 680 万吨和买几十万两黄金关系甚大。可見這位總理也是一個冷血心腸的人。

西方学者冯客清算毛制造大饥荒的罪责

我的文章，在中共严密遮掩大饥荒真相的幕布上，划开了第一道口子，邓小平的紧张应可理解。他有防微杜渐的责任。二十多年后，我们才读到刘原写父亲刘少奇 1962 年当面对毛说："饿死这么多人，历史上要写上你我的。人相食，要上书的！"毛无语。但是他记住了——凭刘这句话，他就该下台。害死三千万人，罪不可恕。但朕既为帝王，岂容你等得势？张戎毛传披露，刘少奇在饥荒最惨烈的 1961 年初，告诉苏联大使契尔沃年科，中国已有三千万人非正常死亡。

大饥荒三千万冤魂决定了毛要以"亚洲最大的政治流氓"的一切手段，不计后果地铲除一切可能找他算账的人。如谢韬教授这样的智者幸免于死，终于在去年《炎黄春秋》上呛声："三年大饥荒死了三千七百五十万人，成为古今中外最大的暴政。"

然而，这位暴君，仍然被供奉在北京红庙里。1961 年饿殍遍野之际，他对来访英国元帅蒙哥马利说"中国人不缺粮食，吃得好。"这篇谈话已经解密，公开出来，十三亿人却无一人站出来直斥其非。西方知识界 2010 年终于有了一本具学术权威性的关于中国大饥荒的著作面世：香港大学教授冯客 Frank Kikotter《毛泽东制造的大饥荒》在伦敦出版。我当即为他做了访问。

冯客精通中文，他和中国学者一样，访问了二十多个档案馆，包括公安部门和外交部及许多受害者。他得出的死于四年大饥荒的人数达到 4500 万人。他的巨著《中国浩劫三部曲》之二，不乏独家的实例，如刘少奇下湖南调查时给毛的一封信，说湖南农民的房子 40% 被拆掉了，"这是很恐怖的事！"又如 1959 年 3 月 25 日，毛在上海政治局会议上，要求农民上交公粮增加三分之一说，"农民不会造反，饿死一半人不要紧，还有一半人有饭吃。"冯客的著作超越所有大陆学者的是，不止于求证，还提出锐利的评论。冯客虽然指出大饥荒形成有体制的原因，全国像一个军营，一党制消灭了所有的自由，错了毫无办法，农民只有等死。但他毫不宽容毛泽东的主要责任：

> "饿死那么多的人，他不是不知道，他不怕死人。""毛不仅大跃进决策错误，而且，失败了责任都推给下面。造成大饥荒，他们都成了'反革命'。毛很坏。"

冯客表示，接触那么多不可思议的资料，他作为一个欧洲人，对中国人的遭遇深感同情。欧洲历史上也有大饥荒，但是自然灾难，中国却完全是人为的。"毛是人类最大的杀人屠夫"，因为他制造大饥荒，还欺骗人民和世界。"苏联逼债"就纯属谎言，1961 年苏联撤援后，毛急于还债，赫鲁晓夫知道中国困难，说不急结账，还要提供粮食给中国。毛均拒绝，以显"革命骨气"，加大征购，从农民手里逼交粮食、猪肉、蛋品，使饥荒更为严重。冯客一句话："毛很坏！"真是抵得上学者们的千言万语！【注5】

依娃多次去甘肃陕西调查大饥荒人相食实况

最后，应该特别推介**依娃**女士的奉献。现居美国的口述历史作家依娃，是大饥荒幸存者的后代，出生陕西富平（也是习近平的籍贯）。她一家五人死于甘肃大饥荒，母亲逃荒陕西，她得以生存。1993 年移居美国后，2010 年开始调查寻访家乡的饥饿历程。多次回到甘肃陕西，走访二十余县，六十余村，二百五十名幸存老人。录音采访、拍照二千张，写成上百万字的大饥荒三部曲《寻找大饥荒幸存者》《寻找逃荒妇女娃娃》《寻找人吃人见证》。（2013-2016 出版）。依娃具体记录的饿毙者八百三十多位，人吃人事件一百二十一人次。并且证实如临夏、通渭等重灾区，政府粮库都有粮油储存，"就是不拿出来救济濒临死亡的农民"。

和许多专业的中国研究者不同，依娃是一位带着凝重感情和使命感的史实记录者，为了追寻那些和她魂魄相依的乡亲而奔赴遥远的故土，把着手听他们诉说，然后流着泪记下来。读着那些吃尸体、吃亲人、全家死绝……的血写文字，呼吸彷佛冻结一般，进入黑暗的人间地狱。她没有资助、没有助手、没有交通工具，以单枪匹马方式向六十年前那场尸横遍野的战争，追讨公道。

她在 2013 年告诉我："毛在大跃进时要求省委书记'把马克思和秦始皇结合起来'。毛中央到省，省到县，县到公社大队，形成一个巨大的三角形，排山倒海式地压在数亿农民身上，掠夺他们吃饭的权利，让他们活活饿死。"（开放杂志 324 期）她重点调查的甘肃**通渭事件**，二十多万人口的通渭县，在 1959～1961 年间饿死人达六万零二十人，死绝二千一百六十八户，树皮剥尽，人相食犹如野兽！惨烈不弱饿死上百万人的"信阳事件"。依娃认为中国大饥荒就是以粮食为武器的一场大屠杀。

人血不是水，滔滔流成河。这是林昭的名句。四千万条人命是超过二次世界大战死亡总数的一笔血债，中南海的贪权食利者，以为凭暴力和金钱就可以毁灭一个民族的记忆，西谚有云："你可以长久骗一部份人，也可以骗很多人于一时，却不能骗所有的人于永远。"从杨继绳、冯客到依娃，他们薪火相传，坚贞不渝，是一群勇敢的祛魅者。他们都希望天安门广场建立一座大饥荒纪念碑。

注释：

【注 1】大跃进来源，沈志华，（1950-　　）北京人。中苏关系史、冷战史专家，华东师大教授兼国际冷战中心主任。著有《毛泽东斯大林与朝鲜战争》。〈毛泽东与 1957 年莫斯科会议〉一文发表于香港中文大学双月刊《二十一世纪》。该文对毛提出 15 年超过英国之说的来源，有较清晰的描述。查明超英赶美来路，便清楚大跃进之发生，与毛的控制国际野心相关。最令人诧异的是，毛谈核战争，非常离谱，没有分寸。整个一副大家长自居姿态。信口开河，得意忘形。遗憾的是中共官方介绍这次毛访苏，删掉所有敏感部分。

【注2】卡德尔（爱德华·卡德尔 E. Kardel 1910-1979），前南斯拉夫外长、议会主席、副总理，狄托主义的主要理论家。

【注3】Stacy Mosher 出生密执安州，美国记者、翻译工作者。曾任职香港无线电视台、远东经济评论、廉政公署、纽约中国人权等，从事中英文翻译多年，译作有《墓碑》《红太阳怎样升起的》《张东荪和他的时代》《文革受难者》等。

【注4】唐瑜（1912-2010）广东潮阳人。左联作家，二流堂堂主。著有纪念潘汉年文集《零落成泥香如故》《红都风流录》（夷叔）。

【注5】冯客（Frank Dikotter 1961- ）荷兰学者、中国历史学家，著《中国浩劫三部曲》"解放的悲剧、毛泽东的大饥荒、文化大革命"。现任香港大学历史系教授。

2008 年 9 月初稿 2025-5 修订

第二章

谋　略

6. 麦克阿瑟为韩战忍辱负重

【作者按：美国二战后最大的外交失败是"失去中国"。麦克阿瑟将军在韩战被解职事件，则是美国绥靖主义的耻辱象征。战后至美与中共 1970 年代建交，证实麦帅预见：我们要为赤祸付出几代人的代价。本文评述二战后期至韩战的中美关系，如何陷入姑息纵容中共的泥沼，而不堪回首。是美国 2020 年回到抗共时代的不能忘怀的纪录。这段从二战后到韩战的中共与美国关系的历史，与中共得势取胜内战关系甚大，是后代人不可不知的教训。】

中国病毒（COVID19）从武汉肺炎肆虐以来，唤醒了美国人。2020 年 5 月 20 日，川普政府发表对中国的报告，罕见地承认犯了战略错误：几十年来，美国希望通过贸易、科技交流、外交影响，加入世贸，"使中国改变 1949 年以来残暴的共产党威权统治，但大大低估中共对自由国家的敌对程度……"美国在背诵《伊索寓言》，农夫同情的那条蛇已醒来……

史迪威反蒋　迎合中共武装扩张阴谋

美国对中共的误判和姑息，由来已久。赤潮泛起，可以追溯到 1937 年美国记者**斯诺**（Edgar Snow 1905-1972）的《西行漫记》。此事由宋庆龄（共产国际成员）安排。将一个武装割据的延安政权，吹嘘为"照耀中国的红星"，哄动一时。罗斯福总统在白宫三次会见斯诺，又收到对中国政府不满的国务院报告，遂派出副总统华莱士探访重庆。经过 1942 年 26 国"反德意日作战宣言"，蒋介石已成为"中国战区最高统帅"。华莱士问蒋：中共是否"一个实行土地改革的民主集团，无意也无力夺取政权……"，蒋以中共斗争清算手段土改，造成恐怖残酷事实予以驳斥，并指出中共已有叛乱的庞大武力。华莱士称美国愿意以第三者促成国共和解。

日本偷袭珍珠港（1941-12-7）爆发太平洋战争后，罗斯福有意扩大中美合作抗日，为提升中国国际地位，亲邀蒋介石出席 1943 年开罗会议。1944 年又派**史迪威**（Joseph Stilwell 1883-1946）给蒋当参谋长，"统帅中国全部军队"，蒋对此心有不甘。史精通中文，是同情中共的贬蒋者，终与蒋失和。史迪威公然要求美援武器装备，国共平分，并允许共军出边区作战……蒋对同僚说：史"对中国和中共一无所知"，竟不经蒋安排美军与共军合作；甚至要求白宫换人代替蒋——狂妄至此，史迪威终被解职。罗斯福继派赫尔利为代表，和魏德迈将军来华。多次被蒋挡驾的"美军观察组"【注1】，终于在 1944 年夏国府开放一批记者访问延安，随后美军分两批进入延安。组长包瑞德少校，通晓汉语，唯一的文员**谢伟思**。他们二人分别向华盛顿撰写军事和政治方面的报告，其余皆为美国三军情报人员。**观察组驻延安长达 963 天**，先后二百余名美军官到职。虽有若干军事合作，但对毛周而言，是一场**国际统战**的天赐良机。正如蒋所预见的这批年轻的美军怎能招架得住共党那套上下其手的洗脑和蒙骗？

"美军观察组"为中共统战利用

"美军观察组"是四十年代中美关系非常特殊的事件。其成员所谓美国务院"三个约翰 John"戴维斯、谢伟思、范宣德，成为打进中美高层的亲共"中国通"，他们撰写大量有利于中共的报告，预言中国内战共产党必胜，美与中共战后可为盟友，延安不腐化，比国统区有活力……对国务院"助共弃蒋"产生无可替代的影响。谢伟思首途延安，住三个多月，被毛亲谈数十次。毛视观察组为中共"外交统战的开始"。周免收美军每日每人六美元伙食费，说为你们提供食宿是应尽的"义务"（中共美食外交延续至今）。

期间，观察组还曾计划毛泽东周恩来赴美会见罗斯福、史迪威-戴维斯更密谋美军登陆沿海，装备共军，联合攻占上海南京，甚至暗谋杀蒋（学者唐德刚查到美方档案）组新政府。最后，因蒋介石强烈要求撤回史迪威，阴谋破产。在史回国后，包瑞德还奉魏德迈命于1944 年底赴延急会毛周，商美军驻欧一航空师拟调驻山东抗日，请中共提供后勤照料？毛周见猎心喜——蒋闻讯大怒，向美方强烈抗议。白宫遂回复作罢。1945 年 "8.15" 日本投降，美军观察组撤销，它最后的 "漂亮动作" 是 8 月 25 日派 C-46 运输机将邓小平、刘伯承等二十名高干从延安运往太行山基地去占领日军地盘并受降！

斯诺晚年曾因他为中苏共做宣传自辩道，在反法西斯中，面对鼠疫威胁，"没有人能从历史的病毒中免疫。"人们确实看到中美四十年代关系中，从罗斯福、华莱士、马歇尔直到那班中国通的跳蚤们，受感染或服毒式的为中国这条红色恶龙所洗脑挖心。从而败坏了中国原来就荆棘满途的局势，虽有蒋介石对共产党的高度警觉与透视，多次在关键时刻加以抵制，但无法抗拒 1949 年的 "内外夹攻"，丧失大陆而退守台湾。

拉铁摩尔渗透国务院 赫尔利力挺蒋介石

追寻国府内战之败因，历来难免的舆论责难是："官府贪污和作战不力"。中共以此蛊惑世人，不及其余。延安共区不过是一个流寇营地，以 "一分抗日、七分发展" 而坐大；国统区则须应付都市工商社会的杂乱，军事不敢强寇日本与不择手段破坏交通、扩军夺权的共党，这是无法取胜的现实。殊不知，由美国探讨 "谁丢了中国？" 引发的 "非美活动调查"，却给出了惊人的贡献。麦卡锡议员为首的 "国安小组委员会" 提出的**拉铁摩尔** "太平洋学会" 案，值得重温。【注2】拉氏原是研究 "内亚地理" 卓有成就的学者，成立 "太平洋学会"，出版《太平洋评论》季刊，从事中国研究。拥有一批知名的左派作家渗入，拉铁摩尔成为 "中国问题专家和权威"。1941 年竟被罗斯福任命为他的 "私人秘书" 赴重庆助蒋一年多。1944 年又是副总统华莱士访华的随员，太平洋学会在促成华府改变中美关系，发生重大影响。

从美军调查组到马歇尔 1946 年调停，都有拉氏的参与——1942 年美国务院外交官范宣德、谢伟思和周恩来、林彪会晤。周向他们提出六项建议，包括美国对华宣传要突出民主、军援要给中共一份、希望美国派员去延安……这些都与三约翰从中国发出的报告相吻合：如要求"停止援助蒋主席""和共产党保持友好关系"、"应请宋庆龄来白宫"等……

在华盛顿到重庆，美国对华官员几乎都迷于倒蒋，唯有**赫尔利**（1944.8-1945.11 驻华大使）力排众议。费正清竟嘲弄说，这位天真的政治家"一人和整个大使馆作对，要美国不顾后果地支持蒋介石。"赫尔利赴华上任，即发现大使馆内充满同情共产党的同路人，甚至有官员将私人报告擅自发给华府，并将副本抄送中共。渎职妄为至此！他毅然将十一名亲共馆员解职送回美国，其中就有谢伟思、戴维斯，并坚决堵住他们要求将武器支持中共……

马歇尔公然禁运断援　白皮书为国府唱挽歌

这些都在参议院中引起巨大的国安忧虑。调查"太平洋学会"从戴维斯推荐史沫特莱、斯诺、斯特朗等六人入职 CIA 做伪证开始，发现不少左翼亲共分子渗透控制美国对华政策，其中不乏美共分子，和苏共中共有关系，主角拉铁摩尔被指为是"美共干部"。他在重庆任蒋的顾问时，和中共党员冀朝鼎多有接洽（冀是周恩来派往美国的资深间谍，有博士财经专家之名，回国后为孔祥熙重用，参与 1944 年金融崩溃决策，此事今日中共秘而不宣。他兄弟冀朝铸是毛的译员）……整个涉华外交系统被严重赤化，直到马歇尔赴华调停，和周恩来叶剑英"打成一片"（例如拾到周的情报手册，原件奉还，不给国府）。

马歇尔（George Marshall 1880-1959）来华调停（1945.12—1947.1）的奥秘，包括：利用三人小组大权，三次停火，都在国军有利时，放走共军；马令国军退出张家口，让共军进东北，林彪陈云率六千干部改编三十万伪军，造成"四野"重要根据地。魏德迈【注3】后来指马歇尔的错误在于：要推翻蒋的旧制度，代之新制度，才能更生。完全背离美国自由民主国策："承认中国一时安定不了，只有支持蒋，以免共产主义乘虚而入。"马歇尔终于做出致命的决定：在 1946 年 8 月至 1947 年 4 月对国军**禁运武器！**（1948 年底才恢复送出已失用的军火）。这无异于釜底抽薪的决策，正是太平洋学会反蒋拥共理论的实践——他们论证过："中共扩张得到人民拥护、中共征兵比较公平、中共政治制度比国民党民主、战后领袖应由革命中产生，蒋委员长无政治才干……"

最后，美国对华政策归结于 **1949 年 7 月出版的《白皮书》**！这本为国府唱挽歌的书乃是太平洋学会专门小组的大作！此书明显的结论二十余条，确指"拉铁摩尔和范宣德颇影响了美国政策 1945 年的改变，使之有利于中共。"这段二战后期到中共占领大陆的"中美共"关系，今天看来令人惊心动魄！【注4】从国务院到太平洋学会，那批幻想"以共代蒋"的大小人物，实质上已经颠覆了美国传统价值观的对华政策，拉铁摩尔成为罗斯福亲信，参议院议士们看到总统 1943 年支蒋变成 1945 年反蒋，惊有异端所为。国安报告的结论——无异于证实那帮非美分子出卖了大陆！但是他们有"叛国"之名，却无法律责任之实。

麦克阿瑟统率韩台防务　预见远东将赤化

岂料中国内战硝烟未散，**"谁丢掉中国？"** 还在争论，朝鲜半岛战火又起。"抗美援朝"笼罩红色中国，竟延续绥靖主义多幕剧。只是换了前台主角，从史迪威、赫尔利、拉铁摩尔、马歇尔，变成**麦克阿瑟**五星上将。战后，从美国到中国，政界到学界，皆为中共的幻象所迷，相信延安不是"马克思教会中新的耶路撒冷"，是农民民族主义者。唯有麦帅最早质疑国务院忽视中共本质是极权的共产党，为何不协助蒋介石夺取明明可得的胜利？……他对马歇尔孜孜于国共和解，抱着嘲讽的态度，一再指称白宫"不了解中国"。最后蒋败退台湾，麦帅看在眼里，颇为不平。他写道：

"美国违反承诺，不再援蒋的军队，实是犯了史上罕有的大错。美国在亚洲的百年经营毁于一旦，还背上'纸老虎'的骂名，成为世界的笑柄。在未来几百年，美国这一失误对自由世界造成的灾难性后果将逐渐显露出来。"【注5】

1945 至 1949 年，中国大陆在生死浮沉中。麦帅从西南太平洋战区胜利归来，受降后坐镇东京，负责占领与重建日本。不断将北朝鲜欲侵犯南韩的情报呈交国务院，但华府沉醉在战后自恃中。1950 年 6 月韩战爆发，20 万北朝鲜大军向南韩长驱直入，占汉城而逼釜山，朝鲜半岛赤化在即。杜鲁门总统乃决定介入，命令麦克阿瑟动用海空军支持南韩，并迅及指挥"第七舰队"驻防台湾。联合国亦谴责朝鲜"侵略"并组军助韩，任麦帅为联合国军总司令——美国对华政策回到反共轨道上来。朝鲜南侵、中共出兵，美国成立"国内安全小组委员会"并推举麦卡锡议员领导。终于找到大量太平洋学会改变和把持对华政策的证据。

麦克阿瑟（Douglas MacArthur 1880-1964）是美国军事体系养成的杰出战将。曾是西点军校的高材生和最年轻的校长，三十年代已任陆军参谋总长。珍珠港被袭，太平洋战争爆发，受命和日军苦战南亚数千哩海域，歼敌 45 万兵力，赢得二战英名。他的指挥风格身先士卒，更具独立战略思维。有必胜的意志……指挥韩战，却是他毕生征战最险恶的一次。对付共党的大规模入侵，兵力相殊，但麦帅深信美军海空优势，可以切断敌方后勤补给线，主控战局。

仁川登陆到大围歼计划　白宫牺牲麦帅

1950 年 9 月 15 日，麦帅策划的仁川登陆一举成功，包抄南侵之敌数十万。挥军收汉城，克平壤，越过三八线，中共"志愿军"数十万，源源潜入朝鲜战场……美英政坛却提出异议，要求美军不得跨过三八线穷追，更禁空袭越中朝边界，白宫罔顾中共参战危机。麦帅遂策划九十架飞机，拟定十一月六日强势炸毁鸭绿江大桥以断敌通道，请示华府统帅部。

军情急。国防部长马歇尔当天即覆叫停：禁止炸桥！且命推迟对中国东北沿江之轰炸行动！——麦帅接此禁令，有如岳飞之御赐金牌五雷轰顶：无异于对敌方进军提供保护！随即向华府提出抗议，并对参谋长希基将军说："一个指挥官在如此严峻时刻，被剥夺使用军事力量的权力，不能保护他麾下将士的生命安全，这是军事史上绝无仅有的事！"他立意抗命辞一切职务。希基极力劝阻，麦帅无奈留任。

被中共历史掩饰的**"炸桥"**这一幕，是麦克阿瑟和白宫姑息主义分歧的爆发，后患延续到麦帅被解职，甚至韩战及战后！炸桥被禁后，麦帅又避白宫保守，力主发动"圣诞节攻势"，消灭敌军，打到鸭绿江，统一南北韩。此时，共军在华府庇护下渡江，已有 20 万兵潜入长津湖一线。包括九兵团，发动"第二战役"，毛指示要歼灭美两个精锐团（第 5 团、第 7 团）。决战打响，麦帅发现敌以数倍之兵力，呈包围之势，乃决定撤退，在空中打击配合下，动用 193 艘舰艇，一周之内完成突围，从兴南港撤离数万联军和一万四千难民，力保军力与人道救援。被称为"美军史上最大的海上撤退行动"。

长津湖战役，共军不惜 5:1 的伤亡，夺回东部地区及平壤，发动新年攻势，占领汉城，麦帅看准敌军远离补给线必败的弱点。策划一个两栖海空登陆的"大口袋"计划，并和台湾军队合作，攻击中共后援目标，彻底铲除共党在北韩实力【注6】。但美国高层恐惧战局升级，有意退出战争，利用谈判，回到两个韩国状况……杜鲁门总统拒绝麦帅彻底扫荡共党赢得战争的方案，并禁止麦帅对新闻界表示异议。防范"将在外不受君命"的可能性。

可见，白宫高层和它的主战统帅已经水火不兼容。1951 年 3 月24 日麦帅发表声明，列举共军的弱点，向他遭到中共和白宫夹攻的对手、乃至全世界发出最后挑战：打消美国与盟友的停战希望，也要求共军首脑来会谈，实现联合国的政治目标。马歇尔竟认为这是"最后通牒"，"太过分，只有撤他的职。"随即报告总统，4 月 11 日杜鲁门宣布解除麦克阿瑟远东军司令职务，马歇尔下令，麦帅指马是

"行刑队执枪手"。

　　麦帅随即在东京作出回应：指他被解职的要义是华府改变亚洲政策，出于对中共的恐惧心理，放弃统一韩国的希望，将中共推上"亚洲强国的宝座"。后果将陷入连串灾难：韩国被蹂躏的分割、东南亚半岛分裂……他自辩"要敌方司令投降"是"我的权力也是义务，为了停止流血"。麦帅声明尊重文官传统，但撤职没有向他征询，也无申辩机会，更无交接仪式。不满溢于言表。

马歇尔一路偏袒中共　麦克阿瑟满腔悲愤

　　罢黜麦克阿瑟，引起全美暴动式的抗议。多份史料显示事件确如麦帅所称是中共参战后，美国最高决策层误判形势陷入失败主义不能自拔的结果，而且完全脱离民意。麦帅 4 月 16 日离开日本，抵华盛顿，受到万人空巷的英雄式欢迎。19 日在美国两院发表精彩演讲，详述韩战形势、亚洲及太平洋防务，分析中共虚夸其人海战术，要将美军"赶下海"。实则完全没有投入一场现代战争的物质力量，没有海军空军、没有通讯设备、没有后勤保障补给线、没有严寒作战条件，就将上百万兵力驱入孤境，犯兵家之大忌，必败无疑。麦帅因之形容韩战是**"一场野蛮的战争"**。他驳斥蛊惑人心的"扩大战争"指责说，对共军而言，他们已经发兵到最大量，无以为继（彭德怀曾回国直闯毛之宫闱，大呼战已无法打！）。至于苏军会否介入，引发三次大战之说。麦帅更以"眼镜蛇"的阴毒狡猾嘲笑莫斯科，意指打过二战的苏联不会和美国决斗，不像中共这样愚蠢蛮横。现在史料证实斯大林无意打韩战，只是被迫出动有限的空军。他死后苏共政治局立即叫停，莫洛托夫声称是"强加给我们的战争"。

　　杜鲁门－马歇尔政府为假设的世界大战吓破了胆，他们不能理解麦帅主张加强对共军的威慑，包括封锁中国沿海，打击其军工基地，是两国交战的必然选项（如轰炸侵华日军的本土基地）。华府对麦帅下手，事态之恶劣超过慕尼黑姑息纳粹……麦帅下述声明，乃是一位杰出统帅富有远见的表达——

> 如果不是白宫领导层的阻挠，我完全可以在联军指挥权力内，消灭北韩所有敌对势力，建立一个统一自由的韩国政府，而这是联合国决议的明确目标。

马歇尔尤其紧张，他听命于杜鲁门总统，甚至要美军弃战而退出朝鲜……麦帅看到最高统帅部已无意和庞大的红色中国对决！牺牲五万将士的这场战争，将"走向毁灭的灾难性结局"。麦帅对马歇尔的"忠诚度"存疑。他和身边同僚早指华府高层"某些别有用心的匿名人士"怀有资敌之嫌。后来麦卡锡曾对失去中国与韩战，指责德高望重的马歇尔，难辞其咎。魏德迈回忆录也对马歇尔的思想有疑：甘乃迪总统时关注共产主义在亚洲的扩张，曾拜会退休的麦克阿瑟，麦帅劝他不要出兵保护越南，**"美国的敌人不在国外，在国内。"** 可见麦克阿瑟对身处战后复杂国际关系漩涡中的白宫决策层，满怀忧愤。

有关台湾与韩战的关系。麦帅可谓念兹在兹。他是最早关注台湾防务问题的美国高级将领。早在韩战初的 1950 年 8 月，曾亲访台湾，发表台湾是一艘"不沉的航空母舰"的演说。在联合国号召援助朝鲜时，台湾政府提出"三万三千名士兵加入联军"的议案，当时也被美国以防触怒中共而否。麦帅说，战争应该以军事考虑为重，白宫太多政治顾虑；既然中共百万军队已开进来，我们还怕人说三万援军？岂有此理。后来从战俘遣返显出，**14,700 名志愿军战俘，97%选择去台湾**，那是麦帅强调的台湾作为抵抗共产主义的地位，对美国西太平洋战略重要性的证明。麦帅批评华府的政客，在韩战决策中始终没有跳出政治迷惑的漩涡，白白葬送了五万多名美国士兵的生命，而没有阻挡极权统治在东北亚的蔓延。更有史家分析，蒋介石和史迪威交恶，遭到马惹恼报复，偏袒中共，直到蒋局彻底失败，因史迪威是马的心腹人物。【注7】

毛泽东曾指朝鲜战争："是根本错误"

麦克阿瑟透过炮火、死亡与阴谋，为这场冷战中的热战留下的教训，依然有待我们回味：例如战争的性质。中共方，不离"抗美援朝、唇亡齿寒"，毫无自省；西方与美方，则信奉联合国决议：韩战是朝鲜侵略大韩民国的战争。事实上，中共以"志愿军"出兵不宣而战，而后喧宾夺主，支持入侵南韩的朝鲜，是"第二次入侵"。南北韩以三八线分治，是二战后美苏两国经联合国达成的协议。联合国理当出兵对抗朝军，中共以大部队相助，于是韩战变态为一场美中大战——因此，韩战的性质非常清楚。

中共方面，由于强烈主战的毛泽东，决心要将战争打到底。因此，不惜重大代价，包揽这场和世界首强决战的大工程。无人敢反战。直到文革后才透露：毛本人竟然曾否定这场战争的必要性。1956、1957年两次对米高扬（苏共政治局委员）说"朝鲜战争根本错误，斯大林应该负责。""……中国被牵连进朝鲜战争，这是错了，绝对错了。"（毛卸责于斯大林，1960年中苏又为此翻脸）。毛是战争崇拜者，尤其内战胜利，"枪杆子里面出政权"奉为最高真理，不断向亚非拉推销，更是文革反修反苏的主旨。而苏共1956年已确立"三和"外交路线。总之，参与韩战是中共史上被掩盖的重大罪行之一。

韩战是"中国内战狂热"的某种继续。投入兵力中共135万（彭德怀秘书提供的数字是190万），美军32万，韩军60万，三年战争都是"志愿军"和美军主打。火力方面，美军出动数千海空军两航母及两个兵团，共军主体是装备简陋的野战军，主要打法为"人海战术"，1951年3月毛泽东向斯大林报告，竟有如此对美灭种之黄祸心理：

> "花几年时间，拼掉美国几十万生命，中国拟用它巨大的人力资源拖垮美国；军队已死亡十万人，估计今明年还得死三十万……"

鼓吹不怕死的农民战争至今不反省

彭德怀也在出访东欧说过："我们是用人头去抵挡人家的武器优

势。"直到文革还在吹捧"农村包围城市"，韩战无疑是一场极不对称的农民战争和现代化战争的血拼，"一个军打美帝一个营"，志愿军的损失大大超过中共三大战役，不是夸大的估计。一个人的战争，一个人的傲慢。彭德怀主张稳扎稳打，毛却下令火速调遣九兵团赴朝，未及换装，一人七天干粮，匆忙上阵，结果零下 40°C 冻死冻伤三万余。中共至今对愚军传统没有检讨，竟将冻死三个连的"冰雕连"惨例，立为战史里程碑。

反观美军战略务实而理性，遇到寡不敌众，立即组织撤退，保住军民二十万南迁釜山。麦克阿瑟几个重大战役都有内部反复的研讨和程序，甚至麦帅可以通过新闻界批评华府的战略弊端。被罢黜后更可以诉诸于议会和民意，讨回公道与光荣。史家尊为"美国的西泽大帝"，他那篇告别演说《老兵不死》更是彰扬人类自由、英雄豪情的绝世之作。……相对之下，他的对手彭德怀，不仅没有"抗美的光环"，不久竟成为毛暴政延续为大饥荒的替罪羊，死无葬身之地。

中共韩战研究，七十年来朝野充斥民族沙文主义的盲目、狭隘、狂热，以及对金家政权的偏袒。近年研究在考据上兜圈子，但结论还是："和美国打成平手"。韩战史料与研讨中，几乎完全排除美国方面的史料参考价值，有关杜鲁门、马歇尔、麦克阿瑟、布莱德雷、杜勒斯、麦卡锡等人的回忆录、传记，连同美军方档案……至少在一些关键事件中，罕见引证。数十年反帝反美的意识形态统治，如遍布仇恨的病疫，毒害不容低估。"战争是政治的延续"，今天仍是韩战的价值观核心。

注释：

【注 1】美军观察组，1944 年 7 月 22 日至 1947 年 3 月 11 日。初为美军所需气象、救援飞行员等抗日情报所设，因全为中共所控之内，虽有罗斯福、史迪威多次要求，蒋介石拒绝批准。后来美方声称与政治无关，得以设立。长达两年多，期内全在中共控制之下，成为美国一批亲共反蒋的"中国通"极为活跃的场所，为中共高层统战所用，直接影响美国务院的对华政策。其中尤以戴维斯、谢伟思、范宣德（三约翰）行为最烈。回国后都受到国安委员会审查。戴、谢被赶出国务院，出国谋生。二人皆出版自传、回忆录。文革后期谢伟思四次重返大陆，周恩来曾接见。后为中共外交多所辩护。1999年先后去世，观察组直到胡宗南进攻延安，才最后撤销到重庆。

【注2】拉铁摩尔，欧文 Owen Lattimore 1900-1989 早年从商，习中文，曾有蒙古、新疆、印度、满洲、中国多次地理考察与著作，获欧美学术界推崇授奖。也入延安访问。创办太平洋学会，出版《太平洋事务》。成为国际左派论坛，亦和共党暗中交往，任霍普金斯大学国际关系学院院长 1938-1950，显赫一时，竟为罗斯福总统入幕之宾，派往中国。1948 年起被指控为苏联间谍，经多年审查，指控都是一些思想言论问题，结论只是"苏联阴谋的发声工具"而已。不涉中国政治活动。晚年在大学度过，很受蒙古学界欢迎。

【注3】魏德迈 Albert Wedemeyer 1897-1989 美国四星上将，1944 年底接史迪威任驻华美军司令。习汉语，深谋战略学，1947 年曾在中国各地调查写成《中国报告》。认为蒋介石正直无私，是一个松散国家的合理领袖，不是独裁者。但在中共叛乱下，不能成功。他主张四大国暂时托管东北。重庆会谈期间，毛周曾拜访魏德迈，其回忆录记有面斥毛周夺权骗局之事。另一次，毛泽东甚为诚恳的忽然提出邀请魏德迈为中共军队的总司令，魏莫名其妙，连忙婉谢道："我任中国战场总司令，你们都是同一中国，我只知道尽力支持国民政府。"

【注4】见《为什么失去大陆？》陈孝威著。跃升文化事业有限公司出版，台北 1988 年 7 月。

【注5】《老兵不死：麦克阿瑟回忆录》梁颂宇译，江苏凤凰文艺出版社，2017 年 4 月 329 页。《麦克阿瑟回忆录》台湾文国书店，唐玉美主编，1985 年 10 月版。

【注6】《罗斯福传》莫斯莱 L. Mosleyzu 著，郭修傭译，1987 年 7 月，台湾商务印刷出版社。

【注7】"史迪威事件惹恼马歇尔"作者周明。网易 2023 年 4 月 24 日，上海。

2024-07 纽约修订
2026-1-13 校排版稿

7. 赫鲁晓夫挑战斯大林鬼魂

——纪念"苏共二十大"五十周年

【作者按：本文写于 2006 年苏共二十大五十周年。探讨苏共兴亡与中共演变的关系。中共改革路向与当年苏共的差异，源自于对苏共二十大的分歧。此文之后的变化，在篇后略有说明。标题借用《纽约时报》1956 年文章之意。】

2006 年是"苏共二十大"五十周年，中国文革四十周年，这两个日子放在一起回顾，是因为二者有深刻的内在联系。

二月间，我在纽约，曾和余英时教授谈到中国的"民主转型"。余教授认为中国的民主化还是要走苏联演变的路子，因为中共体制庞大而僵硬又没有国内第三势力的挑战。他认为中国现处于"勃列日涅夫时期"……我们知道，苏联从一个共产帝国化解成民主俄罗斯，经历了赫鲁晓夫、勃列日涅夫和戈巴乔夫三个阶段。但是一位活跃的大陆学者最近告诉我，国内自由派知识分子几乎完全放弃对体制内政治改革的幻想，年轻的一代，已经忘却了八九民主运动，只有香港还有人在研究苏联兴亡的借鉴意义。其实不然。

向斯大林的鬼魂挑战的人

1991 年苏共垮台、苏联解体，犹如美国九一一世贸大厦的崩坍一般惊天动地，但是这个共产帝国的溃败，不是因为遭到外部攻击，也不是因为内部的动乱，而是来源于自身的蜕变，许多专家都为其戏剧性感到惊叹。其实，水有源、火有种，苏联之变完全是可以追溯的。鲜明的起跑点，就是苏共领袖**赫鲁晓夫**（1894～1971 矿工出身，曾任乌克兰第一书记、莫斯科市委书记、二战领衔中将、苏共中央第一书记、部长会议主席）在二十大上的两个报告，公开提出一系列反正统教条的新论述，秘密报告《关于个人崇拜及其后果》，则揭露斯大林（苏共领袖约瑟夫·斯大林 Joseph Stalin，中译名本书采用斯大林 1878-1953）滥杀无辜的专制罪行。报告被美欧报章刊登出来，引起世界性大震撼，斯大林是国际共运"马恩列斯"四大神之一，公然被苏共钉上历史耻辱柱，不可思议的反响接踵而至：知识分子纷纷退党，东欧发生波兰、匈牙利反共暴动……

赫鲁晓夫掌权十年（1954-1964）。实现政治体制大翻新，中央全会，政治局会如期召开，宣称"阶级专政"结束，苏联已是"全民的党""全民的国家"。社会自由化和人权保障程度大增，八百万人从劳改营（古拉格）与监狱获释，六百万死难者平反昭雪，甚至二战中投降和勾结德军的公民也获得赦免释放。外交政策的"三和"路线，缓和美苏对峙的冷战局势，首脑互访，联合提议全面裁军，签署部分禁止核试协议……在全球左派运动中产生人道主义的深远影响。

引导"全世界无产者联合起来"推翻资本主义的世界共产革命，并取得巨大成就的苏共，何以会出现赫鲁晓夫这样的人物？是时势造英雄，还是英雄造时势？西方感到奇妙的是"一个在斯大林卵翼下登台，又向斯大林鬼魂挑战的人，是一个农民出身的顿涅茨矿工。"[注1]一些俄国问题专家，对赫鲁晓夫作为世界性大人物的"双重性格"目瞪口呆：他真诚的追求世界和平与苏联繁荣强大，又相信幼儿园式的马克思主义框框：资本主义崩溃是合理的。他们不了解正是这种双重性成为共产党自我批判途中的护身符。"修正主义"不是一次暴烈的起义。

毛泽东为免被鞭尸，反苏一路狂奔

不幸的是，中共否定苏共二十大，也是采取一种迂回手法。最初鉴于苏共的老大哥地位和大量苏援，毛泽东集团曾相当程度地肯定二十大的成就。在 1956 年 9 月"中共八大"期间，毛多次形容赫鲁晓夫的报告是"一场解放战争，大家都敢讲话了，能想问题了。"他批评斯大林"思想控制很严，深过封建统治，有些君主也比他开明些。不是今天杀人，就是明天杀人。"毛说到中国，"一般的死刑完全不需要了，因为我们现在的任务是解放生产力。"中共八大在反个人迷信风潮下，开成迄今独有的最开放、民主的一次大会。有六十八人作大会发言，新党章与报告均不提"毛泽东思想"，大会主席台没有毛像，甚至没有党旗党徽……【注2】

但是毛泽东口头敷衍之后，不足一年，立即反其道而行之：引蛇出洞，上百万名"右派"落网、1958 年发动大跃进、1959 年庐山会议把彭德怀等打成反党集团、全国数千万人死于大饥荒，1963 年和苏共展开论战、1966 年发动文革——毛以阶级斗争为旗帜，完全背离八大的政治路线，越走越远、越走越疯狂。竟然将一些西方青年糊弄到"毛派"的程度，美化毛的"反苏"情结。利用个人崇拜手段，将毛树成世界领袖。挂出"马恩列斯毛"招牌。

甚至凌驾国际论坛。1957 年莫斯科共党大会上，公然说核大战不可怕，中国六亿人死一半还有三亿，吓得东欧党魁手发抖。1958 年和赫鲁晓夫就军事合作翻脸，1960 年公开指骂苏联"资本主义复辟"、把"斯大林这把刀子"丢掉了。接着发动"九评"论战企图占领原教旨高地、置苏共死地。继之文革，打倒赫鲁晓夫式走资派，1968 年给苏联扣上"社会帝国主义"帽子。林彪事件之后，进一步拉拢美国，结盟"联美反苏"……完全撕破脸、不择手段，摆出一副政治流氓姿态。

足以说明毛集团离经叛道、以反苏维护斯大林主义，以图独霸"第三世界"领导权，确保毛死后不被鞭尸——结果，死后仍然被"非毛化"，江青四人帮当了"替死鬼"，红宝书被宣布非法。当局 1981 年六中全会正式决议彻底否定文革而大走其"资本主义道路"。反苏死党邓小平复出掌权，以报毛主之恩（毛邓 1967 年玩阴谋密定约法三章）长达十三年，1989 年才恢复中苏关系正常化……。

回忆录揭开长期被扭曲的中苏分歧真相

赫鲁晓夫下台后，着力口述撰写《赫鲁晓夫回忆录》，1971 年在美国英国相继出版。中文版文革内部出版，赵紫阳时代始得公开出版，2006 年中国社科文献出四卷本时，出版界对赫鲁晓夫已有赞誉。这部回忆录，不仅史料丰富、有使命感，令人深思，有人情味。是一部研究当代国际史、共运史的必读书。可见赫鲁晓夫不愧为二十世纪杰出的政治家。由于其理论与实践，长期在中国被妖魔化，笼罩着民族主义的偏见与狭隘。兹以书中有关中共诋毁之例，摘要说明：

◎ **西伯利亚输入劳工问题。**五十年代苏方建议中国派一百万工人到西伯利亚协助开发森林，可以解决中国部分就业问题，毛为此大怒，说苏方像资本家一样要利用中国廉价劳力，是对中国的侮辱。苏乃收回建议，后来毛又改口说同意，苏方为照顾邦交，同意第一批接受二十万工人。期满时，苏方想了结，不再延长，但中方却逼苏方接受更多任务人，苏方终未同意。

◎ **解散华约问题。**1957 年毛访苏期间，有关战争和平问题，和苏方有多次不愉快。对苏联希望解散北约与华约两军事同盟以缓和东西方关系这一提议，毛也大表反对，不同意苏从德国撤军。苏发表声明，若西方侵犯东欧盟国，将予反击。毛又反对，说应该退却，诱敌深入，退守三年，"如果你们退到乌拉尔，那时我们中国人就可以参战了。"老赫一头雾水，不知道毛是否开玩笑。他对毛说在核导弹时代，战争方式变了……毛听不进去。

◎ **长波电台问题。**1958 年，在中苏军事合作反帝的基础上，苏已在协助中共造潜艇，苏海军要求在中国建长波电台，以便和潜艇舰队联络，有利于共同防御。但毛极为愤怒，指为对民族尊严与主权的侮辱。赫鲁晓夫随即率军事代表团秘密访华，亲自向毛道歉。毛却提出要苏贷款，由中方自建，苏方同意，中方又不落实。苏方提出海军在中国港口加油与度假时，又遭毛拒绝。这就是被称为"游泳池会谈"长波电台的经过。

◎ **原子弹样品问题。** 中苏 1957 年签订核合作协议，1959 年苏方准备向中方提供一个原子弹样品，苏共高层专门开会议决，因两国分歧日剧，推迟提供样品。分歧之一是苏共已多次领教毛的好战言论及对现代战争的无知。自然要采取审慎态度，何况两国专家早有核技术合作，包括建造核反应堆。中共则指赫撕毁协议是向美国讨好，因为该年九月要举行美苏高峰会谈。

◎ **"大跃进"的震惊。** 赫鲁晓夫看到中共五年赶上英国，再长时间赶上美国的口号时，"简直不敢相信自己的眼睛"。莫斯科不断传闻中国土法炼钢，包括宋庆龄也在院子里搞土高炉的笑话。赫鲁晓夫透露，周恩来大跃进时专程赴苏求援，诉说炼钢情况很糟，苏乃派一副总理去中国，该员回国向赫报告说："他们把一切都毁了"。去参观一个轧钢厂，见到的厂长竟是一名兽医。周恩来告诉他，冶金工程师都下乡锻炼思想去了。赫遂在苏共廿一大，不指名地批评中国的"大跃进"。

◎ **反感"文革"。** 赫氏说影片上看到中国人"白痴般地一遍又一遍地念毛泽东语录，看到人类尊严被践踏到如此地步，我简直要呕吐。"他把红卫兵的野蛮暴行比作沙皇伊凡的"恐怖御林军"。赫不隐晦地表示"我始终喜欢刘少奇""我也很喜欢彭德怀"[注3]。他对文革的评语是"根本不是什么革命，而是一场矛头指向中国人民和中国党的反革命"。他和毛近距离接触的感觉是，毛就是斯大林再世："他讲起话来那么像斯大林……毛的一生也像斯大林一样，害着权迷心窍的自大狂"。

引述以上纪录，证实中苏分歧已发展到非常深刻、水火不容的地步。可以想见中共党内一定有人和苏共不谋而合。彭德怀访东欧时曾会见赫鲁晓夫，谈过大跃进的问题；刘少奇也和苏联大使契尔沃年科谈过大饥荒"饿死三千万人"……被毛恶指"里通外国"（但又不敢公开问罪，以捏造历史问题给刘定罪），国防部长马里诺夫斯基向贺龙"策反"事件也不足怪。毛无情整肃走资派的怒火，无疑和苏共有关，对涉苏的"代理人"赶尽杀绝。他那排外的传统帝王心态，岂容大饥荒旷世家丑，让他的宿敌苏修看笑话、被利用？于是严禁从政治道德看中苏分歧。

勃列日涅夫二十年"停滞期"的特征

赫鲁晓夫 1964 年下台后，由勃列日涅夫（1906-1982 乌克兰第聂伯斯克，少将、元帅、最高苏维埃主席、苏共总书记）执政十八年（至死），虽被认为是"没有赫鲁晓夫的赫鲁晓夫时代"，但史家称为"停滞时期"。这是相对于赫时代的狂飙激进而言。其特征如下：

政治方面。追求稳定，防止大动荡。1977 年将苏共的"核心领导地位"写入宪法（斯大林时代从未将党权入宪）。废除定期更换干部的制度，导致领导层的老化与思想保守。部分恢复斯大林名誉，强化专政权力，打击民主势力。瓦解"不同政见运动"，不少人流亡国外。但是，二十大自由化路线并未完全背弃。集体领导制仍然保留，最高层维持"三套马车"。勃氏的个人声誉重于虚荣。

经济方面。斯大林强调重工业发展，以致农业、人民生活长期落后，赫与勃都重视农业发展，有明显改善。经济实力，比六十年代有多倍增长，城乡差别缩小。军事工业、宇航业发达——被称为"超级大国"。1971 年，宣称"苏联已建成发达的社会主义社会"。但相对于西方发达国家，仍有很大差距，尤其是轻工业。而且官僚特权与腐败也明显加剧。值得留意的是，战后苏联经济发展基本是在封闭模式内实现，完善自主型的经营体制，而排斥和限制所有制的私有化、利伯维尔场经济和外国资本与商品的引进。

对外关系。勃列日涅夫时期的外交政策仍是赫鲁晓夫二十大缓和路线的继续，美苏关系仍在改善中，战争恐惧渐行渐远。但美苏军备竞赛没有遏制，中苏关系处于冻结状态。中国文革后"向钱看"的"非毛化"和苏联的"非斯大林化"，有明显的政治经济形态差异。

可见停滞期二十年，苏联政治没有大幅度倒退，社会矛盾也没有严重激化。那么，为什么戈巴乔夫上台，从"新思维"开始四年功夫就把一个不可一世的红色帝国送进历史博物馆？北京学者马龙闪认为："斯大林和他确立的体制是苏联剧变的根本原因。"【注4】苏联解体是苏共二十大路线的最后胜利，虽然这不是赫鲁晓夫梦想的胜利。

中国停滞期不同于苏联修正主义

如果中共胡耀邦赵紫阳时代有点"准赫鲁晓夫时代"的意味，而江泽民踏着六四的血迹上台是中国的停滞期的开始的话，那么，两个中苏停滞期的对比就不难看出其异同：

一、政治上，中苏体制极为相似。中共经过八十年代激烈的权力斗争并充分利用苏共垮台的教训，自 1989 年天安门事件以来，上层已经大力清洗胡赵体系和可疑的自由派份子。至 2006 年的十七年来，没有呈现重大的权力斗争与政治突破，专制权力高度集中，党政军大权一人独揽，更甚于苏共。中共权力系统的稳定性有两个不同的制约因素：

①是利益共同体的捆绑。中国经济急剧膨胀带来的财富，权贵阶层是最大受益者，江泽民以降，党政军系统，太子党集团，已经和国内外财团结成千丝万缕的利益联盟，不可能有意识形态基因产生的凝聚力。

②是邓小平钦定的干部任期制与年龄划线的退休制。江泽民、胡锦涛已照办。这项硬规定是中共政治权力唯一的一项改革。不幸被邓后第三代习近平所颠覆。2021 年以举手之劳便修改宪法，废除国家主席任期制，2022 年二十大又连任第三任总书记。可见中国皇权传统之深，远非已有议会制的俄罗斯可比。【注5】

二、经济上，中苏差别极大。如前述苏联二十年停滞期没有突破国有化计划经济的束缚。中共则到江泽民时代已大踏步以国家权力推行利用国际资本加速经济发展的路线，大量引进外资、人才和技术、设备，世纪末更加入 WTO 成为西方世界市场的成员。十三亿人口的巨大红利，不仅造就"世界工厂"，也成为宏大的"世界市场"，遂有中苏经济分道扬镳的景观。经济基础不弱的俄罗斯 1993 年申请至 2012 年才加入世贸 WTO。苏联时代长期奉行斯大林"两个平行世界市场”理论，不仅排斥和外国资本的联系，即使技术上，也锁国自傲，造成电子技术等新科技的严重落后。中国 1989 年以来“非政治化”的物质主义浪潮，男盗女娼已经见怪不怪，这也是不可低估的维持政治停滞的惯性力量。

　　三、民族问题。两国差异巨大。苏联的民族问题极为庞杂，俄罗斯族在苏联各民族中占 43%，而汉族在中国各民族中占 92%。苏联实行联邦制既有共产国际的民族理论为据，也有百族林立的现实需要。因此，苏联宪法为各加盟共和国保留自决权，随时可以退出联盟，这种“双重主权制”和实际上苏共的高度集权及大俄罗斯主义形成的矛盾，是苏联民族问题尖锐的根源，在勃列日涅夫当政时期，各民族的自主要求被压抑，关系亦呈表面的稳定。但停滞被开放取代，民族问题立即爆发，波罗的海三小国成为苏联解体的带头羊。

　　然而，中国是另一幅图像。大陆有过藏族、东突、蒙古族的分离运动，但他们没有宪法依据，而且抗拒不了占绝对优势的大汉族一党制的压制与同化，在江胡时代不成气候。按照广义的民族问题概念（包含马列学说），台湾问题和香港问题也可视为中国的民族问题范畴。香港已经从英国统治一百五十年后主权转移中国，然而，中共承认她违背宪法第一条的资本主义治权。台湾则有相当部分的人要求独立，要求承认事实上已不同于中国的另一个国家的存在。台湾与香港长时间地事实上独立和部份独立于中国宪政体制之外，即俗称的国家统一问题，是中国与苏联历史上一个绝不容低估的巨大差异，而且这种差异将随着时间的延伸，越发显示它对未来中国走向的影响力。当然，同时也不容低估以占绝对多数的汉族为主体的民族主义在中国过去和未来的强势地位。

　　【历史的悲情】本文回顾苏共二十大迄今五十年的风云变幻，显示苏共和苏联的消亡，是为斯大林严重罪行付出的代价，而不是他的几位继承人犯了什么过错或异想天开，更不是什么“西方敌对势力的颠覆”。当叶利钦下令停止苏共活动时，拥有一千八百万党员的党“没有一个是男儿！”党证如雪片撒满地。这是中共党魁习近平念念不忘的教训。中共二十大教规如仪开过，显示空前的倒退与保守。赫鲁晓夫，戈巴乔夫魂兮远扬，中南海依然飘荡着千年皇宫的佛香。毛做了二十七年皇帝，留下一场浩劫而去，又是半个世纪。而苏共 1956 年起，经过三十五年的修正主义改造，1991 年毫不犹豫地实现了"国家的消亡"：苏联解体和苏共倒台，开始艰难的民主化和重建。虽然，2022 年这个前超级大国，出现强人普京，背叛二十大"三和"精神，变成侵犯乌克兰的战争罪犯，但完全回到斯大林时代的独裁，是不可能的事。

中共不是没有可能走上由修正主义而脱胎换骨的自新之路。也不是没有赫鲁晓夫、叶利钦一类破冰人物，可惜在毛泽东独裁统治下，已经被一批又一批的绞杀殆尽。这是中国史无先例的悲剧。毛后的幸存者以"新洋务运动"【注7】方式"长入""权贵资本主义"。和国际资本合作，从世界工厂到世界市场，实现了国家工业化和经济的现代化，积累可观的财富，摆脱数千年农耕社会的原始落后状态。虽然，这是在奴役工农阶级状态和贫富悬殊的不公平和高压下取得，但不失为一个古老民族生存方式的奇迹。它必将为未来的社会革命，实现一个"民有民治民享"的现代民主国家，提供必要的物质基础。中国皇权统治历史悠久，传统的劣根性难除，从一党专政到宪政体制的建立，只能设想还要走一段大彻大悟的路，需要一批勇敢献身的精英人物站出来披荆斩棘。

2006 年初稿、2025 年 3 月修订

注释：

【注 1】《赫鲁晓夫回忆录》由赫氏口述录音，秘密交予英国书商出版于 1970-1971 年，50 年来已有众多国家不同文本出版，拥有广大读者群。最早的中文版为文革中期的内部发行版，后又有多种版本的多卷版。是国际共产运动历史上最重要的出版物之一。

【注2】《中共八大史》，石仲泉、沈正乐等主编，1998 年 9 月，北京人民出版社。

【注3】赫鲁晓夫不仅公开表示支持彭德怀、刘少奇，而且在 1959 年 9 月最后一次访问北京，离开时要求会见彭德怀，向他献花。中共不予理睬。

【注4】马闪龙：《苏联剧变的文化透视》。认为戈巴乔夫之树根源在斯大林体制土壤里。

【注5】2021 年习近平在连任将满之际，强行人大修宪，删除国家主席不得超过连任一次的规定，2022 年中共 20 大亦跟进。遭到评论界广泛抨击和批判。

【注6】由中国社科院副院长江流主编的《苏联剧变研究》，1994 年北京社科文献出版社出版。是一本汇集官方批判立场之大成的文集，有为毛时代反修的合理化之嫌，完全不涉中苏关系的理性评析。

【注7】中国近代社会发展，有三次洋务运动，至关重要。第一次 1861 至 1895 年，历经同治、光绪二朝三十余年，以师夷长技号召制夷自强，引进许多西方科技思想文献，外派留学生，开始工业运动，提倡中学为体、西学为用。对中国走向近代化意义重大。第二次 1950 至 1960 年，由苏联主导的援助中国实现现代化工业、军事之运动，首批 156 项大型项目设备、贷款及大量专家，实行苏式五年计划，居功至大，1960 年后因中苏交恶而停顿。这次苏式洋务运动，尚未得到史学界应有的重视。第三次 1978 至 2020，以"改革开放"为名 40 年。在坚持一党专政体制下，大量引进港台、西方先进科技、资本、人才，留外学生数百万。中国造成空前的"世界工厂""世界市场"，外贸金融，财源滚滚。中国经济步入强国之林，乃是数千年未有之发展。中国对此三次洋务运动的研究，存在严重偏颇。

8. 中印边境之战与藏南自决

【1962 年中印边界战争，震惊东西方。激战一个月后，中共以打败印军的"胜利者"姿态，突然宣布停战，并从麦克马洪线和藏南占领区，全线后撤二十公里——制造一个"七擒七纵"的现代版。其违背战争惯例，引致国际观察界至今迷惑不解。战争不仅令中共和印度关系彻底破裂，而且影响地缘政治广泛持久，九万平方公里的藏南地区自决归属印度。这场中共对外战争失败的来龙去脉，已成为其隐秘历史的恶例。】

2017 年夏季，中印边界局势突然紧张，时因中国军队越过不丹边界在洞朗地区修路，印度军队出动阻止，形成两军武装对峙，推演达三公里，"中印不"三国爆发洞朗主权之争。似乎战争一触即发。不少评论都提到"1962 年中印边境战争"，印度国防部长贾伊特说："印度已不是 1962 年的印度。"《纽约时报》在莫迪总理访美时说："印度对中国的怀疑根深蒂固。"可见五十年前的那场战争，并没有在印度人心中消失。香港媒体指出：在习近平的"一带一路"统战对象中，只有印度不买账——因此，我写了一篇评论〈1962 年战争：周恩来气死尼赫鲁〉。时过境迁一甲子，追寻中印这两个人口超过十亿的大国，何以结怨如此之深？我认为仍有现实意义。

西藏暴动达赖喇嘛逃亡，挑战毛泽东王权

中共建政以来，自称"打了四场战"，四场都是"以邻为壑"的不义之战。那是——和美国打的三年韩战、和印度 1962 年打的边界战、和苏联 1969 年打的珍宝岛反修战、和越南 1979 年打的为赤柬复仇战。官方对此四战的宣传，都是一面倒的维护被扭曲的价值观与

真实，逆二战后普世的和平反战思潮而行。包括文艺作品。例如最惨烈的出兵韩战，明显的战略战术错误，至今还当作歌颂的对象。有关中印和中越之战的真相，更被淹没在民族主义和一党独尊的浊浪中。成为一大言论禁区。

中共王朝不足十年，就踏入"敌我友"大厮杀，一幕幕翻脸不认人，是非颠倒，和太平天国内讧不同的是，这个打平天下的王朝，敢于四面为敌："帝修反"一个不放过。和印度翻脸为仇，是最典型一例。五十年代中国印度"兄弟友谊"的宣传，曾是家喻户晓的景象，周恩来尼赫鲁，形同双星。但不几年，兄弟变世仇。边界大打出手，另加人身羞辱……1962 年为麦克马洪线热战一场，击败印军，死伤俘虏八千余。这场战斗仅一个月。其不可忽略的背景，有四件事：

一是西藏 1959 年暴动与达赖喇嘛逃亡——随着大跃进运动的狂热升级，中共废止"十七条协议"承诺，将暴力土改推向西藏。要消灭"封建农奴制"。摧毁寺院，迫僧还俗，成立公社，牲畜大量死亡……藏人反抗迭起。从王其梅 1950 年指挥的昌都战役，到 1956 年彭德怀下令空军轰炸理塘，中共没有放弃镇压噶厦政府及藏人的决心。1959 年 3 月爆发"拉萨战争"，打了一个多月，伤亡俘藏人五千余。达赖喇嘛被迫和八万信众逃往印度，成立流亡政府。对此，印度总理尼赫鲁（1889-1964）尽地主之谊，而且多次公开表示对遭到强权压迫的西藏人民的"人道同情和非常的难过"，"希望中国不要用巨大的力量对付西藏人，停止目前的战斗和杀戮"。

二是孟买反华示威事件——中共不顾世界反应，发动武力"平叛"的 1959 年 4 月 20 日，孟买中国领事馆前，大批民众抗议中共对西藏人的屠杀，当场焚烧毛泽东像——事件引起毛本人极大震怒，在北京外交部的抗议照会上，毛亲笔加一段泄愤的话：

> 这件莫大侮辱中华人民共和国元首的事件，是我国六亿五千万人民群众极端地不能容忍的，必须得到一个合理的解决，否则不可能罢休……不圆满解决这个问题，中国奉命永远不能

停止，就是说一百年也不能停止。【注1】

这是西方公众不能接受的专制行为。毛摆出神圣不可侵犯的傲慢，要和自由社会民众的表达权利决斗一百年。大陆六亿人无法出声，但可以为选票拼搏的印度人能认同吗？半年后，人们继续在原地又有一次更大规模的抗议，再次烧了毛的稻草人像。这不是尼赫鲁或达赖喇嘛可以控制的（就像至今六十多年各国支持西藏独立向北京无数次抗议示威一样）。中印关系从此恶化，印度这个独立民主国家，随之列入中共要打倒的"帝修反"（美帝苏修印度反动派）之一。

三是毛羞辱尼赫鲁——《人民日报》发表冗长文章〈西藏的革命和尼赫鲁的哲学〉。匿名的御用笔杆子胡乔木借用挖苦讽刺手法、边捧边骂尼赫鲁是"反动残酷的农奴主的代理人"……毛亦点评："赫鲁晓夫是鬼，尼赫鲁是半人半鬼"。极尽妖魔化之能事，毒化无知的中国百姓。当时印度和苏联的关系明显好过中国，苏联在印度的影响也超过中国，尼赫鲁的国际地位仍然很高。莫斯科不满毛的"大跃进"，和尼赫鲁自有共鸣。毛以为输出他的阶级斗争邪说，渲染西藏社会和藏传佛教的落后与陋习，可以将尼赫鲁打成第三世界的"罪人"，贬其不结盟运动领袖的国际名望……这是中共发动战争前例行的舆论准备。

四是中共内权力斗争升级——中印这场流血冲突，发生在 1962 年初的"七千人大会"之后，不是偶然的事。那时节，尼赫鲁已经置身于毛的炮火射程之内。1959 至 1962 年，正是毛泽东的内外政策从错误酿成灾难的非常关键时期。在国内，大跃进冒险主义已经饿死至少四千万农民，饿殍遍野人相食，怨声载道，毛在一次高层会议上，不得不表示要退下来，去做理论研究。有代替"九大"之意的这次数千共干大会，毛的王权危机已经表面化【注2】。他的几位助手救灾如救亡，可是像所有暴君一样，毛对李志绥医生说："我是不会下罪己诏的。"

何方（中共资深外交干部）【注3】分析十中全会大倡阶级斗争，就是将内患和外敌"套在一起"。用炮打帝修反，声东击西，转移视线，摆脱内部压力。所恃条件是：有强大的洗脑机器和严密的组织动员："苏修亡我之心不死"、警惕"千百万人头落地"……铁桶般统治如魔法泛滥。数据显示林彪、周恩来不相信冷战会轻易发生战争。但是毛决与印度一战，说是"政治军事战"，他手下众神奉承如仪。

战地实况与美苏军事支持印度

战争 1962 年 10 月 20 日开打，一个月停火。这场边界战速战速决，中共八万兵力在东段与西段发动攻击，一周内击败印军三个旅：死亡 3770 人，被俘 4000 人。中方死亡 670 人。中共新闻封锁，对御制的战争转眼即逝没有交代。但是，却为现代战争史留下奇异的一页，至今疑云未散——胜方中国军队，11 月 21 日宣布自动从占领的麦克马洪线以南地区全部撤出，并从战前控制线后退二十公里，还有释放战俘、礼葬印军阵亡者，送回缴获的战利品（据说汽车加油，武器擦净）的连串"心理战"动作……一场罕见的战场表演。而战争实况，却有不为人知之处。

中印边界长达二千公里，分三段，涉及十二万平方公里。从清朝至今，没有划订中印藏同意的法定边界。其间只有 1913 年中英藏三方的《西姆拉条约》，画了一条**"麦克马洪线"**。虽然中国政府没有同意，但一百多年来，边界实际上按麦线维持，包括 1959 年北京与印度共称麦线为"实际控制线"。麦线东段和传统边界之间有一块九万平方公里的"藏南地区"，面积相当于三个台湾大。但这块土地的地理型态极为复杂。麦线大部分划在海拔数千米的喜马拉雅山脊上。间以世界一流的大峡谷，崇山峻岭，森林密布，开发极为困难。（例如中段属中国的"墨脱县"当时还是全中国唯一不通公路的县）。全区仅有一百万人口，识字率低。可以想见，在此洪荒密林中，得失只能在若干略有交通之处，绝无可能速占整个地区！战斗重点在区首府"达旺"的二千平方公里地带。

故此，所谓中共军队的"胜利"，只是伤亡统计的数字而已。其优势北京总参谋部知道，中方武器已经装备苏式 AK 系全自动步枪及各类机枪，印军还是二战留下的手拴式步枪，机枪也老旧；在错那～达旺线共军长驱直入，杀伤率占全战的七成！外援方面，甘乃迪总统向印度提供十亿援助，重型武器从加尔各答运到、航空母舰紧急驶往孟加拉国湾。尼赫鲁两次函请甘乃迪总统派遣战机、轰炸机中队。苏联给了印军九十架飞机。……两强之外，西方、苏东阵营、第三世界一片抗共援印声浪，公开支持中共的只有越南、古巴【注4】、阿尔巴尼亚。中方有补给、运输、高寒作战的重重困难，参与中印战的阴法唐将军说："还要预防台湾反攻大陆"。

在异域和异族对决的这场战争，前景将是非常可怕的噩梦。战术上没有胜算，战略上也是毫无远见的冒险盲动。周恩来曾有一番说辞："我看尼赫鲁就是不让西藏变成社会主义。他要让西藏做一个缓冲区。"这大约是毛泽东的野心狂妄之所在。根本要害在于西藏，怕这块世界屋脊失控——毛迷信镇压西藏，易如反掌。印度的插手，也不在话下，必须予以教训——这是继承乾隆皇帝圣驾的逻辑。殊不知踢到铁板，藏南地区不是朝鲜地方那样好周旋，而美苏的制空优势介入，那可能真要"吃不了，兜着走"。

于是乘严冬将临，悬崖勒马，走为上。立即下退兵令……这应是一个现实的决策。不过，毛从来不认输的本性难移。放弃藏南，还有更伟大的使命在等待他——1963 年马上调转枪口，又组班子写《九评》，讨伐苏修。直到和尼克松搭起"联美反苏"的戏台，有了美国的武备，得意忘形。这是毛胸有成竹的甩开印度后的六十年代谋略。

韩素音（1917-2012）【注5】是会晤过周恩来二十多次的作家，她在中印交恶后曾扮演尼赫鲁和周之间的传信人（丈夫印度人），她说每次向尼赫鲁转达周的问候时，"他总是冷冷地说：周恩来的友谊我领教够了。"尼赫鲁对于中共以粗滥文章侮辱人格的低俗做法甚为反感。不久，这位在战后世界享有崇高声誉的大人物，忍辱负重，一病不起，1964 年 5 月去世，三百万印度人为他送葬。记得印度独立五十周年时，我曾偕妻游览印度，在参观"尼赫鲁博物馆"时留有强烈印象——"中印友好"的照片等展览品一件无存。

麦克马洪线：巍然屹立，保佑藏南自决

以战局判断，从藏南退兵，无疑是毛泽东在内外交困之下的失败，否则，战争必将扩大到国际而不可收拾。收场的戏剧性，使观众有如跌落麦克马洪线的迷雾之中。观察家却看到这场 1962 年中印战争，暴露毛政权历史性弱点，这弱点必将导致最终的崩溃。

之一是，中共政权还没有发育为一个现代国家。毛及其党羽还在梁山泊、井冈山的绿林传统中，玩弄权力和呼啸民众，为所欲为。毛自称推翻蒋介石，灵感来自"三打祝家庄"。临终权力斗争还在借用《水浒传》，毫无现代国家关于领土、外交的法制概念。1967 年 12 月，他对来访的印度共产党总书记高士和印共左派代表团说："一旦印度人民掌握了政权，中国不仅会承认麦克马洪线，而且会把该线以南九万平方公里的藏南地区领土让给印度。"【注6】完全是帝王"普天之下，莫非王土"的封建观念（毛亲自赐送国土已有多例）。动辄以"自古以来，寸土不让"，自欺欺人。出尔反尔，藏南取舍，乃是新例。

之二，和台湾对比的双重标准。所谓统一台湾，在 1958 至 1962 年几年间，尚未成风。因自 1956 年苏共二十大、中共八大起，共产阵营有"非斯大林化"的解冻风潮，连毛本人也对米高扬亲说：出兵朝鲜打仗"是错了，完全错了"，他怪罪斯大林的决策……【注7】但如本文所查证，1958 年的金门炮战，开启了中苏共关系不可抑制的衰落。西有波匈，东有西藏，及至翌年西藏起义，美苏中共的大国棋局，发生异变。印度选择了和美苏友好、维护西藏人权与文化的进步立场，而和中国分道扬镳，这是中印走向流血冲突的自然趋势。台湾局势到美中苏关系重组，尼克松卖台媚毛后，遂涌起"一个中国"乌云。而藏南九万平方公里，1964 年回归印度，迄今已六十年，虽有主权争议，但该地区早已独立，正式属于印度"阿鲁纳恰尔邦"，议会政治、民族文化全面印度化（阿邦人口仅及台湾二十分之一，社会发展指标较低）。藏南和西藏因麦克马洪线分而治之，和台湾海峡两岸分

治，异曲同工，本质上没有区别。

中共当局的边疆政策，在台湾和藏南（阿邦）之间，显然采取"双重标准"立场。至今容忍藏南人选择民族自决权。但对台湾，以无休止的"文功武赫"，胁迫接受大中国主义，有如精神分裂症之鞭笞。这种双重性之存在，透过中国在 1962 年中印战争的失败，昭示英国人百年前设计的麦克马洪线，巍然屹立，是留给亚洲的一件划时代的地理杰作。它将永存。就像海峡卫护台湾而波涛永不息一样。

回首令亿万人困扰而无所作为时，我们看到中国的藏南梦幻，又出现新动向。得到军方支持的一派学者，提出妙不可言的"藏南之水救中国"论。说中国的水资源到 2025 年将遇到严重危机：年降水仅 630 毫米，而藏南高达 5000 毫米，藏水北调，可增加中国一倍耕地。因此收复藏南主权势在必行……已遭到网上不少人的反驳。指责北京鹰派如果要推翻毛周时代也推翻不了的麦克马洪线，那是异想天开。

2017 年初稿，2024 年修订稿

注释：

【注 1】毛对孟买事件的批示。见《建国以来毛泽东文稿》1959 年册。毛对外交部严重抗议照会非常不满。不但要求给印度戴上"扩张主义"帽子，还加上这段泄愤批示。

【注 2】七千人大会与九大，中共全国代表大会，按党章应是五年一届，上届八大在 1956 年 9 月，九大应该在 1961 年 9 月。因 61 年正值大饥荒，须推迟，故在 1962 年 1 月即以七千人超大型的扩大中央工作会议形式，有代替九大的大会之意。

【注 3】何方（1922-2017）陕西临潼人，任职中共外交部 30 年，驻苏使馆研究主任，部办副主任，国际问题、党史专家。评毛外交而屡遭整肃，1979 平反，任日本研究所所长等职。

【注 4】中印边界战争，见《维基百科》相关词条。

【注 5】韩素音（1916-2012）英籍亚欧混血作家。原名周光瑚，出生河南。多产的小说与回忆录，以《生死恋》闻名于世。也是亲共的毛泽东、周恩来传记名家，饱受西方媒体批评。

【注 6】高士，印度毛派共产党总书记。这段话载何方著《谈毛泽东外交》225 页。

【注 7】毛泽东否定韩战出兵，这段话在北京《炎黄春秋》发表后，曾引起很大争议。何方在评"毛泽东外交"文集中，引用五次外事记录：1956 年八大毛先后和朝共代表团、苏共代表团政治局委员米高扬谈"朝鲜战争根本错误"。1957 年 7 月在杭州汪庄又同米高扬谈"斯大林金日成对中国刻意隐瞒发动战争的时机与作战计划，最后，中国被牵连进战争，这是错了，绝对错了。"还有 1960、1961 年中苏两党就朝鲜战争的争吵。

9. 文革起源与江青的角色

【作者按："文化大革命"是中共中央正式否定、史无先例、公认的一场浩劫。毛泽东是"亲自发动和领导"的祸首，但是他为什么要制造这场长达十年的灾难并遗害未尽？许多幸存者与学者专家作出回答。本文是作者长期思考的判断，和毛对苏共不断深入的鄙夷与仇恨相关，蕴含着中国草氓王权意识。同时指出，作为文革的总指挥，江青满怀徇私的变态心理，在文革的发动上，有不容忽视的位置。】

1966-1976 的"无产阶级文化大革命"（简称文革），已经结束四十七年。那是中国历史上最大的社会动乱，被称为"浩劫"。其影响深远，其研究也纷纭。文革是毛泽东"亲自发动和领导"的最后一场"革命"，当然也是"毛泽东思想"的登峰造极。"文革起源"是研究文革以至中共历史的一个耀眼的焦点。

有关文革起源的几派观点

1. 中共官方表述——1981 年 6 月，中共 11 届六中全会发布建国以来若干历史问题的决议，评述文革理论完全错误，指文革批判的对象根本没有事实依据。结论：文革"不是也不可能是任何意义上的革命或社会进步。"文革是"带来严重灾难的内乱"。对林彪武装政变的评语：客观上宣告了文革"理论和实践的失败"。对毛的个人"专断"，辩称有社会历史原因，错误不能归咎个人……显然，这份决议维护中共正统意识，回避问题实质。又大篇幅粉饰毛领导的英明正确，以图将功抵罪。

2. 马若德的文革研究——马教授（麦克法夸尔 R. Mac Farquhar

1930-2019 汉名马若德）对文革起源有独特的研究，他认为毛泽东致力于使中国取代背叛革命的苏联成为红色革命的中心。毛很喜欢革命，中国官僚体系太强大。文革三年，动乱不可避免。党都快要分崩离析，带来一场浩劫。马若德的看法，在西方学界影响甚广。他们相信毛不是为了私心，而是要改造官僚体制发动文革。我 2016 年关于文革起源是反苏的文章，曾向马教授请教过。他回说，文革起源中，也包含和苏联的关系。（马教授在哈佛的中国研究，拥有大量中共官方出版的毛文集，曾邀请 Stacy Mosher 摘译整理）

3．中国历史学者的看法——在官方否定文革的背景下，有关文革的回忆与研究有大量的发表，以亲历的一代学者的观点影响较大。谨摘要介绍三位：

高华（1954-2011）南京大学历史学教授。有研究延安整风的《红太阳是怎样升起的》闻名于世。【注1】他说毛发动文革不只是权力斗争，还有批判"官僚体制"，很得民心。刘少奇则搞特权、特供，拉拢干部。毛有领袖的巨大威望、中苏论战又占上风。刘带王光美巡视十四省市，宣讲"桃园经验"，被江青密告，影响恶劣。毛终以畅游长江"炮打司令部"，向刘宣战。毛独掌大权，"拥有道义和实力的巨大合法性"才能发动文革。文革是浩劫，但不认同"文革有罪"的观点。

秦晖（1953— ）清华大学历史学教授。他研究文革起源，提出一个尖锐问题：毛泽东已垄断大权，一句话就可以打倒彭德怀、习仲勋，对刘少奇也是"一个指头可以把你打倒"，为什么还要搞得天下大乱？毛看到下面"反贪官不反皇帝"。大饥荒灾难深重，毛特别怕上下结合反对他。成功将众怒转移到走资派身上，他成为"大救星"。毛的思想来源是民粹主义加极权统治，最后回归到法家商鞅、斯大林主义。军队血腥镇压造反派，如广西围剿"422派"，两个月杀了八万四千人。【注2】

王若水（1926-2002）知名理论家。1996 年论毛泽东发动文革的思想根源在于斯大林去世后，自认由他充当国际共运领袖的条件已经具备，必须搞臭赫鲁晓夫和发动强大的个人崇拜，才能树立和斯大林一样的权威。大跃进失败后，毛有了心病：怕死后有人像赫鲁晓夫一样对他鞭尸。因此，他先后找到两个追责大饥荒的对象：彭德怀与刘少奇。康生内部讲话，透露毛一定要生前挖出中国的赫鲁晓夫。林彪看透毛的心思，疯狂推动个人崇拜，否则文革绝对发动不起来。

卜伟华（1950— ）红卫兵代表人物，文革后参与文革研究。中文大学《国史》文革册撰写者。他指文革的残酷性，是将"左"的错误发展到极致，造成中国历史上最为黑暗的时期。人权、思想言论权、财产权，被践踏无遗，出现了许多罕见的丑恶现象，死难者数以百万计。他称不应对毛为尊者讳，但他评毛仍然极为肤浅。

对于文革起源，本文根据多年集思广益，有些独到的判断如下：

毛泽东终身未竟的反苏志业

毛泽东自 1927 年上井冈山造反为王，毕其一生为本土派的领袖，与留苏的国际派抗衡争权，长期居于共产国际的下风，在战略策略、理论实践上和苏共领袖大异其趣。二战之后，斯大林成就世界反法西斯领袖的英名，和美英大国平起平坐；毛则经延安坐大，内战节节得胜，终于黄袍加身，成为东方的救世主。斯大林在世时，在重庆谈判、隔江分治、以至入朝作战诸大决策上，已经显示与毛潜在的分歧，不容低估。只是在斯大林 1953 年死后，问题才爆发出来。苏共在 1956 年二十大上，表现出惊人的改革精神，不仅推翻斯大林神话，而且提出一系列反教条、非暴力的重大论述，突出外交"三和路线"。立即震撼东欧及西方。唯有中共在毛泽东控制下，保持内在的抗拒。为了和苏共争夺共产阵营领导权与影响力，毛采取大跃进和反修正主义的两面进攻，结果都陷泥沼不能自拔。这是文革前中共国内形势的主要轮廓。酿成大饥荒的大跃进，原起于 1957 年冬莫斯科共党大会，毛欲与苏共比高低，苏提出超美，毛即率性提出超英。回国后立即制定高标高速的经济计划，土法上马，处处废墟，饿殍遍野，毛一手造成此千古浩劫，而信誉败落国内外。但独夫心毒，转移视线，发动大规模反苏修，以《九评》掩天下人之口。更将七千人大会，刘少奇批评大跃进，转移成权力斗争。可以想象毛极为防范的是，刘以国家主席之位，和苏共联手反对他。（刘向苏联通报过"大跃进饿死三千万人"，后来又有林彪叛逃苏联。甚至忠臣周恩来，也被毛骂为会给"苏联当儿皇帝"。）因此，**文革的意识形态来源于毛有仇必报的反苏主义。**

毛对苏共的深仇大恨，文革中一览无余。（我在本书的"导读"中有所提及）即以文革纲领〈五一六通知〉看，竟摆明要清洗"赫鲁晓夫式的走资派"，点名苏共领导人为消灭对象，这种狂人意识，丝毫不计两党数十年的生死恩怨。到了林彪叛逃、又投靠世仇"联美反苏"——岂不印证毛泽东根本上就是"政治流氓"、"流氓皇帝"？狭隘的民族主义也谈不上。学者千家驹曾亲聆毛在国务会议上说，我们比秦始皇厉害一百倍。感到惊惶不已。发动文革前，战云密布，毛和他的党徒，已经多次发动对苏的攻击，甚至还庆祝反修的胜利：九评将赫鲁晓夫打下了台。其实，世人皆明，苏修根本没有被打倒。他们一直发展 25 年到 1991 年苏维埃解体，修成正果。

可见文革打倒"走资派"只是反修的草船借箭之计。正如中共中央承认的，中国根本不存在资本主义发展的社会基础。苏修政策文化的潜在影响而不满文革者，已遍布各阶层。中国的苏制影响，有时代的必然性，带有和平演变的自由化。毛靠延安整风老一套，岂能对付大时代的演变，只有粗暴干掉国内有疑亲苏的人！请看文革记录——身边两位御译师哲、阎明复都是秦城的要犯，给毛当过俄译的孙维世女士则在狱中酷刑而死……其他知识分子，则大量扫入"牛鬼蛇神"。让工农兵占领所有舞台。总之，五、六十年代的"反修"倒行逆施，已使党内外敢怒不敢言的绝地。他有杀手锏"阶级斗争"和一帮恶棍，随时可以兴风作浪。

谁在文革中如魔狂舞？

被毛特宠的大奴才郭沫若讥为"白骨精"的江青，在大陆已经臭不可闻。邓小平恨之入骨，告记者法拉奇，江青评分，【注3】"零以下。"江青之坏蛋，确已非人。但是要追溯文革起源，我认为还少不了江青。一个来自上海滩绯闻不断的演员，跑到延安，靠康生关系，摇身一变为山大王之妻，党人多不放心身世复杂的女人进入革命核心。江青却有心机，十多年甘为"压寨夫人"，不涉政治。1955 年子宫癌和毛分居后，妇以夫贵，回巢上海，开始伺机而动荣。当毛遭七千人大会所贬，便从文艺助毛反攻，**1963 年**倡导革命样板戏，**1965 年**策划评海瑞罢官（毛 13 次审稿，被誉为"文革的导火索"），**1966 年 2 月**主持军队文艺座谈会，全盘否定文化界 16 年，诬为反党黑线专政，高呼**"要有一场文化社会主义大革命搞掉黑线"。**继之文革小组成立，名为旗手，实为总指挥，粉墨登场，一人之下，亿万人之上——这条文革发动的红线，清楚显示江青非凡的角色和心力。

共产党阶级光谱历来批判"流氓无产阶级"。很多智者（章伯钧到余英时）早看透毛的"流氓皇帝"本质，其打天下焉能不以各色流痞聚啸之？中共最重视组织功能，文革只有毛的天马行空"乌托邦"神话，没有人营销力推岂能成气候？红卫兵造反派，闹事日日新，哪一项不是江青帮人谋划摆平？处处以毛的代言人说话如仙下凡。"文革"由其名，由其发炮——从 1965 年 11 月至 1966 年 7 月，这段肇发的最关键时段，毛一直住在杭州"汪庄"，和在上海的旗手时相来往。遥控玩弄北京的刘周邓当局，连通过文革宣言的中央会议也不出席，由康生、江后代替。……眼看她如鱼得水，帝怀大悦。1965 年底毛有一首诗【洪都】，比题"庐山仙人洞照"还得意，赞美江青闻鸡起舞："……年年后浪推前浪、江草江花处处鲜"（此诗无人破解，姑妄存之）。【注4】

1980 年中共集四千高干闭门出气评毛，幸存的"老革命"大骂毛专制霸道，"是中国历史上最大的暴君"，历数毛的恶行。邓小平力控大会，不准涉及毛的"品质问题"。毛淫威天下，路人皆知是一对暴君女妖珠联璧合而成。揭开其宫廷之污秽，江青是中共百年唯一带有变态心理驾驭最高权力者。可以想见，当年反对毛江结婚者是何等痛心疾首，他们的噩梦成真！妖魔专权，无法无天，下列数案恐怖诡异，从上海公安到国家主席，毒杀无碍，不可想象。

公报私仇、蹂躏上海——江青于此发迹地留下无数龌龊形迹，成为她钻营红朝之心疾。包括两性关系、戏场恩怨、被捕隐秘……从五十年代起，就动用专政权力，行复仇洗白之奸。隐恶者如元老林伯渠夫人**朱明**案。朱经延安整风，知道江青的风流丑事及被捕变节，1954年手致江青匿名信，要求她向中组部交代。江青大怒，交上海公安，列为诬损主席的特大案，收集 800 人笔迹和无数可疑者，直到林伯渠 1961 年逝世，杨尚昆发现朱明手迹才破案，朱明随即畏江而自杀。此案直通中央、苏沪上下、株连折腾，长达七年。（另有文革中派人入沪搜索江青旧艳照等物）

同时涉及江青上海丑闻的扬帆案，更为惊人。上海公安局长**扬帆** 1953 年在莫斯科医眼疾，和江青偶相遇，被她发现"殷阳"是新四军司令项英 1938 年反对毛江结婚的江青秽证提供者。【注 5】江青立即旧恨上脸离去。这位上海镇反出名的公安局长，回国即被严惩，审查、免职，打成"混入党内公安系统的反革命分子"，押送北京，逮捕，判刑，入秦城、劳改农场。而且案连潘汉年、饶漱石，致二人瘐死狱中。文革结束，扬帆及株连七百人全部平反。扬出狱时仍疑其妻是江青派来的人……高层直认"扬帆冤案二十年，百分之百原因是江青。"

残杀国家主席辱其妇——毛江独夫荡妇，生杀予夺，不可一世，百姓皆为奴，国家领导人权亦遭践踏。刘少奇原属中共拥毛巨头，1959 年人大当选"国家主席"，面对大饥荒有所觉醒，采取"让步政策"，不满毛江以残酷斗争治国，尤厌文艺革命化，毛自认 1962 年已决心"撤掉刘"。刘数次要求辞职全家回乡务农，毛不许。致命程序由"刘少奇王光美专案组长"江青一手包办，发动红卫兵殴斗，独囚禁医，对刘以不审而诛之策，惨死开封密室。再以蛇蝎心肠欲毁刘家，报复其妻**王光美**：（江曾怨毛："文章自己的好，老婆是别人的好！"）刘携夫人 1966 年访南亚三国，江青妒其第一夫人风光，命红卫兵辱侮光美、化洋妆批斗。

江青有疾。缘於毛教会光美游泳，时有约相泳，江青不泳不下水，因她有异形，天生"右足六指"，颇忌外露。故见毛与光美"浪里白条"相乐，妒火屡难抑。王光美（1921-2006），大家闺秀，曾为辅仁大学硕士助教，1946年入军调处任翻译，顺赴延安，1948西柏坡与刘少奇结婚。得四子女，曾下乡参与"四清"。随夫出访苏联、东南亚。履历纯正，远非江湖品流可比。江青诬其美蒋"战略特务"，布红卫兵二十万人批斗，再入狱秦城，江青杀机难抑，竟判光美死刑。毛审之，批四字"刀下留人"光美得幸存，1978年底出狱，方知夫君刘少奇1969年已秘密死亡。这对紅朝王后文革后，相继得到平反。——一场宫廷残酷复仇记，划上句号。

结论：江青的接班人角色

江青（1914-1991）的角色是文革研究的要害问题。培养"革命接班人"是毛泽东当权时念念不忘的重大使命。毛生前选定刘少奇、林彪、王洪文，全部失败。看中江青，是一个例外。她没有接班人的培养程序和法定名义，却拥有接班人的全部权力，即在毛之下的共产党和国家领导层的"二号人物"。时间在1966-1976，长达十年。我认为这是清楚无疑的事。

这十年是哄动中外的"文化大革命"时期。江青是文革的总指挥、总策划，具体的发动者和执行者。她的职位"中央文革小组副组长"，而实际上，全党全国处于大清洗之下，文革小组长陈伯达、顾问陶铸、接班人林彪、总理周恩来……党政军最高层近全部被打倒、关押、批斗、病疾以致死亡。在最高领袖之下，唯有江青高高在上、权势无限。红卫兵说她是文革旗手、她自己说是主席的"一条狗"。——江青已經位於毛的接班人，货真价实。这是全中国人心知肚明的事，虽然官方至今没有承认过。

江青怎样取得权力？完全在于取得毛泽东的信任。毛在文革发动前后，已处于孤家寡人的独裁地位，无人可信，唯有江青了解他的嗜好、思想和困境，江青有智能和勇气填补毛的空白和需要。甚至毛自持的杀气、冷酷，还有变态的邪恶和迫害狂。江青尤其尊重和迎合毛对西方文明的无知、仇视和排斥。二人生死与共的欲望，在"皇天后土"天下大乱中得到充分满足和张扬。八亿人敌不过一对男盗女娼。

毛非常器重江青**"在政治上很强，看问题敏锐坚定。"**【注6】毛独特的政治遗嘱中，交代要江青一帮继承他的遗产，将文革继续下去。继承人唯江青莫属：毛的人事名单写过："党主席江青"。1972 年的"红都女皇事件"（本书有专文）的背景，无疑出自江青已经洞悉毛对她的接班底牌，文革那么多场权力较量、左右俾阖，哪一场江青不是以毛的代理人举牌行事？她的野心，她的狂妄，毛不仅知情，以至是促成者。（刘少奇也早说过，毛要搞家天下）。维特克走后，毛拿周恩来批斗，和周力阻江青出传是否有关？就在那场批周中，毛恶狠狠骂了周是苏修"儿皇帝"，而且透露江青"迫不及待要进常委"当主席……（在毛的追悼会上，江青特地以一身贝隆夫人装扮上场，意在她即可照样接掌权力。）【注7】

铁的事实可以演绎为——文革这出大戏，由于江青不断地视毛之所好，激发、推动，才从一场论战性的对抗，变成一场粗野、狂暴、不计一切的"大革命"，形而上顿失为形而下。一对狼狈夫妻，经过隐密策划，强化十年帝制复辟，而力图将王权交给江青延续下去。换言之，年老的独裁者，假如没有一位充满后更年期活力的妻子共谋盛举，落实大小程序，文革作为一场大乱天下、无孔不入的总体战，根本不可能发动起来——上海滩不愧为冒险家的乐园，江青历经风浪，成就一个买空卖空的大赌家，帮毛渡过生死残年，预享一个女皇梦，这是江湖老套、独裁逻辑。假作真时真亦假。毕竟是上海滩的小明星玩过井冈山的土包子三十年。毛的继承人至今还沉醉在假大空之中。

毛尸骨未寒，江青束手就擒。他们不可能理解文革和毛主义的根本性恶质与脆弱，红色大船已是一只"纸老虎"，不堪一击。毛江揽权祸国是千年不见的教训。

注释：

【注1】高华（1954-2011）江苏南京人。历史学家，中共党史专家，南京大学、华东师范大学历史系教授。2000 年香港中文大学出版《红太阳是怎样升起的；延安整风运动的来龙去脉》（英文版 2019 年）、对近代史、国共关系研究备受好评。约撰"中大国史"第七卷，未见付印。

【注2】秦晖（1953- ）广西龙胜人，历史学家。任陕西师大、清华大学社科院教授。对中国古代、现代历史有广泛研究，建树颇多、被称为中国自由主义的代表人物。

【注3】法拉奇（1929-2006）意大利名记者，1980 年 2 月来中国长篇访问邓小平，内容丰富，中共只有极为简短的报导。引文是作者在香港读到的全文中摘取。

【注4】毛诗【洪都】原载《毛泽东诗词集》1996 年北京版。该诗作于 1965年 12 月下旬，首发于 1994 年 12 月。保密 29 年。同时有七律【有所思】，作于 1966 年 6 月南巡中。时正文革开锣。发表应为 1996 年，隔了 30 年。

【注5】项英（1898-1941）湖北武昌人。中共早期工人运动领导人。出席六大，受斯大林接见，选入共产国际。回国任苏区领导人。抗日时创建新四军并主要领导。皖南事变后，携黄金途中被副官杀害。1998 年为中共高度评价。项英是已知 1938 年以上报文件正式反对毛与江青结婚的高级干部。时为华东局书记。

【注6】这段对江青的评语，是周扬回忆毛泽东亲自对他的谈话。

【注7】贝隆夫人，1919-1952 阿根廷总统胡安贝隆的二任妻子。与丈夫并列参与国政为领袖，掀起国人的崇拜。胡安第三任夫人伊莎贝尔·贝隆1931—在胡安死后，立即接任总统，任期 1974-1976。是世界上第一位女总统。那正是毛泽东逝世的时候。

初稿 2013 年，2026 年修订

10. "联美反苏"秘密外交记录

【作者序】中共与美国在 1971—1976 年，结成"反苏战略联盟"，主谋人毛泽东与尼克松总统，涉及中、美、苏、台湾四方。是颇富戏剧性的地缘政治事件：在美苏两极体系下，陷于文革孤立的北京插入一角，自称"联美反苏"。五年鸡飞狗跳，一个垂危的中国皇帝从政治危机中活过来、尼克松也获得投机连任的空前成功。这件关系三大国战争与和平的世界大事，在中国内部，决策与运作，不仅百姓与官员完全不知情，甚至封锁保密至今（1981 年否定文革的历史决议只字不提）。按照中共愈保密、愈黑暗的潜规则，这是很必要补上的一课，探秘为史存真。

1999 年美国务院将当年中美高层会谈记录解密。台湾驻美记者傅建中先生将此文件编著成书《基辛格秘录》，在台出版。余获建中兄寄赠一册。近年美国政界终于因武汉瘟疫泛滥，从"与狼共舞"苏醒过来，检讨美中关系。束之高阁的中美七十年代会谈秘录，仍不失为重要的史料。本文参照此秘录文本及相关史料写成。

1. 中国皇帝与美国总统面对面

尼克松总统（R. Nixon 1913-1994）乘坐空军一号，于 1972 年 2 月 21 日抵达北京。下午即和毛泽东举行首次会谈。两周前，毛生了"一场大病"。毛年谱记载："2 月 12 日，晨，突然休克。晨二时周恩来赶到，经抢救后苏醒"。事实是林彪 1971 年"913"叛逃，引致毛"健康急剧恶化"。首场相会，毛扮演"共产党帝王"角色，在书房中会客。尼克松开口称赞毛是"专业的哲学家""你的书推动中国，改变了世界"。**基辛格**（H. Kissinger 季辛吉 1923-2023）也表功：

"我在哈佛教书时，都指定学生研读主席的选集。"毛不假谦逊："我能改变的只是北京附近几个地方。"周恩来不时陪笑。毛谈到"我们共同的老朋友蒋介石委员长骂我共匪"，周顺势打诨。国共互骂蒋匪共匪，"我们就是骂来骂去"。接着说到"漂亮妞儿"怎样掩护基辛格的外交行踪——开场白制造轻松如故的气氛。

毛所谓哲学，说他乐见西方右派掌权，美国选举他会"投尼克松一票"。基辛格帮腔，美国左派亲苏，反对我们来北京。毛趁机暗示林彪事件："国内也有反动集团，反对和你们接触，结果他们上飞机逃往国外了"。——毛要求尼克松对谈话保密。总统满口答应。切入反苏议题。基辛格随即奉承：我们了解"中国革命的特殊本质，和其他社会主义国家革命不同之处。"尼克松更称："我们可以坐在一起畅谈，主要是我们认清了世界新局势，国家内部的政治思维模式没有那么重要。"总统让毛开心："我从不吹牛，说我做不到的事，我总是做的比说的多。"并说他和毛"都出身穷苦人家，一路爬到国家元首位置"，"历史结合了我们两人"……言词高昂，盖过老毛。

毛周看到美国当权派中也染上毛主义色彩，自然喜出望外。会谈不涉内政，是帮共产党的文革失败做掩护。毛更忽悠尼克松：我们反帝"只是口头叫叫"而已。现在要借美国之力反苏——究竟是谁搭的桥？一说是 1972 年黑格亲向周恩来瞎扯："苏联企图瓦解你们，然后进攻美国……美国将维护中国的独立和生存能力。希望尼克松访华能加强总统的世界领袖形象"。

美国两党对与中共交往的看法并不一致。民主党曼斯菲尔德（M. Mansfield）：大赞文革：人民朝气蓬勃富有献身精神，说过去对中国都是"歪曲编成的恐怖故事"。共和党斯科特（R. Scitt）则表示，和中国交往必须保持戒心："双方对人类和社会的看法存在基本的哲学的分歧，中国有和我们知识、经验和观念根本不相同的东西"。……可见共和党眼光锐利。

2. 尼克松水门事件与 1968 年作奸犯科

1972 年美国大选"水门丑闻"被毛骂为"屁大的小事"，却是尼克松身败名裂的滑铁卢。事缘尼克松争取连任，派人于华盛顿水门大厦窃取民主党竞选密件，被媒体报导，尼克松以中国牌掩饰水门案情。华邮与电视台深挖真相，未能阻止尼克松大胜连任。其实，尼克松在上次 1968 大选中，就因为越南停战问题，以非法手段伏击对手约翰逊而侥幸当选。当时约翰逊，已取得即将签署"巴黎协议"停战的成功，连任胜券在握。必败无疑的尼克松在关键时刻，伙同基辛格设诡计，借助陈香梅女士，贿赂南越阮文绍总统"拒绝出席巴黎和会，让停战告吹，尼克松便可当选"。结果尼克松以 0.7%的微弱多数票胜出。

林登·约翰逊（Lyndon Johnson 1908-1973）获知阮文绍作祟，极为愤怒。面斥尼克松破坏国家外交政策的叛国行为！忍气吞声，将有关尼克松、基辛格如何阻止越战停战协议签署的证据，收入一个黄皮大信封，存总统档案馆，标注五十年后开封。越战因此被延长到 1973 年停火，额外牺牲 23,000 名士兵（基辛格则因为参与最后停战，获 1973 年诺贝尔和平奖）。2018 年 11 月美国 MSNBC 新闻频道播出特别节目，报导前总统约翰逊档案馆一份绝密案卷。揭示尼克松赢得 1969 年总统大选的内幕。

尼克松 1972 年北京之行，和中国独裁政权达成反苏和解，赢得一笔可观的政治资本。其后又在 1972 大选中故态复萌，压抑水门事件，掩盖他 1968 年竞选的非法行为连任成功。被国会认定"是妨碍司法公正的确凿行为"，1974 年辞职下台……可见尼克松两次当选总统，都有不光彩的恶劣记录，胆大妄为，史所罕见。这是美国政治的阴暗面，也是尼访华的重要背景。

3. 秘密结成"反苏联盟"的战争承诺

反苏联盟是毛泽东媚美战略的核心实质。由周恩来基辛格具体执行。在 1972 年 2 月到 1976 年的各场会谈中，周（后是邓小平）每天亲自向毛汇报，商量对策。有如下记录：

◎毛宣称：我们过去是敌人，现在已算是朋友。基辛格回应：我们和其他国家会谈"从来不像跟你们这样坦白和开放"。毛："我们只要目标相同，不会互相伤害，才能连手对付一个混蛋……虽然，我们会互相嚷嚷，共产党滚蛋、美帝滚蛋，不这样嚷的话不行。"基辛格道：中美彼此批评，"我们还是会配合你们，也绝对不会参与任何打算孤立你们的政策。"毛听其言，欣喜莫名。

◎毛担心西德苏联和好，让苏联往东推进，好对付中国和日本。基辛格否认，说美国未来四年驻欧美军只裁 10-15%。毛继续说：

> "二次大战期间，苏联专干看人上吊抽椅、落井下石的勾当。也可以说，他们不费一枪一弹就抢了一大片地（周轻笑），他们抢了蒙古人民共和国、抢了半个新疆和东北的满洲国，还说是他们的势力范围……他们还抢走库页岛和千岛群岛。"【注1】

◎周在会谈中提出——"希望尼克松继续在位连任、基辛格也继续辅佐你。……我们不怕苏联说我们达成反苏联盟"。（基辛格：连任三届是违反宪法的）……1973 年美国务院认定美中已"结成反苏联盟"。中共召开"十大"，提拔江青四人帮。中美互设"联络处"。

◎周即告毛："互设联络处外，还要维持黄华和白宫间的联络。"（按：基辛格和黄华，早已建立秘密管道，地点在纽约秘密处。互换情报，告知美苏签核武协议，将玩一场有名无实的游戏…）【注2】

◎毛谈到对苏战争："假如俄国要攻击中国，我可以告诉你，我们将还以游击战和持久战，我们会诱敌深入，他们想到黄河流域，那很好啊。进一步到长江流域，那也不坏啊"。基辛格保证：假如苏联攻击中国，我们会反对他们。毛坚持道："你们的目标是瓦解苏联。苏联的目标是占领欧亚两个大陆……我们宁愿苏联进攻中国被击败，比较好。"

◎毛与基辛格会谈中，透露一个反苏地缘战略："我们应该在这些国家间，划上一条平等线：美国、日本、巴基斯坦、伊朗、土耳其和欧洲。"——这是**围堵苏联的"一条线"**外交。即沿北纬大约 30-40 度的横向地域，毛梦想的反苏平等线。基辛格说这和美国的观念相近。我们的行为模式受民意干扰没有你们这样大胆，但有"真正的危险出现，我们将坚决抵抗，不会故作仁慈。"毛很欣赏此言。

◎中国是很贫穷的，物质不多，唯一过剩的是女人……如果你要的话，我们可以给你几个，或是几万个。"你要我们中国女人吗？我们可以给你一千万人……我们可以让她们像洪水一样淹没你的国家，损害你们的利益。我国的女人太多了。""这是我们的一个陷害美国的阴谋。"基辛格响应一定公开主席的这个想法。毛表示："对我来说无所谓。"

4. 毛泽东对台湾无可奈何的发泄

台湾问题是中美会谈唯一可行性的目标。早在 1970 年透过巴基斯坦总统叶海亚·汗多次秘密通话中，周恩来都以台湾问题为要挟。故基辛格来朝前早已拟定美国"对台五原则"作为输诚的"投名状"，最讨好的是第一条"只有一个中国、台湾是中国的一部分。"构成后来中共谋台的基础："一中"。其次包括不支持台独、和平解决台湾问题、和中共建交等。

周恩来当然乐意这样和美国"友好解决"台湾问题。甚至宣称不要美国"搞掉蒋介石"，可以借蒋统战台湾归附。周只要求美军离开。尼克松承诺："越战结束后我将撤出 2/3 驻台美军……"。毛称："只要美国和台湾切断外交关系，中美就可建交。"基辛格明白毛要求的是"日本模式"，先与美建交，后与台断交。但美国出卖台湾只能是秘密外交的交易。因此美中建交，在七年后。毛表露对台实质：

"我们和台湾的关系，相当复杂。我看没办法和平解决。……他们（台湾）都是一伙反革命分子。怎么会跟我们合作？我说我们可以暂时不要台湾，过一百年再去管他。对世事不要太急，有什么好急的呢？那只不过是个千把万人口的小岛罢了。"

基辛格回应：我们不能马上切断和台湾的关系，原因是和国内情势有关。毛在大笑中说，我们对香港也不急，也不会去碰澳门。赫鲁晓夫骂过我，连香港澳门都不要……我跟日本人说过，我们不只赞同你们归还北方四岛，而且，我们还要求"苏联（归还）历史上自中国割去的 150 万平方公里土地。"（《毛泽东年谱》没有刊出这段不利统战的话）

中华民国政府始终不愿臣服于中共皇统，就是因为看透一个血腥专制的政权，不会放弃内战没有得到的战果。毛在 1975 年和基辛格又谈到台湾问题："美国在苏联拿不到东西，但在中国能拿到台湾"。老基不服。说美国拥有台湾，是根据毛主席说的"一百年"后再解决台湾问题。毛接着说了一段话，犹如给台湾"预测天命"，也是他对台湾问题的最后指示：

> 台湾最好在你们手里。要是你现在把台湾还给我，我也不要。因为现在要不得。现在那里反革命分子太多了。一百年以后，我们就会要了（做手势）打仗也得要。（基辛格：不用一百年）好难讲。五年、十年、二十年、一百年。实在难说得很。（指着天花板）等到我上天堂去见上帝，我要同祂讲，现在台湾由美国代管还比较好。

毛这样给台湾算命，显出一番无奈：台湾人严重的反抗，不如暂由美国代管。中共当局数十年来，不敢引用毛的这段对台遗言。

5. 周恩来横遭批斗，邓小平外交惨遭打脸

毛无疑自恃有共产皇帝的绝对权力和傲慢，在与美国政客交往中，不仅信口雌黄、胡说八道，而且说一些轻狂无聊的话，一会儿女

人、一会儿战争；例如"假如苏联丢个炸弹炸死所有三十岁以上的中国人，就解决难学中文的问题了"。往往连周恩来都觉得乏味，一旁窃笑。对毛的一意孤行，盟友越南、阿尔巴尼亚也离心离德。早不满中苏论战；欧洲反修"明灯"霍查更指责中美合作，抨击毛的三个世界划分。强烈反毛的"霍查主义"更在欧美左派中风行。中共内部也深藏反对中美结盟者，包括林彪父子。【注3】

基辛格 1973 年 11 月到访，出现一个重大意外。导致周恩来的外事权被剥夺，并遭到长达十余天的残酷批斗，1974 年初，外事权被邓小平所替代。中共讳于周恩来在国内外的影响力，这场党国丑闻，长期封锁、保密。

鉴于中苏珍宝岛之战和苏联意图袭击中国核基地的传闻，毛向基辛格表示，我们"有仇必报"……基辛格向周恩来提出互设"热线"的建议，以备战预警。说美国几分钟内就可将消息传给你们。我们可以签约秘密操作，"避人耳目、暗地里做得比日本苏联的热线更好。"周表示理解。

不料，周恩来为此遭到内部攻击。称未能事先请示毛，就答复美方："双方继续交换意见。"毛批周："被苏联原子弹吓破了胆，擅自接受美国的核保护伞"——政治局旋即召开会议十多天，由江青狂热领头"批判周恩来在外交路线上的右倾投降主义"，并传毛旨："周对苏联怕得不得了，如果他们打进来，他要当苏联人的儿皇帝"。周忍气吞声、自我丑化，接受批判。顿时，这位世界政治红星，成为孤立的罪人。周不吃饭，不刮脸，形容难看。写交代，手发抖，甚至当众流泪……

毛见状，乃叫停"可以了。"毛借批周观察邓小平。邓作"诛心之论"，毛悦之。命邓接手中美外交。1974 年周恩来、尼克松相继贬黜下台，"联美反苏"败象毕露。周遭此无妄之灾，健康更恶化。中共外交界张闻天、王稼祥一派，在中苏分歧、和平共处问题上，和毛的暴力革命存在岐见。都遭毛帮打压与清洗，外交系统对世界趋势完全失去判断能力。中共资深外交家何方先生（1922-2017），晚年著作对毛外交有透彻的反思和批判。同情周恩来评美苏反核协议。毛阅后大骂："放屁一通！""凡是这类屁文件，我照例不看，总理讲话也在内。"但周对此类圣旨，向来只是逆来顺受，甚至唾面自干。

正如傅建中先生语，**邓接手外交**"反苏情绪强烈超过毛泽东周恩来"，他不时重复毛的粗俗言词，基辛格指"美中关系是建立在中共对苏联的恐惧和仇恨之上"，视邓为"二品官"。邓1974年亮相于纽约，开腔即骂：苏美所有关于核武的条约，都包藏苏联的祸心！骂欧安会是"希特勒慕尼黑协议式的姑息主义"。"中国人天不怕地不怕，不向任何人求恩惠。我们靠深挖洞，小米加步枪来应付所有国内问题和国际问题。"

基辛格听到邓这番话，即予驳斥："一个每年花费 1100 亿美元在国防上的国家，不可能追求慕尼黑精神的。"美国组织北约，正是为了阻挡苏联伸出魔掌……"我们不反对你们公开反苏，这大体正确，甚至有益。但是，你们公开指责我们背叛盟友、鼓吹战争，就不可接受了。"邓以反苏的警犬恶语，攻击美苏缓和，惨遭基辛格打脸。文革后复出，成为不可一世的统治者，长达二十年。邓一手拜金，一手保毛；武力侵越，镇压民主，比刘周更勇、敢打敢冲。

6. 煽动美苏核子战争，诽谤赫尔辛基共识

尼克松因水门案的犯行，终于在 1974 年 8 月 8 日，被迫辞职。美国选民如愿以偿。但对毛却是一大挫败。他怕失去反苏统帅酿成战略恐慌。基辛格是白宫留任的唯一尼派传人。一月后，福特特赦尼克松！赦免"已经犯有的罪行和可能还有的罪行"。引起社会极大愤怒，民调大跌。中共外交官却异常活跃于华府上下，向福特施压，"打捞"尼克松。

毛对尼克松有贱鄙的知遇之情。西方某些政客、学者，1970 年代竟被中共文革统战外交所蒙骗。尼克松从 1950 年代狂热的反共主义，变成一名毛的崇拜者。基辛格十五岁从纳粹德国逃亡美国，竟成为中共极权主义的帮凶，迷恋实力哲学超过其均势理论。不惜在与共

会谈中泄漏国家机密，迎合毛共反苏的偏执，甚至鼓动战争，实际上成为"毛在白宫的代理人"。

1975 年，毛周健康恶化，高层权争激烈。12 月福特总统造访北京。毛看到福特和勃烈日涅夫热情合影的照片，甚为不快。竟由邓出面正告福特："'缓和'是花言巧语，不要想念勃烈日涅夫"。因此，福特晋见毛一副媚态，毛骂苏联"是社会主义的帝国主义者。"——"联美反苏"至此，从尼克松到福特两任总统，前后五年，贯穿的戏脉就是一位天朝老皇帝的战争梦幻，一步步走向破灭。

毛请来美国当反苏后台。每次会面都高谈打仗经……"我们诱敌深入而歼之：让他们先攻占北京、天津、武汉与上海……"老基乐于奉陪，曾向邓小平大摆美国武力，邓听得一头傻呆。对毛也称"只要苏联敢动欧洲一根寒毛，我们一定用核子武器伺侯他。"

中美结盟的敌方，苏联如何？勃烈日涅夫继续赫鲁晓夫的"三和政策"。尼克松赴北京后三个月，即访问莫斯科，和苏方签订反导弹条约等九个文件，1973 年勃访问美国，签订防止核战争协议，明定防止双方及一方和别国爆发核战争，老勃且告诫尼克松不要和中国签订任何军事协定。周恩来闻讯大嫉，怒斥"美苏主宰世界"。苏美大国外交没有因中美结盟，而弱化冷战的"缓和"。相反，其进展及影响力远远超过在北京吃烤鸭和密室偷情的口水战。

其实，欧洲和平早是欧洲各国，战后共同关切的大目标，岂容外人挑拨离间。1975 年 8 月，欧安 OSCE 的 33 个成员国和美国加拿大，在芬兰签署**"赫尔辛基协议"**，是欧安划时代的进展。苏共政策响亮提出："拯救人类文明，免遭核毁灭，高于任何阶级意识形态和物质利益。"并强调不搞"秘密外交"。对于二十大和平外交总路线有自信。1976 年苏共 25 大藐视中共战略："实质上已成为帝国主义反社会主义的一个重要后备军"。美国法律明订随意与外国政府交往有关战争，影响或损害美国政府，均视为犯罪。基辛格同中共合谋"发动核武攻击苏联"情事，显然有犯罪之嫌。

毛的好战言论从 1957 年在莫斯科高谈"核战不可怕"以来，无人可以约束他，国内党内包括周恩来都是"逢君之恶"。毛多次对外宾鼓吹苏联进攻、挑拨战争，已记录在案（《毛年谱》最后两年，会见外宾政要不下三十余国，动辄放言："现在到处讲和平、讲缓和，就是怕战争"）。晚年已经严重失去正常生理功能的毛，其状态，如傅建中所描述：

> 在和福特会谈中，"可以看出毛晚年的无奈和他那几乎病态的反苏情绪。拉住美国不仅可以为己壮胆，也可以对美国大骂苏联，以泄心头之恨。这时的毛，真像一头受了伤的野兽，连威都发不起来。不知真相的外面世界，仍视他为可怕的庞然巨物。"

"赫尔辛基宣言"浩浩荡荡迄今五十年来，不仅建构欧安共同体，终结两极对抗，而且，为国际人权组织、苏联异议运动、团结工会、七七宪章……提供法理依据。人权成为广泛的外交工具，赫尔辛基，功不可没。

7. 众神末日，毛滥情秘邀尼克松来作秀

福特总统（共和党）执政两年四个月（1974—1976 年）是中国"众神的末日"，康生、周恩来、朱德、毛泽东在 1976 年先后逝世，江青四人帮一网成擒，做了秦城新犯。毛 1976 年已是行将入土的孤家寡人。但他控制权力、反苏的意志并未松懈。美国水门事件被起诉的官员被定罪者达数十位。台湾虽然退出联合国，但与美国正常的外交往来依旧，官方高层交往频繁。1975 年 4 月，蒋介石病逝，副总统洛克菲勒赴台、福特总统表示友台、支持台湾军售……

美国 1976 年大势难堪，尼克松下台被福免罪后，活动频繁；中共联络处黄镇，上串下联。基辛格的白宫权势更大……渗透美国政界，正是毛泽东梦想"打捞尼克松"好时机：1975 年除夕，毛邀请尼克松女儿朱莉和女婿戴维来访。毛不顾颜面对尼克松滥情拉拢，对朱莉说："我想念他。……这句话可以登报！"。中共媒体隐瞒四十年

才报导，但删去"我想念他。可以登报"这句话，而对大肆宣传的毛语录："八亿人，不斗行吗？"（也附加一句"我们不杀人"）。毛听说美国有人强烈要求审判尼克松，立即来火："好，我马上邀请他来中国访问。马上！"美国人哪能想象中国流氓皇帝的喜怒无常？【注4】

1976 年 2 月毛特派专机接尼克松来北京。中共对此事极为隐密，封锁至少三十年。例如中文大学"国史"之八、哈佛教授潘佐夫毛传、麦克法夸尔《毛泽东最后的革命》、杨继绳文革史《天地翻覆》——皆对这件事只字不提。中共出版物，多年后才部分公开。西方对此事作出历史评述的只见两位闻名的毛泽东研究专家：英国作家张戎和美国教授谭若思（Ross Terrill）。谭问道：如果白宫邀请下台的刘少奇去美国作一次访问，毛有什么想法？这场肉麻当有趣的**《鬼魂西行》**（美国富豪去英国买古堡的喜剧电影）"——尼克松 21 日夜秘抵北京。三百高干伫立接机，重演四年前的虚荣：下榻 18 号国宾馆、国宴十道菜如旧……伟大的共产党令丑闻下台的总统重享昔日皇式的礼遇。这位无耻的政客竟以美国代表的口吻发言，得意忘形。《华盛顿邮报》评这位已被法律抛弃的中国老朋友："一半自我膨胀、一半屈膝叩头。外交上搬弄是非，使人误会美国更加亲华反苏。"

此时的毛泽东，已严重中风，"震撼性的麻痹，动作已经全面僵化"。不能发声，全靠纸条，会见他崇拜的"伟大总统"，折腾一小时半。毛留下临终交代："和平是你们唯一的目标吗？"——尼克松回国后推崇毛"已经战斗到最后一息"。他的图书馆特制毛雕塑，以谢帝宠之恩。可见尼克松被染红，已不是客套，是一个政客被收买的卑鄙谄媚。这场中国功夫的大秀（show）也足显**美国政治的庸俗化。**

福特总统在电视面前看得目瞪口呆。他不明白毛竟用这样魔幻式的方式来干预美国大选，为尼克松报一箭之仇。民主党卡特击败福特，当选总统，随之，美国与中共正式建交。这场闹剧和中共扶持西哈努克、波尔布特政治丑类如出一辙。公然损辱白宫尊严，实在是令人发指。然而华府对事件只声明一句，是尼克松的"个人行为"。"联美反苏"到此已是曲终人散。

尼克松如此放肆和一个独裁政权朋比为奸，无异于破坏越战停火，是又一次叛国行为。对后来中共大举侵犯越南，负有先导之罪。毛这场混世魔王的表演。在过去数十年的今天，竟被大陆官媒称为"神来之笔"！四人帮欢呼美国做"反修联军总司令"；邓小平去美国禀告卡特：反霸统战"美国是主要力量"。而中国人已习以为常，敢怒不敢言。

　　【结语】"联美反苏"主场大约五年（1971-1976），造成中美苏"大三角"博弈的假象。实质上仍然是二战后美苏二强主导世界格局的地区性演出。不仅在经济、军力上美苏占据全球控制性优势，政治上同样领导和平竞争的时代潮流，缔造有目共睹的"低荡 detente"。美苏合作更密更具建设性。"联美反苏"成为笑谈。此乃二战后苏联大力超美，致力改革，造就的必然趋势。共产中国，闭关自残。外汇近于零，基辛格要杯咖啡，全北京找不到。如尼克松之女朱莉回忆录所感："北京像一个与世隔绝的中世纪农场"。

　　毛主导"联美反苏"的功罪，中共当局迄今不置一评。【注5】沉醉在世界红太阳的光芒中，捞一把"三国鼎立"的江湖面子——尽出于毛对国际与时代的抗拒与无知，以为拉大旗作虎皮，可以再次占山为王。会谈中毛没有一句斯文话，一派"虎气加猴气"的草莽信口狂言。【注6】殊不知西方权力来源，不容得白宫尼基拍档玩到死。尼克松浪得虚荣、基辛格九十次飞大陆，连骗带捞，老滑如贼，岂能看不透毛的山寨野心？邓去联合国推销"三个世界"，众小兄弟也不爽，死党**霍查**出面，对毛恶攻：要"统治全世界，奴役全人类"；林彪之子林立果也骂基辛格"小流氓"。乔冠华等期待落幕而已。

　　事后，美国促成中共入联、与台断交，严重侵犯台湾中华民国的权利。这两件大事，都与"联美反苏"有关。苏联和台湾，成为中美结盟的箭靶和祭品。却完全无助于中国走向开放、现代化，相反，给文革浩劫加油打气，脸上贴金，至少五年。对比 1933 年苏美建交，不可同日而语。

　　本文不掩对"联美反苏"事件的厌恶，诚盼从事中美关系研究者，从时代风云变幻中得到一点启示。

2023 初稿，2025-5 修订

注释：

【注 1】毛辱骂苏联二战，见傅建中编著《季辛吉秘录》123 页，1973 年 2 月 17 日毛与季会谈。

【注 2】黄华，1913-2010，河北磁县人，燕京大学毕业。曾秘密陪同史诺采访延安，中文翻译。任中共外交部长、副总理。

【注 3】霍查，1908-1985，阿尔巴尼亚劳动党领袖、部长会议主席，掌权长达 40 年。曾入读欧洲大学。其霍查主义在苏中影响下保持高度独立性批判性，在发展中国家影响至今。他通晓法俄英多种语言，出版文集 70 卷。在苏东变色中，霍查个人崇拜与专政亦倒台。耿飚曾揭露中共对阿国之外援，遭到遗弃如垃圾之状。

【注 4】朱莉，1948- ，理查德德·尼克松前总统之女，作家、编辑。1965 年与丈夫艾森豪威尔威尔之孙戴维访问中国，毛泽东接见，谈"八亿人，不斗行吗？"等。1966 年出版回忆录，对亲见之毛与中国现状，有独到而细腻的观察和质疑。

【注 5】六中决议，1981 年 6 月，中共中央 11 届六中全会，通过建国以来历史问题决议。是对毛泽东与文革全面评价的官方权威文件。长达 35000 字，党八股堆积。关于占据文革五年时间的联美反苏战略，无一字面对，仅有一句敷衍"对外工作也打开了新局面"，不知难言何处？

【注 6】1966 年 7 月，毛泽东在武汉给江青一封信，隐晦地指全球共产退潮，右派得势，文革要七八年来一次，他被吹捧而上了梁山。山中无老虎，猴子称大王。他自称身上虎气为主、猴气为次。他准备粉身碎骨的。

第三章

浩 劫

11. 文革"红八月"：857 名死魂灵

【作者按：本文是《开放杂志》2016 年转载北京学者姚监复先生报导的前言。十多年来这单确凿的奇闻，没有获得应有的关注——1985 年，北京工商银行发布一份 857 名文革前的老存户名单，希望他们或亲友前来认领他们的存款。直到最近 2022 年夏天，在中文 Facebook 上还有人将此文贴出，寻找那八百多个生灵。过去 37 年，据说只有 1 人认领，其余 856 人没有丝毫声音……死魂灵是 19 世纪 30 年代俄国作家果戈里小说《死魂灵》中描绘的死去的农奴。红卫兵 1966 年战报称"打死 1772 人"，新史料显示，红色恐怖中被红卫兵打死的人，是 10275 人。】

五十年前的这几天，1966 年北京一片腥风血雨。红卫兵在毛泽东八一八阅兵式接见的鼓舞下，耀武扬威，红色恐怖疯狂肆虐，"横扫一切牛鬼蛇神"。每天打死人上百位数，最高一天打死 228 人。在红卫兵"红八月"战绩报告上列明阶级敌人被"打死 1772 人，没收私房 52 万间"。被斗被打者不计其数。他们是老师、校长、作家、演员、领导干部、房产主，社会上的"黑五类"。同时，"砸烂旧世界"，大肆捣毁文物古迹……这些野兽般的"革命小将"由高干子弟带头，基本是中学生，包括不少花季少女，他们的凶器不是刀枪，而是铜头皮带加被教唆的仇恨与狂热，活活地打死毫无自卫能力的数以千计的无辜市民。

文革"红八月"的残酷超过希特勒反犹运动的"水晶之夜"，纳粹只是焚烧，红卫兵则是杀人。在一个文明古都，由最高领袖亲自煽动心智尚未成熟的青少年去大规模的杀戮与破坏。这是一场古今中外没有的伤天害理的劫难！是文革罪恶本质的不容争辩的标志。可是，这一幕，在很多文革史著中被忽略，原因之一是当年红卫兵，后来很多都蜕变成新时代的风流人物，他们拥有权势、财富和名气，甚至也有了学问。他们和一代代的统治者合作扭曲历史、掩盖真相、欺骗公众。《开放杂志》三十年在文革评论上从来没有和这帮人妥协过。可以设想打死 1772 人的凶手应不少于 5000 人。至今无一红卫兵就具体血案认账、道歉。

红八月未予清算，不仅为文革连串大屠杀开路，而且流毒至今。中共仍然将毛这头嗜血暴君供在神台，继续将整个国家放在暴力控制之上，纵容权贵家族巧取豪夺，对民间依法维权肆意打压，造成社会戾气泛滥，危机四伏。最近网上不断传出公安暴虐执法、女学生围殴的视频，看得触目惊心：是不是中国摆脱专制实现民主，还得有一场大流血？希望中国知识界不要沉默。

为纪念红八月的死者，特将《开放杂志》2008 年 12 月独家发表的北京姚监复先生的文章，贴录于下。文章揭露 1985 年北京市工商银行发布的一份 857 位存户名单，文革过去五十年，这八百多人无踪影，甚至也没有亲友来银行代为认领！原因大家可以想象。现在，不知道这批存折状况如何？857 人姓名全部在列，是否海外有相关的北京移民，可以找到自己的亲属？（2016-8-25 纽约）

姚监复文章：红卫兵罪证，857 人失踪名单

1985 年 5 月 26 日《北京日报》刊登了一份"文革期间收存的存单存折户名"。这个名单以北京市工商银行名义发布。这是一份浸透了血与泪的文革受难者的名单，每一个名字后面都埋藏着 1966 年红八月红卫兵抄家的悲惨故事。中国的北京市工商银行的公告强调，这是"经过多年陆续清退，目前尚有 857 件未被人认领。"这就是说 857 位受难者的命运可能是很悲惨的、极为不幸的。因为从 1966 年 8 月到 1985 年，这 857 位被红卫兵抄家的存户不到银行挂失、取款，说明血与泪、恐惧与危险吓坏了他们，更可能是在抄家时，红卫兵不仅抄了存折而且用铜头皮带和钢鞭索取了他（她）们的生命，因此，这

些存折成了无人认领的财物。

　　工商银行要求"希以上存户见报后，办理认领手续"，但是被红卫兵夺走了生命的受难者永远无法领回被红卫兵抄走的存折了！这857位名单中有一位"贺定华"，正是我母亲的名字，也是王友琴教授在《文革受难者》一书名单中列入的贺定华。我妹妹姚蜀平在《儿女祭》（载于《思痛母亲》一书，已上网）一文中，以血与泪记述了贺定华被红卫兵抄家、活活打死的惨状和过程。我想存折"多年清退，无人认领"的事实，857位被抄家的受难者名单中的贺定华是惨死于红卫兵鞭下的事实，证明857位受难者中可能不少人也是同样悲惨地离开人世的。

　　我郑重建议，史学家对这个名单认真调查研究，学习王友琴博士认真调查、编写出《文革死难者》的研究方法，再编出《857位文革受难者》的书来。其目的是证明红卫兵是犯了罪的，不应是"无怨无悔"、自以为是"人民文革"中的正义行动。红卫兵打死好人、抢走存折为什么是革命行动？为什么良心一生平静无怨无悔？……

　　（注：王友琴著《文革受难者》2004年开放出版社中文版。2023年英国伦敦出版英文版，译者Stacy Mosher毛雪萍）

写于2008年11月7～15日

　　【下面是姚监复2008年12月在《开放杂志》发表的——"1966年工商银行北京市七个分区存户名单"（繁体字）】

崇文區

劉玉泉	張文寬	李玉敏	王志玉	胡景文	王洪玉	李淑雲	王尚文	瞿廣文
鄧潔清	姜玉昆	徐萬源	李淑貞	程錦惠	周夢珠	王儀貞	趙梅玲	孟鞠生
于國水	劉金橋	汪仲賞	李翠蘭	李惠亭	王玉才	劉淑琴	其他部份	陶大慶
宋淑媛	齊清印	張寶軍	耿郭氏	包菊英	候俊冊	郭新國	薛湜	汪仲雲
劉肇馨	李瑞己	賈蘭堂	任東順	鄭芳葆	尹立榮	馬儀賢	孟昭富	周志純
曹淑珍	譚新志	趙玉芝	白敏生	蘭桂珍	宋宴亭	陸蘭淑	盧振岭	楊正平
劉淑珍	周學亭	黎桂英	楊正林	王儀真	張培榮	梁德明	韓淑文	趙奉瑋
富金合	包菊英	王玉中	牛志強	張英甫	許淑媛	劉同生	杜庚群	張濟川

宣武區

高德潤	韓淑琴	王籙存	賈淑敏	張寶蘭	陶鵬年	于寶蘭	夏國亮	于秀英
劉淑蘭	蔣志明	武冠芬	李紅	梁王氏	任克之	任新芬	蕭東周	高開益
王金桂	韓芝三	左右明	金榮奎	候湘岩	計素敏	趙俊秀	馬英芹	楊銘生
薛宗亨	于玉冊	王坤	張慶森	李玉珍	李權振	刁和平	李應賢	李玉翠
冷寶興	邢元助	孫瑞祥	金淑賢	劉寬	韓春茂	王秀國	徐桂芬	張鳳文
邢蓮芝	佟玉岩	刁文昌	蘇乃良	潘毅臣	劉福廣	范燕軍	趙宗輅	李淑卿
周琰	張琳	常靜	遼景文	趙貴卿	郝淑哲	魏長明	張梅麗	張冰潔
張玉清	于鳳英	庾允田	郭亙琛	王福	張怡	郝桂林	張憲靈	田永華
于寶華	申鳳蓮	豐廣學	秦玲敏	德記	朱岩	張王氏	李善崇	張亭蘭
魏王氏	徐培卿	武占元	鄭自新	王文成	張秀芝	陳正芳	文彥芝	孫玉英
高鳳彩	碩人	劉國珍	柴壽蘭	孟壽辰	張福俊	馬子明	逢復	周增銘
任克若	王恭潔	岳玉貞	張梅芬	李玉珍	繩玉樹	張淑敏	李善宜	林樹英
王光羽	董秀峰	張永珍	嚴磊	萬孫氏	劉玉聲	王運安	楊明漢	閻崇德
楊智	趙緒周	宋桂田						

海淀區

葉維禎	沈麗笙	蔡世彥	陳秀英	于福春	趙璧蘭	賈德貴

朝陽區

賀素珍	李杜氏	王中一	蘇秀珍	李成	杜惠貞	楊淑遠	傅助奎	張蔭敏
周介壽	宋秀清	李永信	李鴻春	張家善	趙有鳳	王復蘇	王榮	祝山
王秀珍	王頤康	李書桐	孫淑貞	王文范	謝雪紅	李建華	吳庚麟	楊文清
滕鳳祥	白瑾	谷延順	楊繼森	李士瑞	孫金玲	楊克煃	劉志祿	

豐台區

李桂芬	王鳳蘭	袁平	王耀宗	孟憲郡	李桂芝	溫惠敏	白元彬	王慎慶
陳孝先	張壽培	孔繁威	宋李氏	盧彤	陳素蘭	詹永奎	楊蔭堂	李洪澤
張蕐亭	趙文芳	郭玉珍	劉秀貞	趙靜芳	劉文秀			

東城區

馬兆恆	梁富連	冠志九	郭允之	佟茗蘭	俊如	王秀珍	李振英
高寧	杜振杰	馬文闓	王玉如	王道定	賀定華	關俊如	王蕐汀
劉森年	洪緒波	殷應華	李淑貞	景文錦	王寶淑	周秀芬	金汝嫻
黃振英	李卓芹	曹玉林	魏榮峰	吳文良	許茂	郭靜茹	劉廣成
鄧麗華	唐志之	劉廣平	陳秀榮	王夢岩	李明新	陳自祥	王家隆
王聰姑	孝如	石叔誠	張克淑	王慧鋰	尚思榮	田雯	張守勇
李淑珍	馬立武	張瑟若	林潘承冠	楊介眉	玉如	李之琛	魏昭勳
姜麗英	姜英君	劉素琴	李書英	姜麗	劉貴	李靜頤	孫揬
龔連科	盧鼎厚	鐵孟瑜	盧兆麟	程光璽	李淑英	申毓芳	劉定鑾
趙西林	林蕐	李之瑛	經家遷	關鑫	劉棟	韓克	高俊秀
張芝	梁向今	徐傳憲	張永慶	佟國嫻	朱薩北	徐克	徐繼音
王培德	徐惠鈺	趙寶信	岳信增	劉箴言	石玖華	楊皋雲	齊慎夫
王丹	魯植	孫曉如	喬淑琴	郭芷芬	郭？	于達信	宋淑盼
齊鵬	蘇元	趙文玉	張杰宣	郭翰聲	黃亞屏	張雪筠	張淑英
孫清泉	陳玉芳	徐岫薇	張敏芳	劉鍾堯	韓隱	傅玉華	徐同
李亞如	王素范	張廷相	陳弘均	張韻梅	申富行	武振蕐	陳樹芩
齊岳	曹毅清	王文	李庭瑞	劉拱辰	王蕐南	孟滌生	王英
王淑貞	王鳳影	安平	盧錦文	彭楚南	張維漢	馬平平	湯燕瓊
劉容	金昭虹	吳佩珩	劉淑文	徐素珍	張育性	張光裕	吳相華
王毅	張新民	楊愛國	郭淑嫻	王徐延向	呂捷珍	張淑芳	張之恆
曾仲康	時作正	吳頌安	蔡茜英	武玉桂	齊德新	張蛹玉	丁德秋
鍾秉鋒	徐白佳	施慎	王玉容	高桂記	建如	施老太太	

西城區

孫立賢	范希顏	張乃雲	邱鳳珍	張佑蘭	昌淑卿	石聘如	祁如松	黃振寰
孟慶良	趙德湛	趙淑媛	解承錦	張儉	張學敏	臧鳳珍	張竹山	榮蘭芳
田金魁	王玉淑	劉來保	色豐保	王功信	許培基	牛鳳英	王淑雲	姚王佛慈
田瑞之	邢慕曾	魏淑賢	張雅香	王振寰	王鈞	趙金山	劉寶豐	梁思片
鮑笑非	馬文平	楊民	忠怒堂趙	劉陟堂	馬寶琴	劉善政	李淑珍	徐志剛
王平州	梁捷	王明書	孫復興	李芝軒	何菊修	瞿世英	朱冬華	唐惠連
李燚清	唐振綸	張月茹	孫進義	梁瑞潘	王佩芝	谷雲明	石雪惟	張實文
張霽生	張惠茹	周鴻媛	梁志	李澤臨	李砥中	張景蘭	宋文峰	趙秀英
李欽明	魯志偉	李海	程能任	張懿芬	王順存	李書閣	衛惠蓮	常貴堂
張琬春	高枝五	崔華	錢湘綸	周瑞清	張作漢	王桂蘭	趙書萱	王之杰
周寶芬	玉如	苑麗泉	潘陳壁	李時蘇	楊林媛	樂曼雍	劉德瑞	周氏
汪為琪	趙靈真	丁永旭	田真	張鯤圖	石武革	姚彪	申兆松	王安玉
賈明雲	劉富	王德蘭	王英嬌	張崇蓮	唐寬	張玉珍	胡有慶	楊銘怒
寶華林	鄒宏	王潔孫	張桂芝	金瑞林	李玉珂	梁達林	曹鶴立	張徐氏
吳光裕	陳樹棻	孫素芳	高少之	徐志貞	朱德嵩	田志俊	關嘉琪	邱玉貞
崔雲麟	張景芳	張穎升	樂淑珍	龔元南	趙金芳	劉蓋佩	劉桂珍	高友琴
張則民	高素琴	熊宛生	馬秀蘭	陳國禎	趙永賢	林娜	杜佳	王祥雲
李馬氏	郭淑嫻	鄒本正	李柱臣	李秀芬	李達維	劉素蘭	李莉	王陳姐
趙淑英	孟廣仁	張麗華	薛永玲	張金蘭	葉志修	曾筱珺	李文祥	王秀英
連英	陸庭瑞	邢元普	趙淑敏	王新興	紀學曾	王作芩	潘陳壁	張金玉
李珍	王傳文	任榮巽	薊敏如	黃淑英	王青	白雲書	張雅麗	田金奎
楊克難	張應洲	蘇智儀	任起萃	藍淑珍	王玉淑	張蘭雪	馬尚文	樂潤德
張青英	章弘毅	邢效曾	張志敏	張郭氏	王蘊彬	郭韻琴	張本正	林素娟
令嫻	鄭恩祥	劉世珍	王璟	傅德元	劉成章	周彩卿	王文彬	朱靜貞
金宗懿	趙明晨	梁鑄	張世敏	李常欣	鄔士鴻	李鑒遠	周靜方	朱九菊
茹錚	李履琛	王柯	馮玉文	張汝晶	劉躍先	王惠貞	朱仲英	劉鳳坤
蕭麟閣	徐景霞	魏久雪	劉樹蘭	朱葆英	王質敏	王寧	張景菊	吳清全
司華文	劉玉幼	湯月仙	王素英	朱孟莊	劉鏡軒	孟拱辰	李華茗	陳文芳
文芳	錢復基	王孝祖	郭金山	李志剛	華先生	姜大偉	李家璘	張考亭
富學強	郭秀琴	李玢	蘇玉如	王德蘭	李勝芬	楊薔芳	范學曾	李玉敏
馬中和	劉瑞景	王為琬	劉志學	李素琴	于馮氏	馬信山	張清軒	蕭亞光
張瑞琴	馬息廬	李希章	劉韻聲	張敬倫	李令賢	李習夏	王世英	張淑芬
胡范甫	楊海林	張王氏	李淑蘭	張張氏	田雨亭	徐淑芳	田慶斌	支菩茹
張全玉	趙美芝	魏淑勤	張春茹	劉容	于嫻	佟瑞和	慶祥	王怡泉
王惜春	林智儀	王淑芳	郗曼君	季德純	劉玉華	趙慶杰	寧延芳	劉子厚
池韻蘭	高淑芳	張琬青	楊書華	馬瑛	張世煌	徐景露	王麗泉	楊秀珍
李元瑞	楊伯年	李琳珍	劉涉堂	王國芳	李金賢	張振俊	王硯樵	楊淑肪
于濤	鄭祥瑞	高敬澤	劉幼學	王壽增	陳淑慧	王淑仙	張嫺	岳東雲
陳端	振英	劉淑貞	何鏡涵	邢元勳	張瑞泉	劉明志	王發舜	鄒本正
嚴志堅	潘繼武	韓德蓮	劉淑芝	梁青	梁位三	張敬菊	趙金華	張殿榮
陳嘉堅	馬文芳	楊響玉	倪玉麟	趙伯陶	張玉琳	李德榮	相群	康建民
劉志華	吳麗芳	沈亞秀	孫佩蘭	馬孔陽	汪麗庸	粟俊英	鄂王氏	沈修娟
熊海泉	李寶鳳	李玉容	劉元鑫	王慧蘭	董賈氏	楊濟三	苑鶴九	魏君遠
古玉香	金莊菊	張志存	孫以橋	孫治平	王鳳文	王伯聘	張月如	景京
宣佐良	李崇亮	蕭景璠	王桂榮	李雪夏	劉鴻珍	黃坤元		

12.　林彪事件的悲剧探索

【作者按：本文初稿于 2020 年 9 月 13 日"林彪事件"周年日。有"为那遥远蒙古草原的死者祈祷"之意。1971 年 9 月文革副统帅林彪与妻偕子叛逃苏联、机毁人亡的事件爆发时，我尚在昆明，目睹社会产生的巨大震撼。迄今数十年，事件的真相及其涵义，仍处于神秘状态。中共朝野、国内外，众说纷纭，这是中共执政史上最惊人也是最有研究价值的事件。本文依据相关新资料作出探讨。】

大陆"256 号三叉戟"客机 1971 年 9 月 13 日凌晨，坠毁于蒙古温都尔汗，死者是林彪林立果父子、叶群及驾驶员潘景寅等九人。官方对事件作"叛党叛国、投敌灭亡"的正式定性，维持至今。非官方则有种种追索与推论，包括权力斗争、文革内战、阴谋论、军权文革化……的大量解读，富有正面负面的想象力。例如：认为林彪是民族主义者，他不会背叛祖国；"九一三"行动，是林彪被叶群林立果母子挟持出逃；邓小平甚至说驾驶员引发机内打斗而坠毁……[注1]

中共对事件极为尴尬，可想而知。林彪事件是其统治七十年来最大的权力危机：即将成为最高革命领袖的林彪，突然变成最大的反革命、叛国投敌首领，是大丑闻，也是大秘密。因此，实行大规模清洗，严厉封锁林彪走向叛逆之路的真相。共产党誓要人民永远忘记林彪和他的儿子林立果。

中共九大后的文革派与军权派

林彪（1907-1971）是中共打天下的显赫战将，曾在苏联参谋二战并养病。率四野"从东北打到海南"，建国后，1955 年授元帅衔。1969 年被毛泽东钦定为接班人，破例载入中共党章。公认林彪性格孤傲，身体欠佳、有战伤，怕风怕光。他在毛面前绝非周恩来式奴颜卑膝，但也不敢冒犯。从毛家湾林宅可见，林的生活方式、公谊私交，还没有康生、江青那样腐败嚣张，有几分内敛。政治上有低调印象，但关注国事并不弱于彭德怀。既有我行我素，也有"该出手时就出手"的本事。著名记录是：1950 年拒绝挂帅出兵"抗美援朝"；毛在1962 年七千人大会和刘邓路线遭驾不利时，他逆风而行敢于发言为毛解困。继之在毛借"阶级斗争"大反扑之下，推行政治挂帅的军事路线。不顾大饥荒之惨烈，大搞个人崇拜，先于周恩来的《东方红》，出版《毛语录》（这是毛死后唯一被禁的毛书）【注2】和务实派分道扬镳。于是，毛选接班人非他莫属。

在中共严酷的组织思想专制之下，很多人都不能真正表现自我，出现非常广泛的双重人格现象，说假话、两面派，大人物、小百姓，皆难免。1966 年，文革炮响，林彪没有那些文革红人的得势狂妄。"九一三"败亡后抄家，竟发现他是一个儒家"克己复礼"的信奉者，和文革造反精神大异其趣。他在中共九大，要陈伯达起草发展生产力的中央报告，被毛拒绝；文革中唯一被红卫兵活活打死的（煤炭）部长张霖之的遗孀，他接来家中安慰合影（张因被毛钦点"走资派"，而遭狠斗致死）。林彪在 1969 年前已看透毛搞文革依靠的是"上海帮"，他的对策是不许江青一伙插手军队，甚至说："如果他们在军队有市场，就是亡党亡国的开始。"【注3】

毛发动文革依赖江青文革派和林彪军委权力，两派明争暗斗，直到林彪事件发生，尤其是事后几员大将吴法宪、邱会作、黄永胜等的回忆录及相关史家的著作出版，文革高层权力斗争内幕才更为清晰，也为解读林彪事件提供新的史料和视角。他们和决策人物共事，亲历文革风暴的各路曲折是非。叙述朴素，来龙去脉，给人以真实可信感。

庐山陈伯达惨遭凌辱，林彪军系心寒

江青为首的文革派"九大"进入政治局，权势大涨。军方也得势，军权授予**"军委办事组"**，连毛身边的汪东兴也靠近他们。闭幕时，毛泽东引用苏联评论，称中共这次党代会是"军事官僚专政"。毛毫不在乎。因为九大比之 1956 年的八大，中委与政治局中的军干都有大幅度增加。文革派因内亲御用，江青恶名昭彰于"四人帮"，家喻户晓。军队与毛的关系，亦与生俱来，毛口口不离"枪杆子出政权"，全国学习解放军。得宠"三支两军"，以军委办事组侍毛。军权满天下。文革大破一切，毛留下解放军为统治的基石。九大军委办事组位居毛林之下，成员皆林系。称其为"军权派"，恰如其分。

文革高层两派较量，终于在 1970 年庐山九届二中全会上摊牌。庐山真是一座魔山啊！1959 年彭德怀在庐山因为批评大跃进，被毛打倒，连带一个欲加之罪的"反党集团"；这次则以陈伯达搞"天才语录"，被打倒，争斗延至九一三事件林彪逃亡，成为文革兴亡的分水岭。这次的引信是，毛独违众议，任性反对宪法设国家主席。而林的超人气，敢于批评受毛宠的张春桥。引发与会者对文革派的厌恶。各分组连续发泄不满"中央文革"和造反派。陈伯达也斥责"笔杆子压枪杆子"。甚至有人提出要"抓人"，这是军方对中央文革的挑战，毛即出面保驾。情节极为精彩。

毛下令停止开会。汪东兴向军系报信：说文革派急了。江青带着张春桥、姚文元向毛主席告状说："我带春桥、文元来见你一面。他们快死了。真正拥护文化大革命的人你要保呀。他们表面针对春桥和我，实际上是针对你来的。现在各小组都有刘少奇的阴魂。"汪还说，张、姚见到主席，立即下跪，一人抱住毛一条大腿痛哭，把毛的裤子都哭湿了……【注4】

毛随即召集政治局扩大会议，江青、康生、张春桥得意复活。毛决定拿陈伯达开刀扬尸，布置对陈的批判，指他上了"军事俱乐部"、背叛文革。搞"天才语录"欺骗人。毛孤立林彪。发表〈我的一点意见〉：宣判陈伯达政治死刑：是托派、叛徒、国民党特务。并称和陈伯达共事三十年，你阴一套阳一套，我们从来没有配合过……接着勒令军委办事组黄、吴、李、邱，加叶群每人检讨，全军开展"批陈整风"，大煞军系威风，让林彪没有面子。

林彪看透这次会议，毛不顾一切藐视法制、反对设国家主席；自己不当，也不让别人当（林彪并不想当）。横行霸道，真意实在防止林彪取得国务更大权位。毛忌讳出现"刘少奇第二"的噩梦【注5】。最后众人闭嘴，竟在新宪法序言中给毛"伟大领袖""伟大统帅"地位外，另加一个吓人的头衔"无产阶级**专政元首**"！这希特勒特用的"元首"，让毛替代国家主席的民意（修宪也一样胡来，原宪法 106 条九千字，修为 30 条四千字！）林彪作为国家职位，只是总理下的国防部长。

林立果和父母寻找反抗出路

和父亲一道出席庐山会议的林立果（1945-1971 小名"老虎"），亲眼看到高层政治斗争（整陈伯达）如此残酷，十分震惊。使他对毛的专制独裁，极为不满。不难想象这位有特权智商兼理想主义的二十五岁青年，目睹一个极权高能加速器中心，怎样将一位自幼敬仰的理论家绞成肉酱——会产生何等心灵的颤抖。二中全会后，林立果和他组织的"小舰队"加速对付毛的策划。誓以"武装起义"刺杀毛（代号 B-52），1971 年 3 月完成行动计划 **《五七一工程纪要》**。——这个文件是林立果在上海召集"小舰队"几位核心成员讨论而成，由于新野记录下来。内容包括对国内政治社会情势分析、特别突出对毛泽东独裁暴政的愤怒，以及发动起义的条件与实施要点，包括具体的部队编列和军队高干姓名等等。

这份经几年努力的计划，其反共反毛描述之精到有力、深入系统，对全局实况之把握，文字成熟、视死如归……据反应，在北京党内传达时，大堂鸦雀无声。无不认为此件句句是民意。在文件下达时，有个插曲：以周恩来为首之高干，坚拒公开此件，意指其太"反动"……，但毛坚决要公开，他不怕。（按：毛之心理向来自大狂，不见棺材不落泪，深信中国人服管、怕死。二十年来，何曾有过真正的开放言禁？对不少人而言，纪要当然是一份启蒙教材。）

值得一问的应是，**林立果**处在那样优越的共党高干家庭，年轻、入世未深，何以对国家社会问题认识如此深广？并具有嫉恶如仇的批判意识？其智勇与父母无关？林立果是北大物理系学生，文革进入空军，受到重用。他自称有权调动飞机，甚至说可以买小型原子弹炸中南海。小舰队不过三五知友……立果是天纵奇才，还是以天下为己任的名门之子？遗憾的是，今人可以仰望谭嗣同，却无心思小虎。无独有偶吧，五七一纪要之后两个月，林彪也有一纸被留下来：【注6】

5 月 23 日，林彪口授一封给毛泽东的长信。提出对顶层高干（政治局委员和大军区司令政委），十年内实行"四不"做法。即不逮捕、不关押、不杀、不撤职。而且要将此决定转达给各大城市卫戍部队每个士兵，要他们不得执行对上述人员捉人、关人、杀人的乱命……林彪坦承此信之主张，是因这次批陈整风，有的同志担心安全问题，感到忧虑而慎重提出来的。【注7】

这封信和五七一工程纪要，有力的证实：林彪父子已经深深地感到陷入毛统治之下的恐惧，在寻找反抗和出路。"九一三"事件，最重要的争论莫过于夜航外逃的起因。经过约四十年的各种目击者、参与者的回忆挖掘和实证积累，已有若干共识：

之一、林家三口仓皇出逃的主因，是看透毛极可能在即将召开的三中全会出击，以举手之劳，像二中全会整肃陈伯达一样置林彪死地，叶群最敏感。

之二、林立果五七一工程刺毛计划，林彪知情未上马。计划失败，加上毛南巡情报，北戴河危在旦夕。出逃苏修乃是林彪父子与叶群一致的抉择。

之三、无论出逃还是刺毛，居高度风险，林彪夫妇与儿子采取严格保密的谋略，不牵连"军委办事组"。没有证据显示黄、吴、李、邱参与事件。

实行兵营式共产主义，一再失败

留有几个议题值得讨论。

第一、**军队文革化**。本文依然站在历史的主流立场——否定毛泽东发动的文化大革命，同情林彪最后的牺牲。中共 1981 年历史决议说："文革不是也不可能是任何意义上的革命或社会进步"。林彪叛逃——不仅宣告文革的破产和失败，也是对毛主义及其体制的一次根本性的颠覆。毛的神化成为民间笑谈，接班制、党天下无异于封建复辟，人人心里明白。很多单位已出现怠工的无政府状态。知青下乡、五七干校、革委会……都靠遍布全国的"三支两军"维持。这都是笔者亲见的事实。

但"军队与文革"一课何以成为冷门？那是因为文革的斗争目标是"封资修、帝修反"，而解放军一直被鼓吹为英雄辈出的子弟兵，更因为毛的"枪杆子理论"，早已成为党国意识形态压倒一切的教条。解放军也就成为法定的最大特权集团、最有实力的政治力量。文革天下大乱、唯军队中流砥柱。"军队文革化"或称为"军权文革化"现象由此而生。当各省市、各部委被造反夺权后，权力被军官所替代。国务院四十八个衙门，四十五个被军管……中央权力政治局、中央委员会，则早被毛钦点的军人所控制。在"拥军爱民"传统的基层，"**三支两军**"已将军刀插遍全国城乡。命令军队："支持左派、支持工人、支持农民、军事管制、军事训练。"全国有近万个机构被军管和派驻军，动员的官兵达二百八十万人——

这是公然违宪的以军代党、以军代政的"军事官僚专政"。江青在和军权派抗争时，也说："蒋介石搞了一个党国，我们现在也搞了一个军党、军国。"【注 8】加上珍宝岛边界冲突后的战备疏散、挖防空洞……今天的读者，恐怕会问：文革到底在玩什么游戏？从高层到底层，到处是在军队和小红书挥舞下的："八亿人，不斗行吗？"和包括台湾在内的现代民主国家必备的原则"军队国家化"，风马牛不相及。

对此，还有一个演绎：毛的"**五七指示**"，被大张旗鼓吹捧。那是毛 1966 年给林彪的一封信，趁文革兵兴，欲重演 1959 年的人民公社，将军队变成"大学校"，联合全国军民、学生、各行业的"理想社会"模式。实即毛思想统领的"军事化的大兵营"。1968 年起正式以"五七干校"之名，数百个干校便成为下放各级干部、知识分子的农场。实行变相的劳改营。直到林彪事件后，得以解散。

殊不知这是百年前的垃圾：无政府主义的"兵营共产主义"（巴枯宁设想的未来社会"由劳动组合的公共食堂、公共寝室，道路交通都被控制，只有一条出路：劳动或死亡……"马克思说这是"粗暴专制的原始的集体主义"。——遗憾的是中国的山大王，1958 年试过一次，饿死几千万人，不过瘾。文革又来搞"上海公社"，恣意妄为十八天，完全行不通，被迫改为革命委员会。"三支两军"根本不堪统治一个如此落后又复杂的国家的使命。有人说军党体制，是毛泽东的"乌托邦"作怪，为了他的文革理想，他宁可不要宪法、不要社会常规，经济民生靠边站，国家变成绞肉机。他也不在乎暴君之名，甚至牺牲那支为他打天下的军队——林彪案清洗的将级军官达三百余人、军内自残记录也不少。所以，无论军队在文革中对造反派、四人帮有过多少制衡作用，整体而言仍然是毛的专政工具，和一场浩劫的遮羞布。

投奔苏联修正主义如晴天霹雳

第二、**投奔苏修**。在有关九一三林彪事件的研究中，对林彪夜航投奔目标是苏联，这一点，被有意无意地加以回避，或一笔带过。其实，投奔苏联，正是事件的焦点，内涵深为毛泽东所忌。事实是，林立衡（小名豆豆）向中央作的关于林彪出逃的见证中，至少九次提到"跑苏修""逃苏修"，包括她和林立果 9 月 7 日-12 日的多次谈话。她这份材料写于 1971 年 10 月，硝烟未尽，可信性备受重视。因此，所谓飞广州搞政变，不过是转移视线而已。从飞行图也可见：坠机处温都尔汗正在山海关～伊尔库茨克直线上，256 座机已完成 60%的航程。

确认林彪是投奔苏联，具有评价文革和毛共统治的政治意义。毛在广为人知的"临终谈话"中，说他一生两件事，打败国民党和发动文革。遗憾文革是"反对的多，赞成的少"——从 1953 年斯大林逝世（或延安整风）以来，毛泽东处心积虑和苏共的自由化与西方缓和政策背道而驰，走专制独裁道路，直到文革天怒人怨，无人敢言不。这正是中共政治越走越黑的一条反动路线。

1971 年，正是庆祝文革胜利，也是反修高潮时。"九一三"一声霹雳（有如纽约 911 袭击，文革大厦轰然倒地），而以身殉道的，是副统帅林彪，备受反修之害的人，都知道这是非常极端的事！反修反苏是国策，也是文革的主动脉，延续到邓小平 1989 年（邓不得不对戈巴乔夫承认反修都是一些"空话"）。

林彪对文革发动、吹捧毛负有重大责任，但现在他以一家三口的生命，表示对反修反苏的抗议，显示一定的历史勇毅。九一三事件的内核，是毛已决计抛弃林，林也决计背叛毛和毛的主义，势不两立。我想摘引毛林会见齐奥塞斯库（罗马尼亚总统）率领的罗马利亚代表团的情景。周等在座。这是林彪最后一次见到毛。时在 1971 年 6 月 3 日，齐氏再次劝和两党，说中苏都应该改正。

> 毛回答：我们不改，"教条主义"一直坚持下去。永远不改，一万年不改！柯西金来了一趟，减少一千年；你们罗马尼亚波德纳拉希来一下，减少一千年。一下就是二千年，现在不过剩下八千年了。（齐问：还可以减少一些吧？）

> 毛回答：一年都不减了！你拉屎到我头上，我要还敬。小国不在内，一句话不讲，可以。大国啊，不买它的帐！谁人作说客也说不动我们，越说关系越不好！我们都是军阀、官僚啊，在这里叛变了马列主义啊，毫无资格参加那个"大家庭"。……我们不多不少，八千年（伸出八个手指）大家听着啊，不减了！

摘录这段对话，可以看到毛对苏已怀有不共戴天之恨，已到撕破脸地步。竟使用"头上拉屎"这样流痞的粗话。从建党到"一五计划"之苏援国人昭昭，然留苏派在文革中被赶尽杀绝。毛之蛮横寡恩，动辄以欺诈恐吓对待不同意见。这段话说给罗马尼亚多年友党领袖听，实在是放肆妄为。故《毛年谱》不敢录，全删去。

　　毛这套流氓政治陋习，林彪不陌生。当时搞疏散，林彪起草"一号命令"，周恩来等都圈过，送毛阅，毛见是林彪来件，二话不说，亲自点燃火柴烧掉。众人闻之诧异无语。林彪事件后直到毛死去，这后五年，除了庇护四人帮、力拱江青掌党权，就是经营一笔"联美反苏"出卖台湾的投机生意。毛之反苏偏执狂热到邪恶地步，远离时代文明，全党竟为之胁从，林彪内心应有刻骨铭心的感受！

　　林彪伴君如伴虎。对毛已经完全绝望。刺毛行动，虽由自称司令官康曼德的儿子林立果主其事，他亦知情。最后时刻，林彪在北戴河见周宇驰，也有"一家人托福你了"之语【注9】他毅然和家人登机共命运。但是当局专案处理，将父与子分割，让林彪不参与刺毛案情：估计都是周恩来的手艺。毛山大王做皇帝，天生和洋学生死对头，不搞现代化，迷信土法上马。连周恩来奉旨外交，也被骂要当"苏联的儿皇帝"。可以查一查，中苏分歧哪一单不是毛在瞎抬杠、耍无赖？《九评》就是邪教标本……

　　因此，林彪叛逃苏联，不只是权力斗争失败，而是昭示中共党内有不容低估的修正主义思潮，他们认同苏共路线。只是在毛的死心眼反苏高压之下（包括将彭德怀、刘少奇置于死地），他们不能有丝毫暴露，毛是绝对要堵死林彪的联苏之路的。林死后，他那句话："感谢林彪帮了我一个大忙"——言下之意很清楚【注10】：一则如果没有"九一三"夜奔，留着林彪，搞掉他，绝不是小事；二则如果逃苏成功，岂不也是很大的麻烦。林彪不是王明瞿秋白一类失意政客，他是接班人、元帅、战神，以其影响力便是非同小可！可以设想，林彪抵达伊尔库茨克后，其联苏景象，虽比不上接踵而至的尼克松访华之风光，但也将不失一场对台戏。至少有他的观众……

林立果：长眠温都尔汗的弄潮儿

　　最后，不能不说的是，林立果及其"小舰队"发动武装起义的计划——今天，这位二十六岁的秋瑾式人物，已经成为大陆朝野一班凡夫俗子，也包括有些名流学家嘲笑的对象。文革期间大陆有过不少青年勇士，为了抨击暴政捍卫人权和他们的理想，留下血泪文字，乃至牺牲宝贵的生命。林立果和他的父母一道葬身在蒙古草原因他们而闻名的温都尔汗。——鲜有的花献给了林彪附带叶群。似乎这位帅之子做得不够英雄、不够书写……历史竟是如此无情而不公。

读过许多讨伐中共的文章，哪一篇比得上《"五七一工程"纪要》呢？论文采，学子们记得骆宾王讨武则天檄的名句，可是五七一纪要，创出独家的"变国家机器为绞肉机"一系列现代警句："上山下乡等于变相劳改""五七干校等于变相失业""社会主义实质是社会法西斯主义""B52 是中国历史上最大的封建暴君"…… B52 是"怀疑狂、虐待狂，他整人哲学是一不做二不休，一旦得罪就得罪到底，再把全部坏事、嫁祸于人。"——绝对也是亿万人的心声。

这份纪要超前的含量，已是一个现代民主政党的纲领。实践上虽然失利，他们也有数十位高级军官的同情，不禁想到刺杀希特勒的电影《行动代号：华尔奇丽》——林立果没有施道芬堡来自德国陆军传统的历练。小舰队没有放一枪，没有指挥部，便风流云散——功成不必在我，是他和周宇驰们的遗愿……林立果留下一份宣言、一腔热血，"不成功，便成仁"。我们看到幸存者的后代，放在遥远的温都尔汗那草茫茫现场的花环，虽然没有苏州灵岩山林昭墓地那样多。

林彪事件是一幕**伟大的悲剧**。有如希腊著名的"俄狄浦斯厄运"，林立果是凄凉的主角。我们不妨如前假设另一种结局——父子刺毛、逃俄成功——越二十年至 1991 年，苏联解体，林立果健在，会扮演什么角色……这是没有人想象过的中国故事。或者据史料，**周恩来对谢静宜所说**，若无林豆豆一再的告密，"我们什么也不知道，他们会飞得很顺利……不过，一切就会很不一样了。"【注 11】后来邓小平也公开说："飞行员（潘景寅）是好人，经过搏斗迫降，但飞行员被打死了。"至今无人否定邓说。8341 警卫团张宏也在要求林立衡上飞机时说："北京指示你们跟着一块上飞机，飞机上有我们的人，你们放心好了。"

邓后来成为毛的继承人，研究者期待的黑匣子和林彪夫妇的头骨，还在莫斯科。他们为什么不追回？有知情者告知：中共高层有指示："两案问题，一律不动。对错都不动。"亦即维持 1980-1981 对林彪江青两案的审判结果。当局知道两案遗留大量丑闻，他们已经下决心要埋葬那段历史。

我相信，林彪最后的信念是在苏联养老。登上三叉戟是他最后的战役（鬼才相信他投苏后会带兵攻打北京）。他将一切交予他的接班人：老虎……他不会想到"九一三"的烈火会毁掉一切。政治局已经在准备就林彪抵达莫斯科发表声明。这是我们知道的关于林彪事件的最后消息。

2025-4-25 修订

注释：

【注1】913 事件最初的完整报导，来自中国驻蒙古大使馆二等秘书孙一先《在大漠那边：亲历林彪坠机事件现场调查记》中国青年出版社，2001 年。孙是中国派往坠机现场第一人，曾拍照片 350 幅呈周恩来，至今无一解密。

【注2】《毛泽东语录》俗称红宝书，1961 年由人民出版社首印，官说总印数超过 30 亿册，文革中 1968 年印行 78000 万册。1979 年被中宣部通知停止发行。称此语录危害甚大，流毒甚广。

【注3】见《邱会作回忆录》（下）第 29 章八届 12 中全会 2011 年香港新世纪出版社。

【注4】见《邱会作回忆录》（下）第 33 章风云突变，709 页。

【注5】见余汝信著《风暴历程：文革中的解放军》2021 年 8 月香港新世纪出版社。有关九一三事件林立衡（林豆豆）的回忆。

【注6】谭嗣同（1865-1898）湖南浏阳人，维新四公子，父任湖北巡抚，与唐才常、梁启超交。办学办报，参与政变被捕，刚毅监斩菜市口。林立果计划买原子弹轰炸中南海一事，见 2015 年第 3 期《炎黄春秋》文章，引证《林立果"小舰队"兴亡始末》（北京出版社 2014 年 9 月出版）。

【注7】林彪致毛信见余汝信著《风暴历程：文革中的解放军》（下册）11 章 96 节。

【注 8】江青此话说于八届十二中全会后，约 1968 年 12 月。

【注 9】见余汝信著《风暴历程：文革中的解放军》（下册）9 月 7 日。【北戴河林立衡的回忆】：林立果当着周宇驰的面，对林立衡说：现在情况很紧急。昨天晚上主任（叶群）要乘三叉戟飞机逃到苏修去，首长（林彪）被主任逼得同意了。他们硬要我飞机，我推辞了一天，今天早上把周宇驰从北京找来商量怎么办？首长见了周宇驰，抱着他哭，说：我们一家老小都交你了。——这是林彪少见的一场露面。周宇驰（1935-1971）河北乐亭人。任空军司令部办公室副主任，被定为林彪集团主要成员。913 当日驾直升机出逃，被迫降，自杀身亡。

【注 10】见《邱会作回忆录》（下册）798 页，1971 年九月十四日晚上，政治局开会，周恩来宣布林彪机毁人亡后，要汪东兴立即到中南海去。不久，汪又回来了，他向大家说：主席知道林彪死了，很高兴！还与我们碰了杯。并且说了"感谢林彪帮了一个大忙。"此时，张春桥哈哈大笑了好久。评论称，林彪成了"死反革命"，可以随意处理。

【注 11】谢静宜（1935-2017）河南商丘人。1959 年任毛泽东机要员，1973 年中共北京市委书记，1971 年 8 月丈夫经她向毛告密林立果欲叛变。周此说见谢著《毛泽东身边工作琐忆》2015 年。

13. "老夫子"在皇帝身边三十年

——读《陈伯达最后口述回忆》

【作者按：陈伯达，曾任中共第四号人物，党内有"老夫子"之称。他是毛时代高层最具知识分子成分的理论家、重要文胆。任毛秘书 31 年，起草许多重要文件，发表文章著作，将毛思想做理论包装，成为中共领班的大化妆师。他的特殊地位，也使他参与决策和权力斗争。是复杂隐秘内幕的知情人。1970 年庐山会议被毛一手打翻在地……】

经过文革的人都知道那个口音不清的陈伯达，曾是权势很大的第四号人物，他上面是毛、林彪、周恩来。陈是政治局常委，中央文革小组组长，是直接负责运动的领导人，虽然实权在副组长江青手上。文革之始，迄今近四十年，有关毛林周的传记、文艺作品不可胜数，有关江青四人帮和被打倒的刘、邓、陶的作品也不少，唯独对这位四号人物的作品甚为罕见，以专著而论，仅一本叶永烈经过官方审阅的《陈伯达传》，[注1]有关陈的记载分散在有关文革的各种文字中。即将出版的《陈伯达最后口述回忆》，由陈伯达之子陈晓农编撰，是弥补对陈伯达研究之不足的一本重要著作。笔者有幸看到书稿，在此谈一点观感。

激进知识分子卷入红朝的典型

陈伯达（1904—1989），福建泉州人，在中共高层，习惯称他"老夫子"。他在国共分裂的 1927 年加入中共，同年赴莫斯科中山大学就读，三年后回国，做党的宣传工作，编杂志，写文章，同时研究文史问题，在北京中国大学任教，曾发起一场有全国影响的"新启蒙运动"。1937 年进入延安，一年后和毛泽东交流古代哲学研究而成为毛的政治秘书。从此，在长达三十年期间，作为毛的一枝笔，参与起草许多中共重要文件、决议、著作，毛的文章、讲话，也参与某些决策，直至 1970 年庐山会议被毛弃如敝屣，点名打倒。

陈伯达与中共革命的关系，显示一条知识分子的激进之路，他们投入革命以满足自己的理想主义与浪漫主义，而革命正需要他们的智慧与论据，以鼓动民众，号召天下，最后，他们知识人的气质与理性多半导致和走向暴政与专制的革命发生分歧，以致被抛弃。中共早期的陈独秀、瞿秋白都是这样的人物，虽然他们对革命的反省和理论建树大大超过陈伯达。陈投入中共后的命运，有人想起明末农民暴动中李闯王的谋士李岩（他编的歌谣"迎闯王，不纳粮"，助闯王打天下，最终被谗杀）。

回看中共，陈独秀分道扬镳，瞿秋白划为叛徒，陈伯达则是"国民党反共份子、托派、叛徒、特务、修正主义份子"，1980 年被特别法庭以参加反革命集团罪、阴谋颠覆政府罪、反革命宣传煽动罪判处十八年徒刑。1981 年保外就医，1989 年病逝。和赵紫阳一样，活了八十五岁，但明显不同的是，他保外期间仍不断写作，包括哲学、文史评论，甚至有经济论文。作家叶永烈曾多次访问过陈伯达，1998 年的修订新版陈传还得到陈晓农许多帮助。那么，今天陈晓农再出这本口述回忆录，必然有叶传的许多未尽或歧异之处。我看差别在于，晓农新著更着重在澄清辩正事实方面，因为陈伯达最后八年，仍处于与外界隔离状态，其子晓农是朝夕陪伴照料他生活的唯一的子女。陈伯达长子陈小达，留学苏联，和毛泽东女儿李敏恋爱，1958 回国后，恋爱被江青禁止。加以工作不适，1960 年在北京卧轨自杀死，一年后陈伯达才知道。

侍君忠君为君宠：在毛刘之间

晓农记录了许多与父亲的谈话，成为本书的数据源。他以其父

1925 年说的一段话作为陈伯达一生坎坷的写照，悲怜之情溢于言表：

> "我现在正如那每次都打败了仗的久经战阵的兵士，遍身
> 负着伤痕，倒卧在暮色苍凉的草野里，望着西山的残阳在苟延
> 残喘。"

　　陈伯达继承中国士大夫阶级的忠君传统。是一位博通古今的学者，岂能对毛之独裁暴政没有反感？但"士为知己者死"的信念主导一切。至晚年，他犹对儿子说，毛主席老了，思维不正常了，你们不要记恨他。他给过我很大的帮助。还说"君子交绝，不出恶声"。陈在林彪叛逃当日，被抓小鸡式地送进秦城监狱，入牢房高叫"我救过毛主席一命！"此话传上去，他的狱中待遇得到改善，关入三楼，"伙食比外面还好"。救毛之事发生在 1948 年蒋机轰炸阜平时。1973 年中共十大，陈被开除党籍，他坐在牢房地板上，边哭边诉："哪有这样的叛徒特务呀，自己冒着飞机轰炸的危险去救毛主席！"毛死，他在监狱中"哭了几天"。

　　毛对陈的宠信，在中共阵营的知识分子中，无出其右。毛的七大报告，两次赴苏顾问、共同纲领宪法草案、八大报告、批苏共二十大文章、毛论十大关系、国际共运二十五条、七千人大会刘少奇报告、文革十六条…… 都出自陈的手笔，一名读书人受主恩宠至此，中国历史上也少见。秀才一只笔能驾御万民，影响全党全国，自然也是一种权力，一种大权。

　　书中描述陈伯达对毛刘矛盾的看法与介入，有独到之处。他说，毛刘分歧在四清问题上恶化，不是刘否认阶级斗争，而是刘认为问题在基层，在下面，毛则认为在党内，在当权派。在毛刘之争中，陈竟可以施加影响，缓和双方关系。他主动向毛建议由刘总管四清，为毛采纳，即找刘谈话。陈说，刘在外面形象温和，实则做事武断，不好商量，脾气和毛差不多。1965 年一月发生过一件刘得罪毛的事。在中央会议上，毛刚发言不久，就被刘打断插话，而且，一路说下去，视毛为无物。毛第二天开会，就举着党章说党员有发言权，暗指刘不

许他发言。后来，毛对斯诺说，那次会议后，他决定刘要下台。

调和高层人事，深知刘少奇反对反修

陈伯达说，那次会后，毛要他起草二十三条，他感到毛对刘有"很大意见"，心里不安，便找了王力、彭真、陶铸去和刘谈，盼刘向毛做检讨。为调和毛刘关系，他"做过几次努力"，毛周都很清楚。毛后来批评他在毛刘之间"搞投机"即指此。陈回答晓农问说：刘上台是不是走资本主义道路？他不肯定，但肯定会实现中苏和好，即刘不会反修，这显然是毛刘的重大分歧。陈说，刘对大跃进也下过不少错误指示。1962 年至 1965 年以阶级斗争为纲的错误路线形成，毛有主要责任，其他人也有责任，他本人也接受这条路线，帮毛刘记录一些指示，但这条贯穿九大、至十一大的路线的"最重要的文字表达"——毛在八届十中全会上关于"阶级斗争要年年讲、月月讲、天天讲"的一段话，却是王力而不是陈伯达整理的。十大更批陈反对"无产阶级专政下继续革命"。

陈伯达肯定知道不少毛刘斗争的具体方面。在毛时代政治路线上值得肯定的是，作为他的主要罪状是鼓吹"唯生产力论"：

- 起草 1956 年中共八大政治报告决议中，提出对国内

- 主要矛盾的表述："是先进的社会主义制度同落后的社会生产力之间的矛盾。"但会后毛表示异议，认为国内矛盾实质是"无产阶级与资产阶级的矛盾。"时至今日，八大路线已受到党内外高度评价，认为毛如果遵循八大路线不会搞出一个文革来。

- 1965 年起草《工业问题》文件，主张"电子为中心"发展工业，毛当时还相当赞许、高兴，破例地单独请陈吃饭。但遭到邓小平反对，说搞太多新技术，不合适，要以钢为纲，大家无言，文件被否定。陈为此而伤心说，如果采纳他当年的思想，中国经济也不会耽误那么多年。

- 起草 1969 年九大报告时，陈提出以后要以搞好生产提高生

产率为主要任务，又批评过张春桥、姚文元起草的报告是伯恩斯坦观点"运动就是一切，目的是没有的"。被毛派所拒绝，斥为"唯生产力论""修正主义"。毛对陈的草稿，原封不动退回，还说陈是"船要沉了，老鼠搬家"，指陈要背叛他，不搞运动，要搞生产了。说陈本性难改，总是看重经济，"帝国主义本性不改，陈伯达本性也不改。"

陈在毛独裁时代，作为御用文胆，无疑也是帮凶一名，但以上这些纪录也反映了以理性为特征的现代知识人必然和专制权力不完全适应而发生分歧。

对周恩来、江青、陆定一的回忆

陈晓农这本书包含一些陈伯达透露的少见的高层内幕。例如：

- 为周恩来说情。如前述陈伯达调和过毛刘关系，也为毛周关系解过套。文革初期，一天，邓颖超突来拜访陈伯达夫人刘叔宴，原来周恩来受了毛的重话批评，心情低落已影响日常工作，邓盼陈可以居中调和，陈则多次在毛面前为周缓颊，使周摆脱困境。文革后邓颖超亦投桃报李，应陈要求为陈妻平反，调中办离休。虽然她已与陈离婚，双方终未破镜重圆。

- 与江青关系。陈在庐山会议前曾与周恩来谈到江青对毛不忠实，她三次对陈说要离开毛，第一次在延安枣园；第二次在西柏坡，江说要离开毛去别的地方；第三次在北京西山，解放后。周说第三次，他知道，是毛要周把她送到莫斯科去的。有一次江来到陈办公室，看到书架上有宋庆龄文集，抽出来就往地板上摔。又一次开会，江辱骂陈、攻击李希凡，随即叫李出来，二人抱头大哭，把玻璃杯摔碎在陈脚下，陈只得去拾起一地的碎片。

- 陆定一文革前很左。【注2】1962年广州会议上周恩来陈毅给知识分子摘资产阶级帽子，毛无异议，但后无下文，原来党内有人反对。中宣部长陆定一说知识分子没什么变化，不能摘帽，和周恩来激烈争执。最后，毛接受陆的观点，1964 年并由陆出任文化部长代替茅盾。不过好景不长，1965 年陆因夫人严慰冰匿名信反林彪事件而株连撤职，1966 年文革前更被打成反党集团。据说文革后，陆是坚决主张批毛的，他文革前的左史，便为尊者讳了。晓农指出，陆定一在 1964 年底中央会议上讲文化革命，"说文化部全烂掉了，是资产阶级封建阶级联合专政"，对毛发动文化大革命有重要影响。

反右运动与整知识分子：邓小平责任很大

陈伯达反右运动表现如何？晓农书引证父亲谈话与数据，首先，1957 年 2 月，毛作正确处理人民内部矛盾的讲话，与陈致毛一信有关，而发表的讲话也是陈整埋成文的（记得文革中，笔者看过该讲话的记录稿，与正式发表稿区别甚大）。文中陈伯达原加有"大规模群众性阶级斗争已经结束"之句，后改为偏左的提法，是毛接受陈正人的意见而定的。反右期间，陈伯达没有写一篇文章，而胡乔木为《人民日报》写了多篇反右社论。毛曾派陈去北大看大字报，陈看后报告说"不值得大惊小怪，没什么不得了。"当时，邓小平主持一次省市委书记会议"说现在时间比金子还宝贵，要书记们赶快回去收集右派言论，否则晚了，收集不到了。"陈听到"很惊讶"，他认为，人总会说错话的，这样收集，牵涉太多，"反右搞得那样扩大化，邓小平同志有很大责任。"

当年九月，邓在三中全会作整风反右报告，把知识分子和资产阶级放在一起打击，该文没有收进《邓小平文选》（官方许多出版物完全不提邓反右的角色）。晓农书中透露，邓的高升与陈伯达不无关系。反高岗斗争后，为团结西北同志，毛向陈谈到谁接替高岗的问题，陈伯达说邓小平有一篇讲群众路线的文章写得不错，也在西北工作过，也有功劳，可以团结西北同志。不久，中央就调邓为中央秘书长。邓到中央后，陈又对推荐邓有些后悔，觉得邓架子大，很不易商量问题。

　　1959 年庐山会议因彭德怀一封写给毛的信，而打了一个"彭黄张周反党集团"，陈伯达也在山上。批彭之前，他在毛那里看过彭的信，并当毛面，赞扬信写得不错，问毛是否彭自己写的？毛说是的，"他能写"。不料几天后批彭开始，陈伯达也被扣上右倾帽子。陈做检讨，并不准参加会议，最后毛表示几个秀才还要用，陈得以赦免。会后刘少奇找陈谈话，把陈都说哭了。后又由彭真出面要陈写文章批彭德怀。陈便在毛的威望和压力下"要什么给什么"，写了批彭文章。但陈说文章完全是按中央领导要求写的，并经毛亲笔修改。

　　晓农书中对若干党史著作提出异议。如李锐的《庐山会议实录》说会议紧张时"这位老夫子躺倒装病，不参加会议"等，而高文谦著《晚年周恩来》和叶永烈的《陈伯达传》中对陈与林彪关系的描述都有失实之处。另外，据林立果说，他随林彪在 1970 年庐山二中全会上，亲见毛辱骂陈伯达三十年没有合作，今天还要炸平庐山……毛这样残酷的毁掉一个老战友，他非常震惊绝望，（更促进他的反叛）。

一个参与暴政而不失理性的老夫子

　　综上所述，陈伯达虽长期为毛所用，在毛的政治路线中，尤其是粉饰其独裁本质上有不可推卸的责任，他在晚年也承认文革"是一个疯狂的年代，那时我是一个发疯的人。""愚蠢至极，负罪很多。"但是，他和那些元凶还有区别，他不像林彪、江青那样野心夺权，也不像康生那样以整人为职志，作为笔杆子也没有像姚文元那样凶恶。他是一个依附于皇上的高级幕僚、亲信与理论家，他不带兵，不涉特情，没有派系。他在 1949 年之后的一系列重要决策上和那条极左的暴力路线屡屡发生分歧，虽然，他在极力适应那条路线，并保持着举足轻重的地位，但他更主要的角色还是党国体系的一个工具，一个企图使该系统较为协调和理性却终告失败的工具。

　　陈作为一个读书人的本色，在暴烈草莽的中共高层混了几十年，也未脱尽，1967 年 2 月，毛恣意打倒陶铸后，遭到老干部不满而嫁祸于左右，在会上严斥陈伯达、江青。陈受不了，意欲自杀，被王力劝阻。陈回答说，他查了书，马克思的女婿拉法格是自杀死的，列宁还纪念他，证明共产主义者可以自杀——自杀还要先查理论依据，可谓天下奇闻。陈晓农还说过，周扬和陈伯达都认跌入"俄狄浦斯厄运"。俄是一个古希腊的国王，避免做坏事，还是无意中犯了"杀父娶母"的大罪。知道后，刺瞎自己的眼睛，最后死于他乡，被大地吞没——他们以此伟大悲剧形容自己的命运。

因此，如果在毛的暴政中参与更重要决策的刘少奇、周恩来、邓小平等人能够获得历史的宽恕，并戴上某种光环，那么，人们在接受陈伯达的最后陈述之后，应该给予他一个公正的重新评价，至少可以推倒"反共份子、托派、叛徒、特务、修正主义份子"的可笑结论。

陈伯达说："我的一生是一个悲剧。"这可以解读为一名有理想的书生，把他的智能献给了制造中国一场浩劫而身败名裂。颇具文人气质的瞿秋白，1935 年为革命而牺牲前写下沉重自白，认为参加共产党是一场"历史的误会"，是一场"滑稽剧"。相信陈伯达读过这位先知者的遗书，但两年后，他奔赴延安，五十年后才恍悟到是一场悲剧。这是二十世纪给中国知识界留下的一个教训。

注释：

【注 1】叶永烈（1940-2020）浙江温州人。北京大学化学系毕业。著名传记作家，中国科幻作家先驱。学生时代即参与《十万个为什么》写作。1978年《小灵通漫游未来》畅销 160 万册。1983 年转入传记文学写作，作品丰盛，以四人帮传记最为著名。因前列腺癌病逝上海。曾为开放杂志撰稿。

【注 2】陆定一（1906-1996）江苏无锡人。毕业于南洋大学。曾任中共中宣部长、文化部长、副总理。文革受迫害，为"彭罗陆杨"反党集团之一。1979 年被平反，当选政协副主席。其子陆德证实，父临终遗言，要求让孩子上学、让人民说话。

2005 年 2 月　香港

14.　"红都女皇"事件露峥嵘

【作者按：1973 年文革中，有一个家喻户晓的"红都女皇"事件。传说美国学者维特克来中国访问江青，出版江青传记《红都女皇》，故事令高层紧张曲折，当作政治谣言追查多年。直到 2005 年，才有中共外交官章文晋夫人张颖出版回忆录，透露有关"红都女皇"事件真相，涉及周恩来和一些外事干部的高层政治密谋……作者曾有独家追踪的情节，见后记。】

江青（1914-1991），这个在文革中充当旗手又兼毛泽东夫人的特殊人物，其不可一世的淫威和政治野心，在整个二十世纪的国际共产运动中，绝无仅有。她出身上海艺场，与毛结婚遭到党内抵制，二十多年后，现身政坛，果然不凡。指挥红卫兵造反派杀遍天下、毛的党国大计密函只授她阅……1975 年，正当四人帮要夺权的时候，江青发表她唯一的一首诗作：

江上有奇峰，锁在云雾中，寻常看不见，偶而露峥嵘。

此诗作于 1961 年，毛当时以"天生一个仙人洞"题照诗回应之。经过十余年的峥嵘尽露，她的女皇梦发作了。……本书第二章谈到"文革起源"时，曾提到有关"红都女皇"的事。被追查多年不了了之。江青的故事完全破产。只因为涉及毛泽东为所欲为的独裁秘闻，详情内幕封锁了三十年。

张颖见证江青和维特克谈话全过程

今年（2005 年）由湖北人民出版社出版的张颖回忆录《外交风云亲历记》[注 1]，其中有十余万字题为"红都女皇真相"的记录，可以认为是官方对江青这单大丑闻的一次公开。张颖何许人？

【张颖，1922 年生，广州人，曾任中共外交部新闻司副司长、西欧司副司长、驻美大使馆参赞。外交部副部长章文晋夫人。亦得周恩来信任。】

事发在 1972 年 8 月中下旬，江青胸有成竹，要和来访的美国学者罗珊·维特克（Roxane Witke 1938-　）见面，获得周恩来批准可见："谈一小时可以了。"江青毫不遮掩地要维特克在美国为她写传，像斯诺当年在延安写毛一样，于是在北京与广州，谈话多次，共六十余小时，这是江青"女皇梦"的发端（她曾找过伊文思、韩素音为她写传，均被婉拒）。

8 月 12 日在大会堂江青与维特克首次面谈，由姚文元、王海容、张颖、丁雪松等人陪同，都是文宣、外事方面的负责人。谈话长达三小时，并以超规格的菜谱设宴招待，晚上再观看样板戏《红灯记》。江青极尽谄媚之能事，令维特克受宠若惊。几天后，江青专机飞广州，又将维特克接到广州，待了一个多月，续谈多次，每次都是傍晚开始，晚宴，然后谈到午夜。

张颖代表外交部，是全部谈话的参与者。负责按周恩来指示将每次谈话整理成文。张是老党员，略通英文，丈夫章文晋任巴基斯坦大使，夫妇是文革中少数打而未倒的高干之一。她在书中引用江青与维特克谈话原文，均加引号。

江青究竟谈了些什么？初次见面，即耸人听闻："我身体很不好，天天吃安眠药，这是林彪想害死我，对我下毒手，在我们食物中下毒，我和主席都病了，医生也不知道是什么病"……江青一会儿哈哈笑，一会儿甜蜜蜜，她声称：个人历史、革命斗争，还有不少罗曼蒂克呢，都可以对你说。江青这样开场，弄得奉陪者发呆，唯有姚文元"时时微笑、泰然自若"（姚早参与江青的策划）。江青宣称："我提供材料，我给你说，你来写。埃德加·斯诺三十年代写过毛泽东、共产党，在西方一举成名。你很年轻，很有才华。你写我、写现代中国，就是第二个斯诺，你将举世闻名。"

江青带维特克看她搞的样板戏，让维特克看看她有全场起立鼓掌的威风，又谈美国、苏联的电影史，滔滔不绝。完全征服了维特克。这位三十四岁的美国学者在中国最有权势女人的宠幸之下，脸色发红，无所适从。维特克后来写道：

> "江青以超凡的勇气，站在传统和人民信仰的边缘，成为转折时代的女性先锋领袖，她掌握了艺术权威、决定人民的觉悟。她不断冒险、勤奋，在文革的即兴风格下，她背叛了服从和官僚，放弃女权运动，投入阶级斗争。在无情推行上层建筑产业的六十年代，江青以总工程师的形象出现，挥舞毛泽东设计的蓝图。"

大谈战争、罗曼蒂克史和毛的婚姻

周恩来在江青维特克首次谈后，召开了三次工作会议，了解情况，听汇报，发现维特克对中国文化及中共历史，所知很有限。她忽提设想：中国需要一个宋美龄，可以得到美国的援助。她捧出江青来，让美国人喜欢江青…… 周不断和江青通电话，不敢冒犯江青。但张颖等接待组的人，认为江青谈话中自吹自擂，还大谈中共机密的人与事。包括革命战争问题。周表示："不要谈什么战争，只谈文艺。维特克签证到了，不要延期。"8 月 25 日，维特克、张颖一行专机移师广州。当晚就在一幢由军队管理的"漂亮的小别墅"连吃带谈九个小时，江青回顾她的也是党的革命历史的长征。不理周恩来的限制。

江青给自己定位："我 21 岁就一举成名，但我不要，我要找党。我受到国民党的公开迫害，也受到党内坏人迫害，我是无名英雄，我甘心做无名英雄。"她说中国内战从 1947 年 7 月开始，西北战场，"跟随毛主席的只有我一个女同志。我认为在艰苦的战争年代，应该有人照顾他，和他同甘苦共患难……"江青特地请人挂上三幅战争形势图，指着毛主席行动路线说："西北战场的战争，就是我和毛主席亲自指挥的呀。"江青详述随毛周和胡宗南军队周旋、打游击，发号施令，指挥全局，直到顺利进驻西柏坡……显示惊人的记忆力。让维特克佩服不已。

私生活方面，江青自承"我年轻时的生活是非常罗曼蒂克的。中国女人都背着封建主义的包袱，我可不背，我自己要怎么做就怎么做。……我最喜欢上海，你们外国人说上海是'冒险家的乐园'，有点道理。上海的小调我都喜欢，那真是非常有味道。"说着，江青就哼起了上海小调来：我呀我的小妹妹呀，舍不舍不得你……哈哈、哈哈。她说，她一到上海，男朋友可多了，他们使用各种手段追求我，他们后来都成了知名人士，现在又被打倒了……接着又讲了一个美国水兵调戏她未遂的故事。

关于和毛泽东结婚的事，江青主动爆料。"说什么中央有个决定，那是假的。完全是王明捏造的。"（传说中共高层有决定不让江青参与政治）她说，当时有人反对我们结婚，项英还拍电报来。他是个叛徒，毛主席给他回电说，"我学孙中山。"孙中山和宋庆龄年龄相差三十岁……接下来江青透露毛和前妻贺子珍的婚姻。说是贺要求离婚的。他们在江西苏区就分居一年半了。"她非常固执，不理解毛主席的精神境界，不关心毛主席。"江青说：贺家是地主，还是商业资本家，她什么工作也不做……生了孩子也不要，现有一个女儿（李敏）是我从农民家里拣回来的，她去苏联与贺住，被贺打。苏联人以为贺疯了，把她送精神病院。脑子坏了。她还有一个男孩，她也丢了。毛主席说"她连一个孩子都不给我留。"江青说，毛的侄子毛远新，是她当儿子养大的。

中共欲高价收买维特克著书《江青同志》

罗珊·维特克1972年7月20日进入中国大陆，9月3日从广州出香港飞回美国。从8月12日至9月初，和江青长时间的谈话。张颖作为外交部的代表，一直伴随左右，维特克走后，满载而归，张颖却感到从恶梦中醒来。她的责任，是向部领导乔冠华、王海容汇报广州谈话的情况。她的态度很明白，不欣赏江青的作为，而且不主张将数十万字的录音记录寄给美国的维特克。因为其中涉及很多"党的机密"。張颖最反感江青的是：

> "她对于所有他认为不好的人，都一律戴上大叛徒、大特务、反革命分子的大帽子。她真是一言九鼎，随口而出谁是叛徒、特务、反革命……那还了得，说不定哪天这人就会横祸飞来，被关押甚至冤死狱中。那时江青的复仇心理达到极点，她心目中大大小小、恩恩怨怨的人和事，她全不放过。"【注2】

张颖等人回到北京后，江青不断催促整理谈话记录寄往美国维特克——这是"红都女皇"的第二阶段，中美互动。外交部对江青的要求不敢吭声，张颖终于找到周恩来，和邓颖超谈了三小时。周召开专门会议，于 1972 年岁末，宣布："已请示毛主席，记录不必送给维特克女士，一切工作都停止。所有记录稿全部清理封存，一份归档。"张颖等照办。1973 年秋，张颖赴渥太华任大使馆参赞。1974 年"批林批孔"达到高潮，炮轰"大儒"，直指周恩来。

同时全国追查政治谣言《红都女皇》，盛传毛为此批评江青。张颖回国休假，获悉存于外交部保密室铁皮保险箱的江青谈话记录材料，已被江青取走并被她烧毁。张颖特地将此事告诉她的老领导叶剑英。1976 年张颖再回国休假，住了四个月，回加拿大。毛逝世后，十月中旬奉召回国，洽遇"粉粹四人帮"江青被捕，兴奋之余，张颖却被列入与江青合谋"红都女皇"的名单中。她再度请教叶帅，叶给予安慰。外交部任命张颖负责整理江青与维特克谈话材料，供审查四人帮之用。她旁听了公审江青。

第三阶段：官方介入，江青倒台。维特克回到美国后，她期待的江青谈话的官方记录文本，一直没有得到。分手初，她还和江青交换不少书籍与照片、纪录片等信息。1973 年 5 月，中共驻联大代表黄华夫人何理良正式通知她，和江青谈话记录"太长太繁杂"，不适宜公开发表（即拒绝给她）。劝她最好不要写成江青传记，而写毛领导的革命史，其中一、二章写江青——维特克看出这是中共内部分歧的"外在表现"。回头一想，也好，可以摆脱中方的约束，利用江青大量的口述数据，"不做江青的传声筒"。1974 年 1 月，何理良再出手施压阻止出版江青的完整自传，并提出以金钱换取维特克的屈从，遭到拒绝。维特克在斯坦福、哈佛做大学研究，同时关注她离开后中国一系列重大事变，包括邓复出、周与毛去世，江青倒台，也包括有关江青和她谈话引发的"沸沸扬扬"不负责任的谣传。

于是，1977 年美国波士顿一家出版社出版了维特克著《Comrade Chiang Ch'ing》（**江青同志**）。张颖在 2005 年回忆录中，介绍该书（英文版）的五部分：早年生活、从上海到延安、50 年代北京莫斯科、文化大革命、中国艺坛霸主。张颖说：据她所知，该书一直没有翻译成中文本。然后，张颖对维特克著《江青同志》作出下列评论，作为她的回忆录结尾，摘录如下：【注3】

1. 1977 年江青已经垮台，维特克没有一味吹捧江青，而是有她自己的看法，还修改了江青谈话一些内容。许多细节相当具体详实。

2. 全书顺从了江青的本意：塑造一个全能的既是军事家、政治家、又是全才的艺术家的中国领导人形象。

3. 关于西北战场的谈话，江青胡编乱造，说不清楚。但维特克说清了一点，就是江青不是"为毛泽东织毛衣"，而是参加了那场重要的战争，她对建国有功劳，却没有得到领导人的位置，心怀怨恨，于是复仇火焰透过文革疯狂爆发。

4. 张颖特别强调：维特克的《江青同志》和传说的《红都女皇》完全是两本书，两回事。由于她参与维特克江青谈话全过程并坚持自己的立场。因此，她对维特克这位美国学者表示理解和同情。

港版《红都女皇》疑是党人有心之作

第四阶段：《红都女皇》中文版。以上是张颖这位亲历者对《红都女皇》事件中江青和维特克交往的描述。我认为有相当的可信性。也就便访问过纽约知情的董鼎山先生等人，便对这个涉及最高权力和中外合流的奇案，做了相关的报导于《开放杂志》。但是，事件在中共大陆还有许多传闻甚至事证。张颖回忆录证实了两位女主角江青、维特克合谋写书的主体部分。但还有隐蔽的部分，相当可疑。最重要的是官方追查的《红都女皇》，是另外一本在香港出版的中文书，不是维特克 1977 年才出版的英文正本。

可是这本香港的书，我们好事者，都没有人看过。查也查不到。但是张颖书中言之凿凿，她当年看到过这本书，而且仔细核对过书中的内容，部分与她记录的江青谈话相同。故此，有过港版《红都女皇》，断无异议。还有一说是黄华路过香港买了一本带回北京交给中央。于是便有了以下传闻：

毛的继承人华国锋，在逮捕四人帮后，说该书"贬低主席，内容下流"。知名传记作家叶永烈说，毛看了《红都女皇》，"颇为震怒"。军科院教授范硕在一本叶剑英传记中透露：《红都女皇》出版后，中央指示外交部不惜重金买下版权，火速送回国内。上呈毛主席，毛阅后大怒，便写下批示："孤陋寡闻，愚昧无知，立即撵出政治局，分道扬镳。"范硕称，亲见过毛此批示——毛是江青掌大权和接班人的后台老板，但他不能不在策略上考虑江青的"群众基础"差。

香港出版的**《红都女皇》**书，据说开本不大、只有几万字、制作粗俗的报摊书（我们很了解这类出版物），时间大约在 1973—。还有人为文说 1976 年看到手抄本小说《红都女皇》。也有说，毛批示大骂江青，是伪造……全国公安追查政治谣言"红都女皇"在 1973-1976年。该中文版一直没有出现。换言之，整个事件可查的文字记录，只有张颖回忆录的十三万字，及存于外交部她整理的江青谈话稿。张颖称有数十万字。因此，江青要做武则天的罪名，主要来自香港版的《红都女皇》。

江青图谋上位的女皇梦终于破灭

最后阶段——最奇怪的是，文革和毛江湮灭已数十年，相关文字大作小说，朝野对"红都女皇"竟然只字不提！破例的是，1992年留美学者宦国苍（中共外交高干宦乡之子）受访《时报周刊》，提出一个观点，说红都女皇事件是周恩来策划离间毛泽东与江青的关系所致。暗示周的亲信张颖1973年在香港出版《红都女皇》，激怒毛，使毛江疏远——此信息由陈香梅函告中共。张颖闻讯"哭笑不得"，遂无人问津。

张颖曾自述，她在加拿大1973年底，"已知香港出了一本书，可能是华人写的，吹捧江青，要做女皇了"。1974年末她回国，追查《红都女皇》谣言未了，她说追查内容"确是江青谈话内容"。显示封存在外交部的谈话资料已经泄漏出来。王洪文也在下令追查。而毛泽东要和江青分道扬镳的批示，也是在1973年先后由范硕和朱德孙子朱和平先后传出（还说周表示毛骂江是在气头上的话……）毛著作不会选载。

宦国苍之说虽有待论证，但在逻辑上可以作合理的推测：文革在1973-1975之黑暗与残暴，已是天怒人怨。统治集团呈现两大危机：林彪叛逃与江青篡权。一个御定的接班人，竟然冒死叛逃！而一个上海滩的恶女，又来抢夺主席之位。毛有明说"她要当主席，迫不及待"。一旦接过毛的刀把子，武则天再世，四人帮揽权。浩劫何时了？这是党内外无不忧虑的事！"红都女皇"事件就是江青上台的开场锣鼓，对江青包括邓小平那样恨之入骨的，大有人在，但是有毛的靠山，要搬倒她很难（周恩来说过对江青那样特殊的人，只有忍耐），那么，炮制一本丑化江青的书，去激怒毛也许有效——是谁的主意？周不会留下把柄。但是可以相信——在香港出版这样一本书，那是举手之劳，然后回收市面已发之书，只要让毛看到就好。

这就是我们看到的"红都女皇事件"！他们在国内煞有介事的追查"政治谣言"（不知道害了多少人？）从1973年到1980年审判四

人帮，长达八年之久！最后文革完蛋、毛江完蛋，谁还有心去捣鼓这堆臭狗屎？只有史家们还在说说"一个王朝灭亡的预兆""周恩来不会出此下策"……不错，《红都女皇》的故事，就像《阿房宫赋》一样，现在只有一页纸的价值。让后代知道，那个被掩盖的时代，不仅有劳改、流血和死亡，还有无数幕后的阴谋和厚颜无耻的丑闻。值得一提的是，维特克的英文版《江青同志》和被利用的中文版《红都女皇》不一样，是那个时代美国左派对中共一厢情愿的一个脚注。

【金钟后记】本文的撰写，从 2005 年初稿，到 2022 年修改稿。颇费心力。感谢已故作家董鼎山先生介绍许多美国文化界及"红都女皇" 1977 年出版盛况。一个美国自由主义和中国专制主义相碰撞的连续剧。密歇根大学音乐教授盛宗亮创作的歌剧《毛夫人》2004 年在美国演出，把江青定位为"中国男权社会的受害者"，描写压迫与复仇，充满欲望与谋杀——维特克不是斯诺，1973 年她在纽约对作家韩素音说，"江青专横跋扈，就像慈禧太后，姚文元在她身边像个太监。"另，维特克《江青同志》中文版出版与本文有关，星克尔出版公司出版人魏承思先生见拙文和我联络，2006 年魏在香港出版《江青同志》中文版。维特克的序言："我冷眼旁观，因为我是一个历史学家，而不是一个记者。"【注4】

为查证之需，我拜托多位相识者，寻求当年香港《红都女皇》版本，至 2023 年春，仍渺无音讯。现本书出版，若有知情者寻到此书转我一读，不胜感激。

注释：

【注 1】《外交风云亲历记》张颖著。湖北人民出版社，2005 年 1 月，第一版

【注 2】《外交风云亲历记》第三部分"红都女皇真相"，272 页

【注 3】《红都女皇江青同志》中文版，维特克著，范思译，星克尔出版有限公司 2006 年香港版

【注 4】《红都女皇江青同志》中文版，维特克著，序言。

2005 年，2023 年 4 月修改

2026-1-15 校排版稿

15. 毛泽东情人自白录

【作者按：中国大陆朝野对于毛泽东的宫闱秘闻，一直怀有浓厚兴趣。尤其在毛 1976 年去世后，至公元二千年那段时间，以书写方式流传于民间者，时有所见，多数由海外传入。我们也感到好奇，甚至出版过一位大陆老作家夷叔著作之《红朝风流录》。但是，毛身边的女伴无一人正式接受访问，亮相说内情。本文迄今是唯一的例外：1997 年在香港主权回归之前，我对陈惠敏小姐作过多次采访。有记录、拍照。有感于题材敏感，十四年后 2011 年 10 月号才在《开放杂志》发表。然后多年中曾被广泛传播，包括大陆官网。】

这是一段奇遇，故事发生在香港回归的一九九七年，迄今（2011）已经相隔十四年。我在香港做新闻人物专访，可谓"不计其数"，一般都是当月发表，为甚么对这样有趣的人物故事，竟能搁置十余年隐忍不发？那要从和陈惠敏小姐的最后一次见面说起。

1997 年 5 月 23 日，是我太太的生日，三天前约陈小姐一聚，她说要请我们吃饭。晚上七点，我们在铜锣湾雪园酒家相会。陈小姐是一位很健谈的人，我们已经见面谈过几次。谈她要出书的事。她委托我做经理人（口头表示），帮她找出版社，让出版社出钱买她的故事，她深信"李志绥写的都是关着门外的事，关着门里面的事，要我来写"，一定比李志绥的书（《毛泽东私人医生回忆录》）更畅销。她说台湾两大报都要连载她的故事，还有一位女作家蒋×也要为她写书，她拒绝了。她问我李志绥回忆录赚了多少钱？我听说四十万美金。她不屑地说："四十万？炒一层楼就够了，我不是垃圾，我是贵妃。"

香港雪园饭店：不愉快的分手

她跟我谈过不少跟毛一起的事。我也确实看好她可能出版的这样一本"红朝秘史"。我曾认真地追踪李志绥的故事，在李医生生前做过对他的独家专访，发表过李医生回忆录续集的片断。他去世后，专门出版纪念文集《反叛的御医》。李医生是第一位站出来指证毛"荒淫无道"的人，他的权威见证，引起广泛关注与好奇，他的回忆录一九九四年出版后，畅销至今。但是，还没有第二个人出来现身说法印证李志绥的书，现在有了这位当事人，和毛有过多年亲密关系的前空军政治部文工团女演员，要和盘托出，我当然义不容辞，竭力成人之美。

她问我，找出版社的事进展如何？我坦告："不顺利，人家嫌你要价太高，中国时报总经理黄肇松先生【注1】告诉我，鲍威尔（美国三军联席会议主席）的回忆录才值五百万美元"！鲍书中文版权才二万美元，但陈小姐一直不愿接受降价的条件，我反复解释，西方出版社打造一本畅销书要下很多功夫……当她知道出书的困难后，就开始抱怨我不懂得"报喜不报忧"，抱怨我没有安排她亲自跟出版商谈，她说她的精彩故事一定能使对方高价出手。

说着，她突然问我："我跟你说了这么多，你为甚么不写？徐四民带个摄影师找我，我没有同意，就写了一篇，说我（陈露文）是毛的'红颜知己'。"徐是香港左派《镜报》月刊前社长、政协委员。

我一再解释，我没有写，因为是谈出书而不是新闻报导。她说，写访问和写书，有甚么不同！我说，要写，也要在七一之后，马上就是"七一回归"了，我们要准备大型专刊。她仍然听不进去。直到晚餐结束，我们走在街上还在大声和我争吵——没想到会是这样不愉快的结局，她说以后见面难了，她不会再来香港。九七之前她一定要离开香港，她计划去澳洲，做投资移民。

我太太非常失落，一个生日晚会，竟然要忍受老公和一个女人不停地争吵。直到和陈小姐分手，她才大叹一口气，一路无语——嫁给这样的老公多么无趣！没完没了的政治！政治！

我也异常沮丧。九七前的生日——我记住了这一天。那是我和"毛的女人"交往的终结。留下的是一个专事记录她谈话的小本子，和为她拍的一些照片。接着是香港百年历史的大日子，"九七回归大典"，全球数千记者涌来香港。采访和被采访，夜以继日，陈露文小姐的故事，当然排不上日程。而且，那最后不愉快的记忆也让我不自觉地压抑了平日采访中的写作冲动。最近"司徒华回忆录"【注2】提到"毛泽东的情妇"，提醒我不能再拖延这笔文债。

揭开和孟锦云当"现行反革命"之谜

第一次会见**陈惠敏**是在 1997 年春节期间的 2 月 12 日，在九龙祝家庄饭店，那是透过张宁（林彪的未婚儿媳）的介绍，因为 1996 年 8 月同事蔡咏梅采访过张宁，而张宁和陈惠敏同是前空政文工团的舞蹈演员，她们都是来自南京的军人家庭。张宁和陈惠敏还有联系，知道陈在香港。于是，我和蔡一道去见她。

我的好奇心可想而知：为毛泽东所宠的宫女，是天生丽质，还是美人迟暮？我们见到的是一位中年妇女，笑脸相迎，剪着短发，挽着一个啡色手袋。精神旺盛，一眼可见是属于性格开朗热情型的女性。个子大约有一米七，根据她后来的描述，她应是四十九岁。当然，此时很难想象她在毛身边的容貌，毕竟，她离开毛已经二十一年。

打开话匣子，她可真是有点"口没遮拦"，非常爽快地叙说往事。我们没有一句废话地便切入毛的话题上，问她是怎样走近毛的身边？她说，第一次见毛主席时，只有十四岁，那是 1962 年。她在空政文工团舞蹈队"上班"，直到 1967 年文革初期。她们那时每周两次去中南海陪毛等高干跳舞。

"为甚么 1967 年就停止了？"

"那时文化大革命造反有理"，陈惠敏说："我们也不懂政治，跟着发牢骚，我和孟锦云一起议论毛主席，说毛像皇帝三宫六苑，我们算甚么？是妃子要册封，是妓女要收钱，是舞女要好玩，我们甚么都没有——这话被文工团的头头刘素媛听到，她连夜去向毛报告，毛听后只说了两个字：**造谣！**就把孟锦云和我抓起来，打成'现行反革命'，遭到毒打，我被送去东北。说我们反对毛主席。"

我们知道，毛晚年身边有两个宠女：张玉凤和孟锦云。张女之受宠，介入政治之深已不是秘密，孟女在毛死后较低调，只有一本郭金荣著《毛泽东的黄金岁月》（1990 年出版，2009 年重炒），是孟女的口述之作，虽是党性作品，却也透露了一些细节。最引人生疑的是，孟女这样一个陪毛跳舞的女孩，怎么突然成为反毛的"现行反革命"？郭的书中称，孟案是当年的"一号问题"，谁也不准打听，不准传说，是涉及毛的"绝密"。而 1975 年夏天，毛又突然将孟女收回身边工作，此时已婚的孟，想要一个孩子，毛竟不予批准。孟女戴着反革命帽子，在毛身边，甚至可代毛圈阅机密文件……这在那为拜神斗得你死我活的时代，是何等不敢置信的荒谬事！

自由进出香港新华社许家屯办公室

因此，海外许多评论都认定孟女和毛的关系不仅陪舞还有陪睡。现在，陈惠敏的披露可视为一个旁证。她和孟锦云同年，事后遭遇更惨。林彪事件后，她得以从东北送回北京，挨打的伤痛，遗留至今。后来再进中南海，直到毛死前。前后经历十四年。

她说，她的本名是"陈惠敏"，为了隐蔽其身份，才改名陈露文。张戎在《毛泽东鲜为人知的故事》的采访名单之"身边工作人员、女朋友"中，陈惠敏和张玉凤、孟锦云在列。

陈惠敏说，她是毛身边女伴中，唯一的干部子女。张玉凤是东北籍的列车服务员、孟锦云是出身不好的湖北平民之家。而陈惠敏之父陈玉生是新四军第三军分区的司令员，前香港新华社社长许家屯曾在陈玉生部抗日地区任泰兴县委书记，后任陈部政治部副主任。许在 1997 年 9 月香港《苹果日报》专栏中提到陈玉生抗日初期是中共秘密党员。

因此，凭借其父曾是许家屯的上级，陈惠敏 1983 年来香港后，便可自由出入新华社，有时直入许家屯办公室。陈说，许家屯常告诫她不要"乱说话"，尤其是关于毛的话题，甚至吓唬她，要小心，否则会被暗杀，被绑架回去。（许还说他亲自批示过江苏歌舞团一名因说出和毛有一夜情的演员判处死刑）。后来怕影响不好，许家屯便下令新华社门警不让陈露文随便进入。

1986 年 8 月，陈惠敏果然出事。那年她回北京被国安在西苑饭店绑架。借口是她在外面讲毛的私事，泄露党的机密。关在香山双清别墅，被严密看守，住在一个二层楼上，关了一年八个月，才放她回南京老家。

后来，中央派向守志（南京军区司令员）和江苏省委书记等人向她父亲宣布陈露文没有问题，"父亲对我的事管不了，只盼我走远点"。她父亲 1994 年去世，九十六岁。去世前住南京，任江苏省政协副主席。陈父受到尊重，是因为早年自组游击队抗日，为国民党收编后，接应新四军建立苏北根据地，立下大功，任新四军（三野）第三纵队司令，副司令为叶飞、张爱萍。陈露文仅有的小学教育就在南京军区子弟小学（卫岗小学）入读，和张宁、刘伯承之女、许世友之女同窗。

英国特工认证陈惠敏是毛的情妇

八九天安门学潮失败后，陈惠敏看到很多人逃亡香港，她便趁机偷渡，重返香港。走的甚么路线？她没有说。最近香港司徒华回忆录《大江东去》出版，其中提到"黄雀行动"也帮了一名"毛泽东情妇"去美国。当即令我想到陈惠敏。

华叔提到此妇人的特征：①带有一名八岁儿子；②曾是解放军文工团；③毛死后嫁给南京军区副司令之子；④从事军火生意；⑤曾关押北京西山；⑥花了二十万元偷渡来港。

对照陈惠敏向我谈到的情况，此妇是她无疑。她确有一子相伴，我也见过，1997 年十九岁，个头高瘦。1989 年应该是十岁。陈惠敏的婚姻也没错，是南京军区副司令之子，名叫"段焕京"（这是陈所述，查当时南军副司令名段焕竞，怎么与子同音？）她说，毛死前四个月曾嘱咐她，赶快离开北京，到南方去，嫁人。她将此事告江华、叶飞，他们认为是毛安排后事。她遂下嫁段家，一年后诞下男婴。丈夫湖南茶陵人。对这段婚姻，她描述道：

> "结婚几天，我就感到厌倦，我们在一起，一点情趣也没
> 有，乏味之至。他甚至不能谅解我和毛的关系，我们的孩子被
> 他骂做毛的杂种，竟拿来摔，只有离婚。"

为查证华叔回忆录的记载，我特地询问支联会常委张文光先生。原来"毛情妇"这单案子是他经手办理的。张文光说：八九年的一天，有人带了这位妇女和他儿子来见我，说了她和毛的关系，要我们帮她移民美国。我立即报告港府政治部保安科，希望安排和这女人接触，查明真相。港府一名老外，相信是英国高级特工，随即和该母子见了面，很快通知我，说没错，是毛泽东情妇。

张文光说，他将此事报告华叔，我们都很惊讶英国特工收集中国情报的能力。但是有些细节华叔老了，记得不准确。例如是否去了美国？

这点华叔书中是有差错。因为陈惠敏 1989 年来港，一直到九七前才办成移民，她告诉我已办好去澳洲。几年后，又有人告诉我，她其实是去了英国。九七后我和她就断了联系。

毛泽东认陈惠敏是"女儿和情人"

春节期间见过陈惠敏之后，2 月 19 日，邓小平死了，这是大事。两天后，陈约我去她家看照片。22 日下午七点，我赶到她在西贡西沙小筑 9E 的家中拜访并看照片。这是我最关注的事——现在，史料对于出版者而言，最重视的莫过于"老照片"，李志绥医生如果没有那些和毛的合影，其公信力一定会大打折扣。香港八卦报纸的"狗仔队"，目标也是为了猎取现场照片以取信于市民。

但陈惠敏坦白告诉我，她没有和毛的照片。为甚么？她说，这方面毛很谨慎。尽管外传毛的女人无数，但公开的照片只有两个：张玉凤和孟锦云。因她们二人是有正式身份的：毛的机要秘书和护士。可以出镜。而她"甚么也不是"。我问她：毛认为你是甚么？

　　"毛说过，我是他的女儿和情人。我反问他，那不是乱伦吗？毛听后大笑不语。他的伦理就是与众不同。他也说过我是'尤物'，初初我还不明白尤物是甚么？后来才知道，就是今天香港很爱说的性感。"

　　我跟她解释，大陆过去没有"性感"一词，就像"做爱"二字也是文革后才流行一样。尤物，字面上是你特别喜爱的物品，用之女性，便有风骚、妖艳之类的意思。俗语难听点：叫"骚货"。她听了笑起来，说，我比张玉凤孟锦云大概要骚一点。（干部子弟总是比较放肆吧。）

　　她说没有和毛的照片，其他的都有。于是，她拿出一大盒照片，倾倒在沙发上，让我看。大部份是黑白的老照片，而且尺寸小。我顺便挑了几张，她同意我去复制。如图这张在中南海和张玉凤等的合影，她在前排中间。似乎没有孟锦云。还有和一些老干部的合影。

毛是政治家，邓小平只是政客

　　趁邓小平尸骨未寒，我挑起话头，问她毛邓的恩怨，可有所闻？陈惠敏说了不少。

　　她又是从自己说起。她说，1986 年她在北京被国安关押，事关邓小平要整杨得志。邓小平之女毛毛的丈夫贺平（总参装备部副部长）被指垄断军火生意，又不报告总参谋长杨得志，直接向邓汇报。杨为此而不满，曾在军委会议上，当着邓的面，指责贺平做法反应不好，让邓很难堪。邓便找岔报复杨：抓她，逼她交待"出卖情报"。她说，因为杨得志是她爸陈玉生的部下，她也和杨相熟，邓要借她打杨得志。

　　其间是否有生意上的冲突？她在 2 月 16 日对我说过杨得志追求她，给她军火生意做。华叔回忆录也提到过她和前夫"做军火生意"。她说过，毛死后，**粟裕**（大将，陈父上级）、杨得志都爱她，表示可以离婚，和她结婚。

　　陈惠敏对父执辈的将领中，对杨得志上将（1911-1994）最为好感，说他为人正直，是一名杰出的战将。她告诉我，1979 年，邓发动的惩越之战，许世友指挥东线，大败；杨得志指挥的西线却获得大胜，因而，1980 年晋升为总参谋长。粟裕曾对陈惠敏称赞其父早年救援新四军，说"没有你父亲，我们待不下去"。粟裕曾任新四军一师兼六师师长。（毛曾盛赞粟裕的战功，说粟裕应领元帅衔，但粟裕谦让，三次辞帅，故位列大将第一名）。陈惠敏没有接受两位将军的追求，尊敬他们为父叔长辈。对我说，他们都是"你们湖南人"。

陈惠敏口中的邓小平根本不值得尊敬。她拿邓与毛比，说毛从未动用军队攻打学生；不会当众训斥耿飙黄华"胡说八道"；邓在军内排斥三野，重用亲信，刘伯承元帅性格内向，功名就被邓抢了去。她说，重用太子党，其实是邓的主意，邓说还是自己的子弟好，邹家华、李鹏、江泽民才上得去。她说毛是政治家，邓只是个办事能力还不错的政客。邓恨死了毛，要拉毛下神台，故意放李志绥出来，搞臭毛……

对英国记者梅兆赞介绍中南海舞会

我问她，毛还有甚么东西赠送给她？

她说，毛有诗和手稿赠她，她都已转送给人，包括宋任穷、江华、陈昊苏、陈小鲁、陈丕显、陶斯亮、杨得志、粟裕等，共有十多首诗。我问她写了甚么？她说只记得一句："来年相会在梦中"。

她说，高干中不少人都知道她和毛的关系，有的见了她还下跪叩头，叫她"娘娘"，求她在毛面前说情，让他们"落实政策"。她和陶斯亮是好朋友，是干姐妹，她多次和毛关说陶父亲（陶铸）的事，但不管用。她说理由（陶斯亮丈夫，报告文学作家）还打算写她的故事。

陈惠敏和毛泽东的性关系，究竟是玩伴还是宠妃？是我一直是想探清的问题。每次见面她都会谈到一些。例如 3 月 7 日（1997），我特地安排英国资深记者梅兆赞（Jonathan Mirsky 1932-2021）博士【注3】和陈惠敏见面。在万豪酒店自助餐谈了两个多小时。那天她着一袭红色套装，短裙合身，神采奕奕。梅博士懂中文，不用翻译，对中国问题素有研究。我请陈小姐说话慢一点就行。

　　她说了 1986 年在北京被关押三年的经过后，便说明中南海伴舞的情况。她说那是 1962 年开始的一项"政治任务"：中央首长要借跳舞有益健康。那时是困难时期，她十四岁，已发育得有一米六八的个头。去中南海跳舞，对她们这班女孩有一个实际的好处，就是可以吃一顿丰富的晚餐，富强面和美味的炒菜，外面是吃不到的。她们的舞场，由空政、公安文工团负责，专为毛泽东、刘少奇、朱德三首长服务。舞场百余人，乐队伴奏，女孩子一排坐在一侧等候邀请上场。

　　她说是有休息室，有女演员陪毛，端茶入室，一个多小时不出来，有没有人上床？她不知道。舞会每周两次，每次要跳到三、四点钟，白天还要上班排节目，宣传演出，"非常累"。周恩来的舞场要低一级，由海政文工团伴舞。

高层个个玩女人，周邓都不例外

　　当问到《叫父亲太沉重》，周恩来有没有婚外情时，陈惠敏毫不犹豫地说：周有情人，是一位将军的妻子，比她大十岁，是海政的舞蹈演员。周常打电话找她，在她们那圈子里人皆知道。她说"**艾蓓**完全是周恩来的女儿！"艾的养父是个副部长，生母在北京，当然不会公开。

　　陈惠敏解释说，高层除陈云身体衰弱，林彪"抽白面（？）"外，个个都玩女人，老帅朱、叶、老邓都不例外。他们当这是最高的特权享受。有的高干还"扒灰"，搞儿媳妇，告到毛那里。下级为了巴结上级，也以介绍女孩子为最好的手段。有人专机从杭州送一女给毛，毛看不上眼，当即飞返杭。毛曾要她介绍姐姐来京（陈惠敏一家十姊妹，她排行老七），被她拒绝。张玉凤就没有拒绝介绍其妹到中南海服侍毛。

　　陈惠敏和梅兆赞见面时，谈到毛的生育能力时，说一段颇为大胆的话："毛有生育能力，李医生有帮毛的女人打胎。只是到老了，才不行，后来已经不能射精，只是精神上发泄，玩一玩。"

　　当时，我特别注意到在座的梅博士对"不能射精"一语的反应，可能是陈说得太快，梅博士没有听清而无反应，我却听得很清楚。陈惠敏还说，文革开始后，江青大出风头，她完全不理会毛的性事，只盼他多玩些，她好在政治上尽情发挥和抓权。

梅兆赞后来问我：关于陈惠敏的事，香港记者为甚么没有人去追踪？我回答说，可能是怕太敏感吧，连李志绥的书出版，香港媒体兴趣都不大，感兴趣的是大陆人。针对陈惠敏想移民美国的要求，梅博士还帮她找美英驻港领事探听过，他说，领事馆的人早已认识她，说，"和毛上过两次床，就想办政治庇护？"

那天在万豪，陈惠敏胃口很好，吃了不少生蚝。

和毛的性关系：如鱼得水的忘年之交

谈毛的私生活，1997 年正月初十那天，在铜锣湾航空大厦的谈话较为详备。下午三点四十，我迟到十分钟，陈惠敏已在拐弯街口等我，身着一套白色裙装，配白色高跟鞋。她带我上六楼，介绍这是她以每呎 9000 元炒得的一层楼，正待价而沽，我们在一张写字枱，相对而坐。她一开口就讲了半小时。说做军火生意、炒楼曾赚到两个亿，现在还有三千万港币在手。

我问她：来香港多年为何不结婚？

她说："我在大陆有很多人追，文革后有两个中央委员追我，简直疯狂。来香港也有甚么董事长追我，还有人给我介绍大富豪×××。我无动于衷。我为甚么要离婚？就是因为和毛主席的那段关系太刻骨铭心，其他人就显得平淡无味。"我一边记录，一边请她解释。

"随着权力的增长，他的性欲也变得旺盛，以至变态，无人可以适应。因为毛是一个非常态的人，性自然如此。毛是做爱的高手，不是一般的性交。他很反感周恩来装圣人，情人多，不敢做。也反感刘少奇说他老婆都是正式结婚，只有我一个乱来？毛的可爱就在于他的真，他敢说，他就是秦始皇。"

"有张玉凤、孟锦云在身边，还不能满足他吗？"我问道。

她说：她们两个贤淑，听话，但呆板，不会做，只当自己是工具，不主动，没法让毛有如鱼得水的快乐。我不同，毛可以当她们的面叫唤："陈惠敏勾引我，让我看不了书！"

她没有说怎样勾引毛。但说她常在毛面前赤裸裸地看书，以请教问题靠近毛，毛很欣赏她的眼神……只能想象，1966 年才十八岁的她，以舞蹈演员的裸体示人，七十岁的毛怎能招架得住？她说，毛的性意识特强，第一次强暴她时，将她的衣衫撕烂，让她"一下子完全崩溃了"，经过多次强暴，他们终于成了忘年之交！她说毛的肤色光滑红润，可爱极了。

她透露毛有些怪癖，爱光屁股放响屁，还让她们记录一天放多少次。他认为放屁是健康的表现。毛喜欢和她互相逗弄，不是单方面满足。还不止一次让她看他怎样和其她女孩玩。她说毛熟读《金瓶梅》，说"贵在意淫"。他不看色情电影，"有我们在身边陪他，足够了。但江青看三级片。"她说，毛的性致很高。我有时和他说文革的事，他很烦，说：不要理那些屁事，还是办我们的事要紧。

陈惠敏和毛讨论过恩格斯的婚姻理论，一夫一妻制由私有制而引起，也会随私有制消灭而灭亡，她和毛都赞成"共产共妻"。

恋恋不忘毛的帝王之恩

和陈惠敏的谈话，根据我的记录共有六次，每次都在两三个小时以上，出书始终是她最关心的事。她说，很多人都是想利用她发财。北京也有人找她，要她为党史留下材料，被她拒绝。我相信，她是有心出版一本比李志绥回忆录更为真实的书，记载她和毛的前后十余年的情缘。她一再说明，所以要价数百万美元，是要得到补偿，"蹂躏了我的全部青春"，有一次非常伤感的诉说，"毛把我害得这样惨，弄得我和任何男人都不能满足，结婚的欲望也没有了！"但是，她并不缺钱。她也想出名，甚至说，以后要别人提到毛就知道我，像杨贵妃和唐明皇一样。

她非常自信。声称沾上了毛的灵气。其实，也有毛的不可一世和无知，造就她的野心。大陆有关方面给她"封口费"，让她炒楼，一次损失三千六百万（港元），面不改色。她气愤地骂，英国美国当她"垃圾"，不给她移民，视她比一个流亡学生还不如。她要出一本超过李志绥的书给他们看看。

她不讳言，对毛的至高崇拜，怀念毛。她说时常托梦，毛对她说，"只要不跟别人一道反我就好，对我的事，实事求是就行了，我不怕暴露。"她说，毛是天才，超凡脱俗。毛喜欢她，也是因为她聪明、坦白、反潮流，不仅仅是她漂亮性感。江青也是和毛的性格相互吸引，她是绝对忠于毛的。毛身边的人，如"汪东兴很坏，干了很多你想象不到的坏事"。

她说，她不怕国安追杀，他们找她谈了五次，要她回国去住，给她房子。她不要。但是香港不安全，她一定要走。到外国生活，和儿子相依为命。她预言毛派还会在中国上台。

从 1997 年起，陈惠敏对我寄予希望，出版她的回忆录，匆匆十四年过去，事如春水了无痕。她在哪里？别来无恙？在大时代的洪流中，多少风流人物都已瞬间即逝，她想做的"乱世佳人"之梦，不过是一代暴君的一个注脚而已。

她说的这些故事有多少份量？有没有掺水？编造？读者和红墙中人自可质疑、判断。"白头宫女在，闲坐说玄宗"，也算一篇"故事新编"吧。

注释：

作者后记：此文原载《开放杂志》2011 年 10 月号、开放网。本文发表后，不少网站转载，并在中国大陆热传，据称至少有数百万人读过。不少网友作出响应与补充，无人质疑，肯定是一篇有价值的史料。读者询问有关情况，据悉陈惠敏后来居住伦敦，2020 年张朴先生出版《陈惠敏自白》。）

【注 1】黄肇松（1948-）苗栗客家人。台湾政治大学新闻硕士、纽约大学国际关系硕士，历任中国时报驻美记者、总编辑、社长。时报系总经理，中央社董事长。现为世新大学新闻系教授。金钟 1987 年首途台湾，曾专访黄肇松谈台湾开放报禁。

【注 2】司徒华（1931-2011）广东开平人，曾任香港小学校长，执教四十年。任教协会长、香港民主党领袖、支联会主席，立法局议员、基本法草委会委员。基督徒。2011 年 7 月牛津大学在香港出版《大江东去——司徒华回忆录》，书中介绍他和中共的关系甚详。

【注 3】梅兆赞，泰晤士报驻东亚首席记者。参阅本书第六章〈余英时教授痛斥流氓政治〉【注 3】

修订 2024-5
2026-1-15 校排版稿

第四章

论　说

16. 阿 Q 精神打败"假洋鬼子"

【作者按：本文借由中共理论家杨献珍、周扬在毛泽东康生推行哲学领域文化专制的遭遇，评析中苏两党二战以来的意识形态分歧，与社会民主主义在欧洲的发展，如何导致共产运动的分崩离析，毛以阿 Q 精神自命，藐视外国回来的"假洋鬼子"，随意武断御制一个个策略谬说，不仅造成一言堂愚昧统治，毒化民俗文风，也使官方工具的理论界陷入一片荒芜……】

2022 年驾到。中国人视二字和八字一样，意含吉利。但在上世纪六十年代，一句"合二为一"惹祸，"一分为二"则成为凶器。成千上万人因这两个来自一场学术分歧的"二"字遭殃。那是一个今人不可思议的时代。

康生在中央党校提前文革，批斗校长杨献珍

中共哲学家杨献珍（1896-1993），也是"老革命"，在北平监狱中带着脚镣，翻译《反杜林论》《列宁主义基础》等马列经典，后来党校（中共培训思想理论干部的各级学校）成为他的终身职。他在1964 年 4 月的一堂讲课中提出命题"合二为一"。这原是哲学问题，属于马克思辩证法三大规律——对立统一律、量变到质变、否定之否定的范畴。当时正是毛泽东组织"九评"，大批"苏联修正主义"之际。中央高级党校属党棍康生曹轶欧夫妇势力范围。之前的庐山会议，康生已经盯上了杨献珍。因为杨氏曾三次发言批评毛泽东的"大跃进"政策，对浮夸风"人民公社"深恶痛绝，说：

"除了一双筷子一个碗，其余都是公家的，这是什么共产

主义？我说这是叫花子共产主义，甚至比叫花子还穷，叫花子还有一条打狗棍！"毛获悉，告诉文宣负责人周扬："杨献珍是反对我的。"康生顺势给杨下结论：配合彭德怀"一文一武、一唱一和，疯狂反对三面红旗，反对毛主席。"于是，杨的党校校长被罢官。

毛披挂上阵批修反修同时，指示康生发动哲学肃反：以"一分为二"取代"对立统一"为核心的唯物辩证法。只要斗争性，不要同一性。1964 年 7 月，康生抓住杨献珍，在全国范围公开批判杨的"反革命修正主义哲学"，下令党校停课一年，大批判"合二为一"，文章五百多篇，将毛的"斗争哲学"泛滥到小学生、工人、处处"活学活用"的地步："不是你吃掉我，就是我吃掉你"。对外则煽动第三世界武装起义，反对欧共的议会斗争。鼓吹"世界农村包围帝修大城市"。杨献珍被揭发"吹捧赫鲁晓夫、骂斯大林的言论最多。"1965 年 9 月，杨眼看"唯心论横行、形而上学猖獗"，被逐出党校，贬入社科院哲学研究所。文革爆发，再揪回党校批斗，挂铁牌子游街，下跪请罪。被抄家，被殴打，在院子里四处爬行，任街坊邻居围观大哲学家颜面扫地……接着，又以六十一名叛徒案关入北京白庙黑牢，身体完全垮掉，结核病毒发作，直到颈椎溃烂，喉部穿孔流脓，1972 年送医治疗抢救，留下失聪等后遗症。1975 年康生死前不放过杨献珍，给杨结案定性为："叛徒、里通外国分子"。杨拒绝签字。

直到文革后，胡耀邦任中组部长，给予杨献珍平反，结束他八年共产党冤狱加三年流放。1981 年出版《我的哲学"罪恶"》。说他的哲学生涯是"忠诚的愚蠢，愚蠢的忠诚"。他痛心的是"几百万人因'合二为一'而陷入身心皆否定的命运……"中央党校在文革前因"合二为一"案株连者，达一百五十四人，及至文革，更多人被残害至死。处长黎明跳井自杀、知名哲学家孙定国跳冰窟而死（孙被陈伯达粗暴批斗羞辱，当晚寻死）……哲学界惨劫，到林彪叛逃事件才叫停。

周扬：痛斥中共社会主义被"异化"

"反修九评"为中共恶斗作理论上的武装，"九评"中推崇"毛泽东最大的贡献"，就是用对立统一规律的"一分为二"，肯定阶级斗争、敌我矛盾……将毛的暴力革命论戴上冠冕的哲学礼帽。其他那些"大批判"文章都不过是打人的棍子。1983年，文革结束已七年，邓小平又来一场"反对精神污染"运动，批判周扬、王若水等的**"异化论"**【注1】，被认为是1964年讨伐杨献珍哲学的继续。周扬在中央党校马克思百年纪念会的长篇报告，沉重地批判中共将人道主义当作修正主义加以否定，使政治与权力变成异己势力，产生个人崇拜，以致政治运动一再扩大化……周扬从理论上根本否定中共制度：已经蜕化为个人专政的封建独裁主义。

周扬（1907—1989）湖南益阳人，留学日本。文艺理论家、《安娜．卡列尼娜》中译者。曾任中宣部副部长，总管全国文艺界，是毛整肃知识分子的统领，有"文艺沙皇"之称。文革中遭残酷批斗，亲身领略专政的黑暗。出狱后大彻大悟，向他打击过的右派含泪道歉。中国知识界不止一代人，经历类似杨献珍周扬那样"否定之否定"的苦难历程，他们没有想到年轻时迷信的共产乌托邦，竟然迎来的是一场又一场劫后余生，至今独立人格的尊严依然如鬼火幻灭……他们是有过现代文明熏陶的一群，比"红旗下长大"的一代，更能透视这场"中国革命"发生发展的弊根所在。

我1983年在香港评"异化论"时，曾引用周扬的一段话。他批判文革是马克思主义的一次"停滞、倒退和变质"后，说：中共"从建党到进入社会主义都缺少马克思主义的理论准备，这是中国党的一大弱点。"这段话在党内分量很重：弦外之音，指中共一直不是一个马列政党。文革那样邪恶如满天神佛，已突破人类良知的底线。异化论比伤痕文学更深层次地从哲学上质疑中共党的本质。和斯大林1944年6月对美国大使哈里曼说，中共是一个**"人造奶油式**（麦琪淋）**的共产党"**，早已是著名的掌故相呼应。

史料显示，苏共和共产国际对中共的阶级组成缺乏工人阶级成分"很在乎"，（八大公布党员成分 69%是农民、工人只占 14%）。【注2】在马列信条中，致力共产革命政党的无产阶级性质至为重要（认定工人大公无私、农民狭隘自私），在欧洲包括俄国，为此曾有多次争论（孙中山曾在欧申请加入社会党国际，因代表农民被拒）。因此苏共对中共虽然成功夺取政权，但在理论上有相当的保留。尽管毛口口声声"无产阶级革命""阶级斗争"，无人敢力斥其非，只因党内外言论已一律净化。好在最后一场"文革"，将其又臭又长盘在红帽子下的阿 Q 辫子暴露出来。中共决议自鉴：文革"不是任何意义上的革命"。【注3】

毛推荐"不准革命"的阿 Q 精神

毛一再指责斯大林对他"不准革命"，而他坚持革命，并且革命成功——很少有人对此中奥秘作出分析。毛对斯大林的回应，史家皆知主要是指二战后，重庆会谈国共组联合政府与"隔江而治"两件事。【注4】斯大林不希望看到中国内战，而主张国共建立"联合政府"。但毛公开不服从"大老板"（高层对斯大林称呼）是有所忌讳的。迄今，中共对斯大林"不准革命"这样严重的事件，没有在正式文件中提到过。九评〈关于斯大林问题〉中，只说斯大林对中国革命的"左"倾右倾路线有过错误影响。时间是"二十年代末至四十年代中期"，偏偏没有四十年代后期的"不准革命"！换言之，以当年斯大林在共产阵营至高无上的权威，而对中共暴力革命持保留态度，虽然没有阻止毛的内战胜利，却绝对是于毛不利而不宜公开的。

令人诧异的是，毛表达对斯大林的不满，用的手法竟然是借用鲁迅著名小说《阿 Q 正传》中的名言"**不准革命！**"众所周知，阿 Q 是中国农村流氓无产者、地痞型人物，具有非常典型的国民劣根性，卑怯、没教养，善投机，但自尊心重，屡遭不幸，总以似是而非的理由，取得"精神胜利"。他为未庄赵太爷打工，受苛待而玩世不恭。去过城市，见了世面，革命谣言传来，他以为他也是革命党，可以分产物。

便去投靠当了革命大官的假洋鬼子。不料被人撵走。当他看到赵太爷家遭劫，革命党人往外搬东西，特别遗憾假洋鬼子不让他革命。反而冤枉被捕受审，他陈述革命未让他入伙的愤恨……阿 Q 最后不明不白被砍了头。

鲁迅这篇 1921 年发表的小说，有感于国人落后卑贱，"哀其不幸、怒其不争"，并无赞美阿 Q 之嫌。然而，毛泽东大力推荐这篇小说，抬举阿 Q 的"革命精神"、鞭笞"假洋鬼子"。他在《论十大关系》口语拼凑的纲领文中，不提马列，独捧阿 Q。要同志们"好好的看看"。他的《湖南农民运动考察报告》被称为《阿 Q 正传》的续篇、红卫兵则视为具有"阿 Q 性格"。毛上井冈山与绿林土匪结寨造反，生命最后还自喻是"山中无老虎，猴子称霸王"——如此高调推捧一个公认的不堪人物，谁更能代替毛，这样炫耀自己的流氓本性？党内有过非议毛派的"经验论"，早在延安已被肃清。毛的所谓理论，充满了这类武断和轻率。

毛一生作为，与流寇李闯王、张献忠造反何异？冯雪峰曾面告毛，鲁迅读到他在江西写的诗词时，说毛"有山大王气慨"，毛闻之"异常欣喜"——就在《阿 Q 正传》发表的那 1921 年，共产党被列宁输入到中国。从上海到江西到陕北，莫斯科都是养母和教父的角色，但是毛与苏式规范一直水土不服、格格不入。毛的俄文**译员师哲**，写了很多毛和苏共格格不入的故事。折射出两种革命必将分道扬镳的基因相克。【注5】中国鲁迅研究学会副秘书长张梦阳是阿 Q 精神的批判者，他说，阿 Q 如果得到未庄大权，只会将赵太爷专政换成"阿 Q 专政"，结果可能更残酷更黑暗更糟糕——这论断饱含预见性。

斯大林战后亲力推行议会道路

周恩来 1972 年向尼克松总统抱怨：苏联和西方签订《雅尔塔协议》不知会中共；邓小平 1989 年和戈巴乔夫"恢复中苏关系正常化"时也说：过去中苏分歧"真正的实质问题是不平等，中国人感到受屈辱。"……毛在莫斯科第一次和斯大林当面不愉快，只是因为斯大林指出中方没有按照承诺的方式发表一个"官方声明"。事情不大，却触犯了毛内心的阿Q式的自尊心（一夜生闷气，不理人）。以后二十多年，和苏联闹得天翻地覆，邓小平承认"说了一些空话"，毛自认是"抬杠"【注6】为了显示他"比赫鲁晓夫略高一筹"，竟然公开辱骂喜欢"土豆加牛肉"的赫鲁晓夫"不须放屁"——这不恰似阿Q精神胜利法的再现？

毛对斯大林的两次劝阻内战，自然会想到"假洋鬼子不准阿Q革命"，他不是处处感受到莫斯科回来的"假洋鬼子"们的藐视吗？骂一声斯大林：不准革命！有如生理反应。他以为斯大林死了，世界革命领袖自然轮到他，他至少长得比秃头好看，头上没有阿Q那块癞疮疤。发动文革，招来五湖四海的拥戴，全无敌！极度鄙视苏联和美国"主宰世界"（1963年）"订了三国条约"。到处叫骂"原子弹是纸老虎"。【注7】

本文所以对"不准革命"事件加以铨释，不仅因为事涉两位共产巨头之争，更是含有二十世纪因二次世界大战引发的人类理性思维的演变，这演变将有深远影响。二战在欧洲战场和亚洲太平洋战场留下史无前例的惨烈后果。苏联军民牺牲二千六百万人（远超美英法总合牺牲之一百四十万），一千七百个城市被毁，战前工业化大部毁弃，留下寡妇一千万，全国上下无不痛心疾首。

斯大林在二战及战后做了三件有重大绝断力的事：

- 一是主动解散"共产国际"。独自决策、开记者会。其承担力，不弱四十八年后的苏联解体；

- 二是高举反战的和平旗帜。在苏共十九大的演说，号召举起被抛弃的资产阶级民主自由旗帜，最后口号是"打倒战争贩子！"；

- 三是他亲力指导法国、意大利、希腊、比利时等共产党放下武器，走"议会道路"、参与联合政府，避免内战。（法共、意共遂成为议会大党），甚至告诫党人：苏维埃不是实现社会主义唯一途径，其他政体没有"无产阶级专政"也能实现社会主义。斯大林支持波兰、南斯拉夫的社会民主选择。其思路的社会基础显然来自欧洲工业资本主义文明的价值观。

国共重庆谈判失败后，**蒋经国**曾承父命秘密拜见斯大林两次。经国透露，斯大林很不理解，国共谈判为何破裂？说苏联在延安只有三个代表，美国则有三十名军人驻延安。并说毛是一个很独特的人，独特的共产主义者，他喜欢农村，对城市不感兴趣……那时正是"美军观察组"在延安与毛周共舞（1944 年 7 月—1947 年 3 月）斯大林忙于攻克柏林和与美英谋定战后布局之际。斯大林以为**法国模式**畅行于欧洲，中共必可照办。殊不知毛正在策划内战、利用美国反蒋（毛周甚至企图秘密赴美会见罗斯福总统）。可见"不准中共革命"和后来中苏关系一系列冲突的脐带关系。苏共沿着其二十大改革路线走到底，至死不渝，1991 年还政于民。实现欧洲"社会民主主义"的一次多国潮流建构（此为中共极力隐晦的事实）。

毛泽东遗留的哲学：成王败寇

斯大林在欧洲寻求工人阶级运动的新局面，启动美苏合作体制，怎能瞧得起一个手持长矛大刀的山大王造反？毛抱怨苏共看不起他——"不准革命"，没错。那无异于对来自成吉思汗、乾隆武功的"黄祸"传统说"不！"。斯大林派哲学家尤金院士去北京，助编毛选。尤金读了前三卷，发现"行文太土，不登大雅之堂"，加以中文的陌生，改了三百多处……斯大林一死，毛收起"中国人是下等人"的自卑，贬斥美苏核讹诈，又公然鼓吹核大战，中国人不怕死，死三亿人几年就生出来……将个人崇拜推向文革的独裁恐怖，有志"要把地球管起来"。最后在"联美反苏"破旗的招摇下，众叛亲离而驾崩，毛的万岁霸业终付东流。《毛泽东语录》被中共正式取缔，毛思想因"两个凡是"被批判，曾一度下架。【注8】

在一片血海的映照下，这场贴着毛泽东标志的革命，因十月革命一声炮响而起，失落在反苏反修的浩劫中。真是一袭"成也苏联，败也苏联"的二十世纪魔幻奇谭——这是中国数千年封建社会的最后一次大规模农民武装暴动，披着时髦的马列外衣，裹挟亿万愚民，终究难免暴露其背叛辛亥革命而复辟帝制的本质。（本书繁体版）

今天依然砸砸可闻其声，观察家可以看到的怪现状是，一个堂堂十三亿人的大国，在千年顽律"成王败寇"的掩护下，俯首接受一党垄断的历史虚无主义，连它的精英阶层也匍匐在近乎动物庄园的生态中，默默偷生。

注释：

【注 1】异化论是马学系统的一种辩证法论述。有人走向自身反面之意。源于欧洲十九世纪的国际共产主义运动，由于苏东集团的瓦解和毛主义的溃败，其理论探讨已进入历史范畴。

【注 2】邓小平 1956 年中共八大修改党章报告提出党的阶级构成。以后历次党大会再不提及。

【注 3】见 1981 年 6 月中共 11 届六中全会《建国以来若干历史问题决议》。

【注 4】斯大林 1945 年 8 月指示毛去重庆会谈，否则"内战将使民族灭亡"；1949 又试图在共军渡江前调停国共内战。

【注 5】师哲回忆录《峰与谷》称。例如延安整风，斯大林完全不能理解毛的那套解释。

【注 6】"抬杠"是中国南方人的俗语，意为无理取闹的狡辩。1957 年毛从莫斯科回到北京，对周恩来说，我这次去和他们抬杠一场，下回轮到你啦。

【注 7】参阅毛泽东诗词：1963 年"满江红"、1965 年"念奴娇"。

【注 8】"把地球管起来"，语出毛在 1958 年 8 月 19 日北戴河会议讲话。1979 年 2 月中宣部发通知"停止发行毛泽东语录"。人民出版社（称毛语录三十亿册的主要发行者）指毛语录是"林彪为捞取政治资本而搞的。断章取义、危害甚大，流毒甚广，为肃清林彪四人帮流毒，即日起新华出版社、国际出版社出版的毛泽东语录中外文民族文本，一律停止发行。"

2024-8 修订

2026-1-16 校排版稿

17. 伯恩斯坦、考茨基的远见

【作者按：受过中共"反修"洗礼的人，都记得在鞭笞走资派和赫鲁晓夫时，都要挖他们的祖坟"修正主义鼻祖伯恩斯坦"和"叛徒考茨基"。这是中国人发泄仇恨的传统方式。本文初稿为 2007 年"十月革命"专题，配合普列汉诺夫《政治遗嘱》的发表，分析第二国际修正思潮的背景和十九世纪末至一次世界大战，欧洲社会主义运动的发展趋势，展示主张和平改良反对暴力革命的人道主义路线，早在西欧和俄罗斯回荡，在恩格斯、考茨基正统派的深思下，列宁主义受到沉重冲击。】

俄国"十月革命"是二十世纪震撼性的大事件，已经过去整整九十年（1917-2007），它缔造的苏联也不复存在。之所以仍然是个话题，那是因为十月革命的沉痛教训，在中国还没有被记取，中共迄今不允许发表批判十月革命的言论。

我们为此特地选发"俄国马克思主义之父"普列汉诺夫（1856-1918）的《政治遗嘱》。这是一篇历史性的文献，显示马列主义之自行修正源远流长。该遗嘱是 1918 年 4 月口述、笔录，密藏多年，终于在苏联崩溃后 1999 年 11 月俄《独立报》发表面世。中共马恩列斯编译局学刊 2000 年译出这篇遗嘱。《开放杂志》摘要选载其中三章。

普列汉诺夫遗嘱、列宁充当德国间谍曝光

普列汉诺夫比列宁大十四岁。他最早在俄国介绍马克思学说，翻译《共产党宣言》。他 1880 年起居住西欧，直到 1917 年二月革命后回到俄国。当年很多俄国革命者、学者都在国外活动，包括列宁（居

住西欧十七年，1917 年回国）。苏共前称"社会民主工党"，亦在国外多时。普列汉诺夫的思想深受欧洲左翼工运和共产国际思潮的影响。列宁年轻时对普氏极为推崇，赞他的书"培养了一整代俄国马克思主义者"。普氏《论个人在历史上的作用问题》被公认为左派经典。他的著作很早已有译文在中国出版。

二十世纪初，俄共中央出现布尔什维克和孟什维克（多数派与少数派）。列宁成为激进的布派领袖，普列汉诺夫则走向温和的少数派。那年正是欧洲社会主义运动改良派得势，德国社会民主党在议会选举中获得八十一个席位，成为议会第二大党，伯恩斯坦高举反对阶级斗争、无产阶级专政的旗帜，主张阶级妥协，"和平长入社会主义"，主导了"第二国际"【注1】思潮。列宁却在俄国推销他的暴力革命，力主俄国变一战为内战，大肆攻击"第二国际"是机会主义。借 1917 年二月革命推翻沙皇后，继而发动十月暴动，以苏维埃政权取代临时政府，共产党上台。

列宁"十月革命"的真相，直到 21 世纪才由俄罗斯历史学界揭开：祖波夫教授领导四十多名学者，2009 年出版**《二十世纪俄国史》**，载明列宁在一战期间充当德国皇室反俄的代理人，接受巨额资助（五千万金马克，相当于九吨黄金）号召变帝国主义战争为国内阶级斗争，打倒沙皇。并于 1917 年 4 月由德国特种兵，秘送列宁回到彼得堡，列宁即谋划解散立宪会议，建立苏维埃一党专政。这是列宁极不光彩的历史记录。

普列汉诺夫见列宁得势，即发表致彼得堡工人阶级公开信，对这场革命的胜利表示痛心，因为"在无产阶级不占多数的国家建立无产阶级专政，只会引起一场大灾难。"他认为俄国工人阶级远未成熟到政治上可以统治国家之时夺取政权，也会给本阶级造成严重损害。次年（1918）三月他的肺结核恶化，吐血，五月在芬兰疗养院去世。在这段最后时光，他口述一份遗嘱，交代只要布尔什维克还在掌权，他的遗嘱不可以发表。因此，这份文件密藏了八十年，直到二十世纪末才在自由的俄罗斯发表出来。

预见列宁的专政解体需要好几十年

普氏遗嘱预言布尔什维克革命将会经过四个阶段，最后必定垮台。"迟早有一天人人都将清楚列宁思想的谬误，那时布尔什维克的社会主义将像纸牌搭的小房子那样坍塌。"他估计这个"解体的过程可能拖上几十年。"

而根本原因在于，"他们将把俄国推入没完没了的阶级恐怖之中，布尔什维克需要一场血腥的、惨无人道的国内战争，只有通过这条道路，他们才能得到政权，并将其巩固。""如果说罗伯斯庇尔砍掉了几百个无辜者的脑袋，那么列宁将砍掉几百万人的脑袋。"普列汉诺夫指出，列宁的专政比沙皇的专政更为可怕，布尔什维克革命"不仅将吃掉自己的孩子，还要吃掉自己的父母"。

一百年之后（1991 年）庞大的苏联帝国真像纸房子，一下子倒塌，无数人探讨这个破灭的神话。众口归一，杀人太多，天理难容。从赫鲁晓夫掘墓第一铲起，关于这个红色政权的终极评价趋向一致：清算血债。正是列宁，在十月革命前夕成立一个全俄肃反委员会（**契卡**），至 1921 年共处决二十五万人。契卡公开把对敌人的残忍奉为革命美德。1921 年喀琅施塔得水兵不满契卡权力无边的专政而暴动，被列宁派五万红军予以镇压。连德国左派罗莎.卢森堡也指责列宁把无产阶级专政变成了"对无产阶级专政"。

十月革命的恐怖统治，被斯大林接过来，变本加厉，把不同意见的党内战友打成间谍、暗杀犯。"列宁遗嘱"中提到的六名领袖，除斯大林外，全被处死。包括季诺维也夫、布哈林和流亡墨西哥的托洛茨基。官方统计，斯大林的农业集体化和由之而起的饥荒死人一千余万。1937 年大清洗逮捕一百五十万、处决一半。世人皆知"古拉格"劳改场……然后，直到步苏维埃后尘的毛泽东独裁专政，杀人无数——岂不都已印证普列汉诺夫预言的，列宁革命的残酷性！毛 1956 年，讲列宁斯大林是两把杀人的刀子，俄国人把斯大林这把刀子丢了，"我们中国没有丢"。中共一直奉苏共为师。

伯恩斯坦主导第二国际社会民主思潮

我们在研究十月革命时，看到普列汉诺夫已和"反对列宁，反对十月革命"的伯恩斯坦绑在一起。他们在十月革命这历史的大关节点上，一道表现了批判的大智慧、大勇气。最后苏联瓦解，不可逆转地抛弃了列宁主义，回到人道主义的轨道上，也给了他们历史的光荣。只有回到百年前的背景上，才能看清 1960 年代中共"反修"的根源，伯恩斯坦一直被戴着"修正主义鼻祖"的帽子。说他是马克思主义最危险的敌人，是修正主义中的极右派，是十月革命恶毒的诽谤者。不断地出现在中共高档的《九评》和垃圾式的大字报中。

爱德华·伯恩斯坦（Eduard Bernstein 1850-1932）出身德国柏林犹太家庭，幼入银行学徒，而立之年成为社会民主党的杂志编辑，发表社会主义问题系列文章，并结识倍倍尔、恩格斯、考茨基等马克思主义和工人运动理论家。十九世纪末，中年伯恩斯坦开始修正马克思，认为老马对资本主义必将灭亡的论断不对，社会主义可以和平地在资本主义社会实现（资本主义和平长入社会主义），主张用渐进改良和立法的方式达到社会主义，反对暴力革命方式……曾被普鲁士帝国政府驱逐出国。

1899 年他谈社会民主党任务的著作出版，引起修正主义大争论，列宁等左派奋起批判，指他全面挑战马克思。伯恩斯坦两次当选德国国会议员，任期共达十年。和恩格斯有密切的私人关系，作为恩格斯"遗嘱执行人"【注2】，认定恩格斯晚年为马克思《1848-1850 法兰西阶级斗争》所写导言是主张"议会道路"的政治遗嘱。成为"第二国际"的主流思潮。伯恩斯坦指出社会主义没有民主，就会产生新的专制统治，威胁人道主义……这些论述反映成熟的西欧工业社会的良知和集体愿望。百年风雨，欧洲的"社会民主主义"已经是许多进步政党与人士的共识，成功抵制共产革命的蔓延。

考茨基：马克思正统传人，与列宁势不两立

和伯恩斯坦齐名的考茨基（Karl Kautsky 1854-1938）出生布拉格。这两位西欧历史地位和年龄都相当的大师级人物，值得我们有所了解。因为他们曾深度维系在"马恩列斯"这条红色法线上。以至渗透在我们记忆所及的不幸遭遇中，"马克思列宁主义"至今还写在中国宪法上！前面说过伯恩斯坦，这里补充一下**考茨基**。考氏可谓是一位大学问家，我读过他的大作《人的本性》六卷本。老马《资本论》第四卷剩余价值论为他所编写，还有《唯物史观》等。被称为马克思正统派的代表，曾任社会主义权威刊物《新时代》主编三十四年，维也纳大学教授，甚至 1918 年德国革命后的副外交部长。但是随着第二国际的分化，考茨基提出"超帝国主义论"。认为帝国主义不是"资本主义的最后阶段"，它可以循和平、民主、议会制，过渡到社会主义。批评"资本主义就是战争"的非理性观点……

列宁闻之大怒，斥他敬仰的考茨基，是"无产阶级革命的叛徒"，并以《国家与革命》著作清算之。十月革命后，考茨基完全透视列宁的革命是"国家恐怖主义""使用武力不是社会主义"和伯恩斯坦指列宁"用刺刀在俄国进行一场社会主义的冒险试验……是向布朗基主义最野蛮的畸型发展"一道，对列宁主义展开有力的批判。认定是俄国长期存在绝对专政体制的产物。指列宁"相信野蛮暴力万能"。他们相信"普选权"对于工人阶级有如阿基米得的支点一样重要，列宁却禁止一人一票选举，强行一党执政，显示"俄国社会发展还根本够不上实现社会主义"。

考茨基、伯恩斯坦一直活到 1930 年代。和在十月革命热火朝天去世的普列汉诺夫不约而同，对列宁十月革命无论宏观、具象视角，都预言其灭亡的结局。一幅国际共产运动百年兴衰的图景（如表），从 1848 共产党宣言至 1991 年苏联解体。一个半世纪，列宁输出革命五十六国建党、二战血与火的考验、苏共二十大开始回归第二国际，历三十余年的修正磨合，击败毛泽东复辟专制的挑战，实现民主

化和平转型，结束共产党对苏东阵营的"权力垄断、经济垄断和意识形态垄断"（久加诺夫语）。【注3】这场超过一百年的马列暴力革命悲剧，我们略有体验的一代，禁不住钦佩普列汉诺夫、伯恩斯坦、考茨基等的先知先觉，钦佩他们的政治远见，看到这些被妖魔化至今的修正主义大师们，不仅是高尚的理想主义者，也是学养精深的著作家，他们的作品逻辑严密，文采灿然。

记得考茨基有一篇不过二千字悼念列宁的文章**《列宁的墓志铭》**，真挚的感怀和无私的评论交织一起。他写道——我们因为分歧，被他深深的贬损，但要评估一位死去的人，应该将个人恩怨放在一边。列宁是一个伟大的人物，这样的人，在世界历史上寥寥无几。在我们这个时代，只有俾斯麦可以和他相提并论，他们都相信铁和血可以解决重大问题。他们也是外交能手，欺骗敌人，取得胜利，不惜改变路线。但他们也有不小的不同。列宁在理论上大大超过俾斯麦，然而对外国的了解，大大落后。虽然他在西欧生活了几十年，列宁的政治完全适应俄罗斯国内。对外寄托于世界革命，这一开始就是幻觉。俾斯麦失败于对欧洲革命后民众的觉醒，仍然强行权威。列宁上台群众没有政治自由愈加严重，而服从于他的独裁。这是他成功最深层根源，也是我和他分歧的开始。俄国革命的成功，有待于条件的成熟。我可能看不到。

以上摘要也是许多西欧思想家们对列宁洞若观火的评述。他们强调社会主义只有足够的现代文明条件才可以实现，靠武力和暴力不可能持久。中国在二十世纪以极权主义统治打造一套非人道的僵化的意识形态，制造大量精神鸦片和一批自欺欺人的法师如胡乔木一类，遗害惨重，至今没有理论上和组织上的清理。

2007 年 12 月，图表作者制作

2017 年 12 月修订

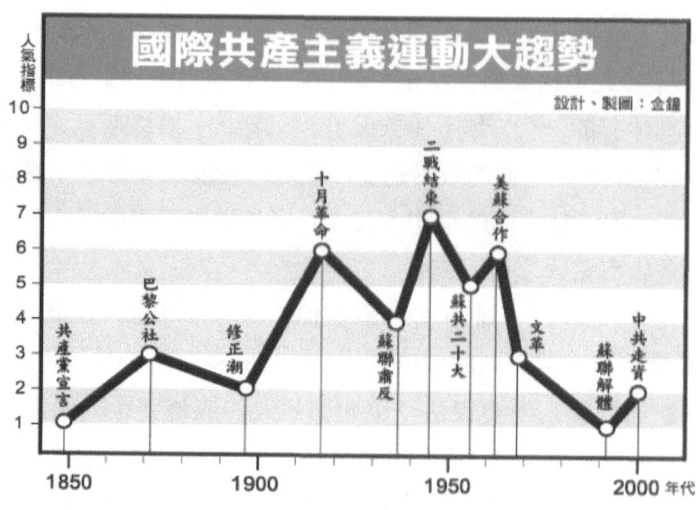

注释：

【注 1】第二国际：正名"社会主义国际"，1889 年 7 月继马克思"第一国际"而成立于巴黎，是各国社会主义和工入政党的国际联合组织，恩格斯领导促成，显绩是宣布五一为国际劳动节、三八为国际妇女节，推动八小时工作制。内有倍倍尔马克思正统派、伯恩斯坦、考茨基修正主义派，德国社民党势大，有 108 万党员，议会 111 席位。至一次世界大战，列宁组"第三国际"。二次大战后第二国际改组为"社会党国际"至今。1905 年孙中山兴中会曾申请加入第二国际，被拒。

【注 2】恩格斯遗嘱：恩格斯于 1893、1894、1895 分别拟定遗嘱文件，具有法律效力。将其遗产：存款、股票、文件、手稿、书籍、家具等交遗嘱执行人（弟弟、伯恩斯坦、路易莎）遵嘱处理，馈赠、付酬，马克思手稿、信件处理……交代遗体火化，骨灰沉入海中。遗嘱全文载《马恩全集》39 卷。所谓"政治遗嘱"，乃伯恩斯坦所称，未见文件。

【注 3】久加诺夫：苏联解体，苏共被取缔后，成立的"俄罗斯共产党"中央书记，曾四度参选总统，落选。他解释苏联瓦解原因，是由于共产党统治下的权力垄断、经济资源垄断和意识形态垄断。是为"三垄断"说。

2026-1-17 校排版稿

18. 赵紫阳：被牺牲的第二代

【*作者按：赵紫阳（1919-2005）是中共第二代权力代表人物。曾任中央总书记。赵逝世后，他的老战友宗凤鸣，2007 年在开放出版社出版《赵紫阳软禁中的谈话》。书录赵宗二人八十次交谈，详载赵数十年在中共政坛的经历和思想变迁，尤其是说明他在 1989 年六四事件的角色。藉以显示赵从主持政治体制改革到拒绝武力镇压学生的思路与胆识，已相当接近苏共领袖戈巴乔夫。如果没有中共元老的干扰，文革后的中国历史将会重写。*】

1989 年震惊全球的北京学运被血腥镇压，已经十五年（—2004年），在追寻那场运动产生的原因时，人们往往对中共高层的变化未予足够的重视。在一个专制传统深厚的国家走向开放与民主的转型，统治阶层是不可缺席的。中国八九民运大潮的涌起，正是与中共总书记赵紫阳当权实行一系列有限的政治改革密切相关。而赵的改革又是文革后非毛化的继续，这一过程从 1978 年开始，至 1989 年六四事件结束，大约十二年。六四镇压的代价是斩断了文革后全国性的政治反省，牺牲了两位重要的体制内改革派领袖胡耀邦与赵紫阳。

鲍彤领导"政改办"的深入探索

由于六四后中共当局的封杀，研究这个时期的有价值的出版物并不容易，吴国光博士 1997 年出版的《赵紫阳与政治改革》是难能可贵的一本，今天重读，仍可以感到它具有不可替代的意义。这本书从一个侧面印证八九民运的背景及其结局的悲剧性。**吴国光**记述 1986 年 9 月至 1989 年 2 月，他作为智囊团成员之一参与赵紫阳委托鲍彤领导的中央"政改办"工作，不仅经常接触高层和各方面负责干部，作了数十万字工作笔记，而且参与"十三大"政治报告和其他重要文件与讲话的起草，这些经历累积的资料，成为这本纪实的基础。因此，本书是这段保密运作的政改设计见证，也是中共执政史上罕见的内部记录。其史料价值不容低估。

由于邓小平在反自由化运动中对总书记胡耀邦失去信任，而由任总理的赵紫阳主持中央政改研讨小组，并要求政改成为中共十三大的主题。参与政改研讨的重要成员有鲍彤、周杰、严家其、贺光辉、陈一咨、陈福今。从启动到十三大前，政改办召集了三十多次正式座谈会，包括党政军、经济、文化、外交、新闻和省市各方面领导人与专家参与并记录在案，请他们谈政改问题。由于是内部会议，可以看到许多大胆的批评与建言，除了个别人如吴冷西【注1】等，绝大多数高干都认为党的权力太大，一定要改变"以党代政"的局面，党要在宪法法律范围内活动，批判权力高度集中。有人说，北京火柴涨价一分，也去请示中央政治局。1957 年前非党人士中央部级中有数十人，现在全国只有十八名非党副省市干部。甚至有人提出"天赋人权"，质疑"党的权力来源"，认为多党制，三权分立，议会民主是恩格斯【注2】肯定的，包括"党的经费来源"都在议论之列。

赵紫阳对中共体制有深刻反省

吴国光详细地记录了赵紫阳在政改研讨过程中的多次讲话，赵指出政改的制度化，实质就是要"分权"，"国民党的以党治国，还没有我们的党政不分厉害，地方党部不搞一元化领导。"胡启立说，封建社会靠科举制、资本主义靠选举制和文官制度，社会稳定，比较公平，赵表示有同感。赵批评过于强调"领导核心"，指这种核心制度很难保证不出事。赵指示：言论、出版、集会、结社自由等问题，要列入研究专题。但这些问题非常敏感，研讨可以，对外"绝不能扩散"。

在整个咨询期间，无论是部长还是教授，省长还是将军，他们的思路都离不开三个方面：一是对党的历史主要是毛时代的反省；二是对中国封建社会太长的共识；三是结合实际和群众的意愿，表示对国情相当的熟悉。赵紫阳与众不同的是，他常常引用国外数据包括西方、苏联东欧和港台的政治社会制度与经验，显得高屋建瓴，视野广阔。1986 年底安徽科大发生学潮，赵的评论可圈可点，令人想起赫鲁晓夫、戈巴乔夫对苏维埃制度的批判：

> "我们选民的投票兴趣还没有菲律宾大。我们真民主搞得很假，人家假民主搞得很真；假民主搞得很民主，真民主搞得不民主。……社会主义国家人民感觉到不如资本主义民主，这终究是一个我们需要回答的问题，一百年也要回答。"

当时，邓小平在家中会见胡耀邦、赵紫阳、万里、胡启立、李鹏等人，谈八六学潮与反自由化问题，严厉批评胡耀邦反自由化不力。吴国光指出，邓这次讲话收入邓文选时，只留了"专政手段要讲也要用"的意思，删去了原中办文件中有的"不怕流血"的字样。

批评党领导太绝对化，一个单位一个太上皇

赵紫阳 1987 年接任中共总书记之后，继续推动政改研讨，同时给反自由化降温，在四月见过邓小平之后，以折衷手法发表"五一三讲话"，扭转大气候，使反自由化在胡耀邦去职后无疾而终。这段时间，即十三大【注3】前后，是赵的权力高峰期，他言词犀利，敢表态，有魄力。在二月份听取温家宝关于"党政分开"的专题汇报时，他指出，无论自由化或不正之风，都压制人民积极性，根本解决办法"要搞直接民主"。"我们党的领导太绝对化，每个党委书记就是绝对权威，一个单位一个太上皇。"

赵很关注苏共戈巴乔夫领导的改革，认为苏共二十七大后的发展对中国有启发，尤其在理论与立法方面。他说，"我们也有不民主，不能说成真民主，过去选举是没有选择的选举，很难说是真民主。"关于公民的权利，赵主张以立法加以保障：

"比如游行，我们不能禁止游行，但要划出一个界限来。"

"我们在民主问题上要少说多做。不是不做，而是多做。多宣传一些集中，而实际上多给人们一些自由，扎扎实实搞一点民主，效果可能更好。"

在赵的主持下，政改办的研讨很活跃。**陈晓鲁**（陈毅之子）在一次讨论中谈中共"权力来源"，他说："我们是武装竞选，经过二十多年选上了，但选上了，就是千年王国了？建国后我们或多或少地滥用了人民给的权力。"统战部长**阎明复**甚至估计将出现"反对党"，他认为要制订"政党法"。有人认为，宪法中没有"政协"的规定，可以认为政协是"非法组织"。出版法、结社法，也都在讨论之中。关于党的经费，由国库开支，连民主党派也在内，都引起非议。有人主张增加党费与国家补贴相结合，赵紫阳强调决不能搞党办企业、公司，否则流弊比"吃国家"还严重。（当时中共全党党费一年一亿元，上交中央三百万元。）

邓小平的专制性格葬送政治改革

当政改方案初步成型时，邓小平在 1987 年 5 月作出反应："是不是搞了一点三权分立？"语气不重，但压力很大。因为邓是太上皇，一言九鼎。邓在反自由化时曾明定不准搞西方式民主，斥责三权鼎立，就是几个政府，"要保证效率，这是社会主义优势，不能丢。"赵紫阳说，邓一贯思想如此，反对互相牵制。但是，贯穿在"政改办"的基本思路，就是只有权力制衡，才能改变高度集权，才能使决策科学化，合理化，才能以法治代替人治。为此赵与胡乔木有一场争论，在研究政治局与常委的职权划分时，胡乔木【注4】反对划分，认为没必要。赵则认为不划不行，他批评"党多年的习惯不愿搞具体的东西。我们总是怕繁琐。"赵认为"不规定起码的制约，会出大问题。"赵和邓立群【注5】也有分歧，邓说"多数人的专政就是民主"。赵则说："专政是民主的保障，但不是民主。"

非常明显的轨迹是，赵紫阳的政治改革要借助邓的权威以排除阻力，又要屈从于邓的集权性格随时自律。他的许多讲话带着折衷平衡色彩，先讲反自由化，坚持四项原则，再讲坚持改革。中共意识形态的游戏实在玩得很辛苦。但赵紫阳毕竟不是胡锦涛、温家宝之辈，大权在手，他还是有承担的能力，继否定整党报告成立马列研究院的建议后，1988 年 3 月赵提议将中央党刊《红旗》改名为《求实》。没有足够的胆识，是不敢作此决断的。

值得一提的是，在 1986 年秋到 1989 年"六四"，两年多的政改酝酿与实施过程中，赵紫阳十分倚重他的首席顾问**鲍彤**。年届天命的鲍彤，有丰富的政治经验，博学善谋，头脑慎密，兼具组织能力，一位高级领导人有这样的幕僚，那是少见的幸运。试举一例说明鲍彤的见识非凡。中共十三大前，赵紫阳鉴于苏共的改革领先，也想取法"公开化"之效，在十三大提出"政治开放"的口号，但鲍彤认为现处于"训政"阶段，提出政治开放，人们会误会到党禁开放，报刊开放，审判开放，选举开放，而这些又暂不可能去做，还是具体写上赵提出的两句话为好，即"重大情况让人民知道，重大问题让人民讨论。"开放之议，遂而搁置。

1987 年 10 月"中共十三大"虽然通过了赵紫阳政治体制改革的"总体设想"，但是在推行层面，操作阻力很大，首当其冲的是"党政分开"。正如赵指出，这涉及"既得利益与权力"，相当多省委书记反对党政分开。有人说，"改革改革，最后拿党来开刀"。同时，经济改革的逐步深化，利益再分配也引起新的社会矛盾。1988 年邓小平干政，要求全面实行价格改革。物价这一关没有闯过，改革形势受挫，到秋天，政改已处于停滞状态。赵低调说："当前政治体制改革就是解决当前问题，保证廉政，保证公民权利，为经济改革创造条件，不能老把眼睛盯在西方议会民主。"进入多事的 1989 年，焦躁不安的学生和知识分子走上街头，爆发了空前规模的八九民运。

软禁中赵紫阳痛批中共革命合理性

1989 年震撼国际的六四事件，天安门学运被镇压。赵紫阳在 5 月 17 日政治局常委会反对戒严后，便失去了权力，随之被软禁在家，至 2005 年逝世，长达十六年。期间偶有人来访，老朋友宗凤鸣特获关照与赵谈话上百次，且整理成文，经赵审阅，2007 年由开放出版社在香港出版《赵紫阳软禁中的谈话》，有李锐、鲍彤作序。广受重视，成为中共史上和陈独秀、张国焘并列的领导人亲历的回忆文字（直到 2009 年新世纪出版社出版附有录音的赵紫阳回忆录《改革历程》）。软禁中谈话这本书与许多相关赵紫阳的文章著作相比，我认为，其特别的价值在于两位对话者，不仅有中共内战至毛邓全权统治时代无保留的参与，而且有不约而同的体验与反省，最后达到在主要的价值观方面，与现代潮流一致。其忧国忧民的理性程度，看看今天满朝保守颟顸的官僚群，实在令人钦佩。

赵紫阳 1984 年访美一周，里根总统决意开放对中共的技术转让，支持中国现代化。西方评论家认为赵紫阳任总理、总书记的十年是中共最开放的时期，赵的一系列政策，简政、放权、松绑，包括企改减税承包、下放土地权、各省财政包干、引进股市、力主加入关贸协议、支持经济特区……将计划经济公有制转向市场化和全球化奠定整体性基础。1986 年在邓小平支持下，启动政治体制改革，目标是"变革命体制为建设体制"。

在软禁中，赵表达对内外局势的鲜明关注。1994 年台湾总统大选，江泽民以军演武赫，赵对宗凤鸣说：

> "台湾搞的是真正选举，不是台独活动，你针对台湾民主，帮了李登辉，而且将台湾问题国际化。引来几千记者云集，看到中华民族几千年第一次民主直选总统，走在大陆前面，长了台湾的威风。"

赵（获准游成都时）【注6】还说，**"若以导弹毁灭台湾，实为天理所**

不容，成为千古罪人。谁也不敢下武攻的决心。台湾问题只能在和平民主基础上实行统一。" 针对西藏连续骚乱暴动，赵指出解决办法只有学美国的联邦制。对于毛的"三个世界"理论，赵不以为然地指出："有当世界领袖的欲望，与苏联争高低。"这是中共党内、外交界无人敢于触及的话题。

赵紫阳的教育背景是在武昌读了两年高中，二十岁回到家乡河南滑县先后任县委书记、地委宣传部长。三十年代的高中文化，也许令他受用终生。从他和宗凤鸣的谈话中，不时为他们的困惑寻找理论上的解脱，有时达到令人惊叹的深度。1992 年 4 有 12 日，苏联解体疑云未散，谈到落后国家实行社会主义时，赵紫阳引用马列史观说：

> 我们建设社会主义完全违背马克思恩格斯的论断，不是根据经济发展、生产力水平，而是依靠发动群众，用政治斗争手段来推进社会主义，这就必然强调意识形态斗争，大力开展阶级斗争，实行领袖独裁的无产阶级专政，以及严格的组织纪律，采取高压的手段，甚至镇压的办法。其严重后果是，变成畸形的社会主义，成为人民的对立面。

赵紫阳这段从苏东崩溃发出的感慨，分量很重。可谓将中共革命的正当性完全否定。那么何处是归途？他选择孙中山提出的"军政、训政、宪政"三阶段民主，还政于民。"而我党连这个阶段也没有，只是一味地强化阶级专政。""赵明确地说，所谓实行现代化，就是西方化。搞西方的一套。"赵说，清朝洋务派提出"中学为体、西学为用"。百年来学西方，就是专制政体不能触动，邓小平改革开放又四个坚持，也是中体西学，那就是党的专制政体不能动。但这就不能容纳市场经济。应该调过来："西学为体、中学为用"（曾任国家主席的李先念在清算六四时，指责赵十三大后"学西方的东西太多"）……不过，赵紫阳对中国民主未来仍有保留。他说，中国引进马列主义，加上几千年亚细亚专制主义，经济落后，人民素质差，一下子实行议会民主、多党制，一千个政党出来，会乱，应该渐进……赵赞扬蒋经国英明，顺应潮流，开放党禁、新闻自由、大陆探亲、平反"二二八"冤案。

抛邓事件意外，六四事件中共第二代失落

最后，应该对赵紫阳遗憾终身的一件事略作评述，那就是所谓"抛邓"疑案。1989 年 5 月中，苏共总书记戈巴乔夫来访，5 月 16 日戈氏分别在上午下午会见邓小平、赵紫阳。在戈赵会晤中，赵告诉戈氏"一个秘密"：中共中央有个决定，在重大问题上要由邓小平掌舵，向邓通报，向他请教。——此话直播后，引起爆炸性反应。一方面严家其发表五一七宣言"打倒中国最后一个皇帝！"广场学生高呼邓小平"垂帘听政"！邓家则愤怒之极，骂道："他们要把我们剁成肉馅了！"翌日 17 日，邓女邓楠在电话上直斥赵紫阳没有良心、意指赵出卖邓；接着邓榕又在电话上告知，邓已作好第四次被打倒的准备……。大局急转直下。17 日晚，在邓家开会批赵，决定戒严。赵失势，被软禁，军队进城，直到六四屠杀。给人以赵戈"一言丧邦"的严重印象。赵本人大感意外，多次作出解释。尤其在 2009 年的回忆录中，表示悔恨。媒体议论纷纷。……

赵作为指日可待的大权接班人，为何因一次失策的谈话，而导致邓小平龙颜大怒、和赵决裂？现在看来，尽管赵触及邓忌讳"垂帘听政"的痛点，但赵不可能以此作为挑战邓的一击，赵充其量只是为打开学运僵局给邓一个示意，赵坚信只要邓对学运定性松松口，其余问题他可以包下来解决。殊不知邓是不容妥协的独裁者，他内心"毛在，毛说了算；我在，我说了算"【注7】的独尊意志超过一切。（即使 516 当天也充分表露：中苏两国两党"关系正常化"如此重大的决策，没有任何外交程序的正式会谈、协议、文件，就凭全无党政职位的邓，一句话敲定！）

因此，所谓**"抛邓"**，不宜做过度解读。不如说，邓与学生都利用这意外事件，爆发彼此早已存在的对立情绪——邓对学运的敌意和学生与市民反抗中共专制的长期心理。至于为政的慎言之道，事态

的发展，我们可以看到，赵紫阳既非善于投机的政治家，也不是那种麻木不仁的官僚……（广场学运，当时的难题是绝食造成的失控，恐非赵派之力可易解决。绝食设计者应有一定责任）。赵在大势败落，血溅长安街，政局惨遭糜烂后，他在回忆录中表示深沉的无奈，但从未动摇同情学运、反对戒严的立场。

1972 年 4 月邓小平"南巡"，赵紫阳表示：邓绝不会改变对六四的定性。"我也不会检讨反省，我的信条是：既有今日，何必当初？"对追随中共一生的决绝心境，昭然若揭。胡耀邦、赵紫阳为代表的中共第二代，在毛独裁的废墟上，接掌国家权力，正是冷战缓和，国际共运开始蜕变的大好机遇，人民开始觉醒，市场经济大受欢迎。他们必将大有作为。不幸"八九六四"一役，被邓小平篡夺第二代的全部空间，走上病态的一党垄断的权贵资本主义之路。造成一个大历史的倒退。足显中共统治的致命逻辑：**从毛到邓，第一代铁血专政罕见的强势！**残酷的吞噬了从刘少奇到赵紫阳应有的机会与权利！历史何等无情。

注释：

【注 1】吴冷西，1919-2002，广东新会。中共高级文宣领导人。历任新华社社长、人民日报总编辑，中宣部副部长。毛泽东倚重的文胆之一。文革后负责毛著出版，任广电部部长。著《十年论战：中苏关系回忆录》等。

【注 2】恩格斯 Engels Friedrich，1820-1895，德国哲学家，马克思主义创始人之一，推建第二国际（1989-1916），接受社会民主主义思潮。

【注 3】十三大，中共十三次全国代表大会，1987 年 10 月北京召开。赵紫阳作主题报告，提出社会主义初级阶段论，是文革后最开放的一次党代会。赵继任总书记。

【注 4】胡乔木，1912-1992，江苏盐城。清华大学、浙江大学，中共保守派党史理论家，历任毛泽东秘书 28 年，任新华社社长、社科院院长。曾主持两个历史决议文起草。

【注 5】邓力群，1915-2015，湖南桂东。北大毕业，历任中宣部长，中办主任，十三大落选中央委员，中共左派代表人物。

【注6】赵紫阳软禁期间，曾有当局安排离北京出外参观访问。

【注7】毛在，毛说了算；我在，我说了算……，此语出于邓对江泽民交代工作时所说，见《赵紫阳软禁中的谈话》。

2025 年 1 月修订

19.　"中国大一统"的边界在哪里？

【中俄边界划分议定书于 2008 年在北京签订。这是中国最大最久的边界问题的最终解决。中共不得不认同条约神圣原则。但是中国为何仍然潜在四周巨大的分离主义隐忧？中国承继满清王朝侵占的疆域、朝野狂颂康乾盛世，又有何合理性？在"大一统"主义的淫威之下，掩盖着历史的巨大误区。本文作出尖锐坦诚的分析。】

2008 年 7 月俄罗斯外长拉夫罗夫访问北京，和中国政府签署有关"中俄国界东段的补充议定书"。官煤宣扬"中俄四千三百公里边界全线勘定"，我们在香港明白，这是中俄历史性边界争议的终结，在北京奥运开场之际，我发表〈中俄东部边界的争议〉一文，为若干网友关注。文章指出，中苏交恶，以边界谈判攻击苏方，甚至在珍宝岛血拼，一拖四十年，断无收回"一百五十万平方公里"失地之可能。不能容忍的是，中共采取"高度保密、黑箱作业"的秘密外交，处理如此重大的领土争议问题。尤其是 1999 年，江泽民极为秘密地和叶利钦签订《中俄全面勘分边界条约》，将发表异议者逮捕入狱（程翔事件），令人愤慨。

150 万平方公里失土：中共放弃

其实，中国和四邻的边界领土疆域之争，不仅繁多、复杂而且由来已久，俄罗斯是最大一家而已。涉及的历史、政治、民族、意识形态，更是敏感、沉重而深不可测。中国当政执权者，从清朝到共产党，无不受到种种内外条件的局限，很难竟其责而善其事。丧权辱国、颠顸误国是常见的描述，根本原因在于统治者欠缺甚至拒绝现代国际关系的基本准则。这和中国尤其明清以来故步自封落后专制有关。并非"弱国无外交"一语可以概括。

在中俄边界争议中，常被提及所谓"一百五十万平方公里"是一例，沙俄时代侵占中国土地有多少？中国官方和史学界并未提出确实的数字。公认一百五十万平方公里，包括东段与西段，却未计中段"唐努乌梁海"十七万平方公里。故此"失地面积"，应该是一个约数，因为在一百多年前，不可能科学地测量那些包括许多尚未开发、罕无人烟土地的面积。在历次中俄边界条约文本中，只有分界的走向、界标点的位置，而从无详细面积之说明。甚至中方关于城堡大小的量度只有"步"而无"尺"的概念。对江东六十四屯、库页岛（八万平方公里）、唐努乌梁海这些地区的面积，也没有清楚的交待。

现在中方强调1689年的**《尼布楚条约》**"公平合理"，因为条约划定"150万平方km"是中国领土。但有官方新著（姜长斌）指出中苏边界的核心分歧，就是苏方坚持《尼布楚条约》是对俄国的不平等条约。后来瑷珲、北京二约，便是俄国收复失地。俄国史学家认为俄方坚守1860年《北京条约》合理的理据是：俄国1650年代已在黑龙江中上游立足，并向远东滨海区拓展，到1685年已建有管辖的城市、村镇超过二十座，并纳入俄国东部版图。而满族1644年在中国建立清朝后，三十多年忙于镇压明朝遗民的反抗和巩固政权，使满洲地区空虚，俄国人在开发两国中间地带时，见不到中国军队与政府人员。1689年，清政权已形稳固，在武力攻击下，才签订《尼布楚条约》，俄国被迫让出了大片土地。因此，《北京条约》收回失地，才是平等的条约。而且，1860年至1960年举行边界谈判的整整一百年内（除外蒙独立问题外），实际上并不存在争议，清朝、民国与中共建政初十年至少都默认中俄边界的上述三个条约。

现在中俄官方勘界消弥争议，和解的基础是国际法公约的原则——条约必须遵守，又称为**"条约神圣"**原则。中共接受了这项"国际条约法关于国家主权与领土边界的通行准则"，从而取代了"不平等条约"的旧思维呢，还是另有所图？

邓小平外交违背"条约必须遵守"原则

　　但是，北京当局对处理如此大面积领土的得失，不敢作出公开声明。仍回避了中国近三百年历史中一些本质的矛盾。邓小平 1989 年会见戈巴乔夫的谈话，反复对十九世纪以来中国主权领土受到极大损失的叙述，明显是以史压人，掩饰中方在中苏分歧中的责任。仅以"双方都说了一些空话"，敷衍带过。最后还以"结束过去，开辟未来"，摆出一派老大的天朝架子。也不顾礼仪地表露中国坚持要苏联承认不平等条约的立场。同时，扯出日本侵华战争，中国死了"几千万人"，夸张列强（日俄同列）历史之罪。虽然表示愿在条约的基础解决边界问题，但谈话并无平等的诚意，否则划界不会在 1989 年之后又拖了二十年。

　　事实上，邓绝对不是一个条约必须遵守者。他在 1982 年会见英国首相撒切尔夫人谈到香港问题时，就又是一副嘴脸。后来他告诉中顾委们时说："撒切尔夫人来谈，她坚持历史上的条约按国际法仍然有效，一九九七后英国要继续管治香港。我跟她说，主权问题是不能谈判的，中国一九九七年要收回整个香港。"邓还威胁说，"如果中英双方根本谈不拢，中国将重新考虑收回香港的时间和方式。"邓承认中国面临一个香港、一个台湾，解决方法只有用谈判或是武力……实际上，邓小平的策略是在武力威胁下的谈判。香港这样回归了，台湾则尚未成功。可见官方"中国的领土机制实现近现代的转型"，还是空炮。江泽民急于划界的实际算盘是因 1989 天安门事件，以和俄罗斯结成战略伙伴关系，有利于抗衡西方各国制裁的压力。同时有经济上的好处：俄国天然气、石油可以减缓中国的能源紧缩；俄国开发远东地区，需要中国的人力与资源，伊尔库茨克以东人口不足八百万，只占毗邻黑龙江、吉林人口六千多万的八分之一，土地却大过约二十倍（包括部分冻土地带）。

国际领土争端的四种处理方式

谈现代领土机制，应该回顾近代国际间处理领土问题的方式。不妨以中俄美三大国为例，大致概括四类：

一、武力方式——如俄日库页岛之争。1903 年日俄战争，俄败割让南半部予日本，1945 年二战日本战败，将全岛奉还俄国。台湾亦然。因中国甲午战败而割让日本，1945 年中国胜利再收复，也全因战争胜败而致。历史上两国交兵结果，败者割地赔款是常事。自然无公平可言，全由实力而定，或曰"丛林法则"。

二、谈判方式——如中俄边界争端。两国谈判虽间以武力冲突或某种压力，但基本程序是谈判，讨价还价，谈妥后按外交惯例签字换文各自批准生效。十九世纪至一战前，各国所签双边多边条约达一万五千项，涉领土者不少。不是城下之盟，也无绝对公平可言，双方得失总难均衡。这种解决领土纷争的方式乃是文明社会契约精神的体现，以信诺为前提。

三、商业方式——用金钱换领土，或辅以其他形式的利益交换。花钱买地是美国领土扩张的主要方式。美国 1776 年独立时，只有 80 万平方公里辖土，到现今 937 万平方公里，很大一部份购买而来：1802 年以一千五百万美元买法属中部十三州 260 万平方公里；1819 年以五百万美元买西班牙之佛罗里达；1846 年向墨西哥宣战，亦付一千五百万美元得 140 万平方公里，包括加州、新墨西哥州等地。买俄国阿拉斯加更是一段佳话，1867 年一夜之间成交，美以七百二十万美元买到阿拉斯加 150 万平方公里连阿留申群岛。后来方知该地石油、天然气丰富，值二万亿美元。俄人痛悔之。买卖成交，岂能反悔？

四、分离方式——国土因革命、动乱、独立运动等而分裂，造成领土国界的变迁，亦常见。近如苏联解体，各加盟共和国纷纷独立建国，大一统的苏俄版图自然面目全非。再如外蒙古之独立，向为国人关注。外蒙古在明朝是独立的瓦剌鞑靼国，边界南达长城。清朝侵占入版图之内。1921 年宣布独立，国民政府不承认。二战后，中苏协议由外蒙公投，百分之九十八蒙古人赞成独立，1946 年国府予以承认并建交。1953 年台湾在联大推动"控苏案"改为不承认蒙古独立。中共则一直承认蒙古独立，故两岸之中国地图迄今有异。

蒙维藏三大民族分离运动，挑战大一统主义

今日中国版图奠基于清朝，为中华民国与中华人民共和国所承续。但中俄边界领土之争长达三百年至今才"划上句号"，清朝遗传的版图是否具有万古长青的永恒价值？恐怕无人敢下此断言。翻开**谭其骧**权威著作【注2】《中国历史地图集》，谁都可以看到清朝之疆域，乃是中国历代王朝版图变迁系列中的一个环节而已，只具一定历史时空的相对稳定性与合法性。证诸上述四类国家领土演变方式，近三百年中国领土的潜在变量，昭然若揭。

秦以来的中国以汉民族为主体，聚居于黄河长江的中原沿海地域——这是两千多年来不变的基本史实。秦朝到清朝，历八十个王朝，其间合多分少，华夏主体为汉族，从来未变。人口迄乾隆朝十八世纪末达三亿之众，至今日共产党中国人口十三亿，称五十六个民族（其实大谬，台湾远不是只有"高山族"），汉族仍占百分之九十一点八。但有一个举世无双的特征，即占人口九成的汉族聚居的地区，只占国土不到一半，另一半以上国土为几个人口仅数百万的民族所居：蒙古族 Mongolia、维吾尔族 Uyghur、藏族 Tibet。

正是这三个民族的分离主义运动，挑战了满清以来的大一统主义。首先是**蒙古族**，在二十世纪成功地脱离清朝版图，（在苏联支持下）建立了蒙古人民共和国，1961 年加入联合国。藏族独立建国运动步履维艰，但在国际社会已得到许多同情，而且，在印度建立流亡政府，已近五十年。**维吾尔族**建立"东土耳其斯坦共和国"运动更陷于困境。现已被定为"恐怖主义"，最近奥运期间，中国政府声称，境内发生的多宗爆炸和暴力袭击案，与"东突"有关。

1998 年，我曾经访问 CTN 记者**梁冬**，他详谈过采访中亚一带的

东土活动和土耳其"世界泛突厥族大会"的情况，说维族人九成八都主张独立，境外的东土组织设想 2005 年是发动圣战建国的适当时机……

台湾独立运动则是另一种性质，以中国内战两岸分治为背景、不以民族自决独立建国，而以民主自由人权"反中国霸权"为要求。尊重海峡两岸维持现状，各有实质性国家主权的现实主义。世界许多国家和台湾保持非政府关系。北京却将"台独"包含"两个中国"等当作假想敌而政治化。

显然，和藏独、疆独、蒙独相比，中国的边界纠纷就沦为次要，尤其是摆平中俄边界之后，现在最大的边界争端是和印度的麦克马洪线分歧，涉及九万平方公里的藏南地区。1962 年中印边境战争后，中国撤军，印度完全控制，1987 印度正式在藏南成立阿鲁纳恰尔邦。开展基础建设。中国一直不承认印度对阿邦的主权。美国则支持印度拥有主权。中印现保有争执和克制。

清朝版图乃是侵略扩张形成

走笔至此，不能不思索中国统一迄今何以尚存如此重大的隐忧与挑战？和美俄两大国比较，这是中国独有的最大的不稳定因素。美利坚合众国五十州没有这样的分离倾向。苏联解体后，各加盟共和国独立，而后组"独立国协"，十一国加入。近二十年来，各自为政，大体上相安无事，也算一个稳定的地缘政治架构。独有中国不然。这不能不对大清帝国版图的形成及继承的合理性作出评析。

让我们看看五百年前（明孝宗）中国的版图。和距今一千年的宋朝一样，汉族仍聚居于传统的中原地域。今蒙古、新疆、西藏的广大地区有异族的几个独立的国家（蕃国）。到了清朝康熙、雍正、乾隆年间，经过前后七十年的战伐，才将西域各国征服，纳入版图。包括康熙 1720 年发兵入藏，立前藏、后藏，统称"西藏"。**乾隆** 1757 年剿灭准噶尔汗国，竟实行灭种政策，将汗国信奉伊斯兰教的五十万突厥族（色目人），杀掉三十万，妇孺亦在劫难逃（其惨不忍睹，史书纪详）。从此，中国版图增加一百九十万平方公里之"新疆"。全国领土比明朝扩大近三倍。这是十八世纪的事。

新疆突厥族国家有其不同于汉族的文化，游牧于天山南北，但这古西域之地在汉唐之后，和中国已隔绝千年。清朝的征战显然属于侵略吞并性质！夺人之地，无任何交易，也没有"不平等条约"。民国时代史学界无不将元蒙的野蛮扩张和清朝"十全武功"相提并论加以批判，延安中共史家邓力群亦指"满清的民族侵略政策，为后来的民族仇恨和隔阂伏下根源。"到五十年代大陆学者如翦伯赞，也认为清朝对少数民族的战争是"反动的侵略战争"。

孙中山对满清统治深恶痛绝

清朝以残酷的手段统一中国，建立了辽阔的疆域。乾隆宣称"天朝之于外藩，恭顺则抚育之，鸱张则剿灭之"。1765 年新疆乌什反清暴动，乾隆谕旨"克复乌什城后，勿留孑遗，尽数杀戮。"结果二万余回人的乌什经屠杀和解押异地，变为空城。清朝征服中国之残暴更甚于征服西域各国，因为遇到强烈的反抗。清兵 1644 年入关，烧杀三十多年，扬州十日、嘉定三屠、厉行文字狱、诛灭九族、剃发易服、改造汉人、笼络奴才，无所不用其极。**满族武力统治中国，是野蛮对文明的一次大规模征服**，与建立在契约精神上的"现代国家领土机制"毫无共同之处。换言之，清朝和元朝一样，是异族入侵中国的领土扩张，与日本侵占满洲并无二致。清朝汉族已经沦为亡国奴。

但是随着中共极权日甚，左风渐炽之后，对高度专制、闭关保守的清王朝的批判，变成了历史的赞美。从清史学者到御用文人尤其把"康乾盛世"捧上了天，更将"中国崛起"的"盛世"当作"康乾盛世"的再现。歌颂康熙乾隆"雄才大略""千古一帝"之文艺作品层出不穷，家喻户晓。大赞满清入主中国，维护了大一统主流，是对中国统一的最大贡献。甚至恭维康熙的"军事思想"值得后人效法……可谓"肉麻当有趣"。

但是，中国思想界对清朝的批判，从未间断。难忘的是，中国民主革命先驱**孙中山**对满族统治的深恶痛绝。他的三民主义之民族主义便是针对异族统治而来，主张反清复明，驱除鞑虏，创立民国。孙中山直到 1919 年都是反满主义者，到晚年才认同"反帝"。否定满清对中国的专制统治，是辛亥革命的理论基础。

史家郭沫若在其评述明朝亡国之作〈甲申三百年祭〉中，根本不认满清为中国正统（令人想起文字狱的名句"夺朱非正色，异种也称王"）。鲁迅也痛斥"满清杀尽了汉人的骨气廉耻"，"对汉文化从头到脚的摧残"，是中国近代大大落后于日本的原因。清朝疯狂扩土封疆的十八世纪，正是西方世界扭转人类历史的重要时期，英国工业革命；美国独立，首建民主国家；法国大革命⋯⋯中国对此全然无所知，关起门做皇帝。

台湾史家**柏杨**写道：清政府打平天下后，"大黑暗四方八面反扑而至⋯⋯按电钮人物，就是在文字狱浪潮中最癫狂的弘历（乾隆）"，"他得意的十大武功，认真研究结果，其武功只不过一个——征服准噶尔汗国。"乾隆死于十八世纪最后一年，1799 年，在位六十三年。准噶尔后裔新疆人应该记得他。

中共大一统历史观，力捧清朝伟大贡献

大陆学界出现一批学者研究中俄边界问题多年后看到：清朝闭关自守，严禁出海，愚昧无知，国界观念落后欧洲二百年，依靠"有疆无界"观念维系中央政权统治，与日本俄国走向列强相比，"中国急剧地走下坡路"，"所谓'康乾盛世'不过是徒有虚名罢了。"清王朝的中国疆界合理性遭到质疑和挑战。以边界的历史变迁，疏理延续至今的中国大一统主义的来龙去脉，并佐以近代国际关系的若干实证，论述可以归结为：

一、中国历代版图均有巨大的变迁。

二、中国现代国界以清朝版图为本。

三、清朝版图基于满清对中国和西域的武力侵略和野蛮统治而得，留下巨大争议。

四、中国汉族与边疆少数民族在地理上的失衡，构成中国统一的不安定基因。

五、东突维吾尔族独立建国问题和清朝对西域的征服史相关连。

江泽民当政时期，曾邀请八位历史学家为高层领导讲史，并结集出版。其中**戴逸**、张传玺教授专论中国古代的历史特征与民族边疆史，特别强调中国"多民族与大一统"特征的形成。对元朝和清朝这两个奴役中国人的大帝国推崇备至，赞扬"清朝是为中国统一的多民族国家的最后形成和疆域的最后奠定，做出最大贡献的朝代。""大一统"和家天下、中央集权、官僚制度并列为中国四大"历史特征"。这是中共当前历史观的一次官方表述。实际上，也是中共迄今坚持的国家意识形态的高度概括。

御前学者们承认"中国长期的大一统是世界历史上的奇迹"，"尤其外国人感到奇怪"。他们故步自封，为统治者著书代言，提供论据。但是除去对辽阔疆域的一片痴心，并无新意。对西方中世纪后逐渐形成的国家学说，尤其是二十世纪的民族自决理论，更是无知抗拒。

2008 年 8 月 16 日

注释：

【注 1】《中俄国界东段的演变》姜长斌著。

【注 2】谭其骧，1911-1992，字季龙，浙江嘉兴人，历史地理学家。1927年入暨南大学中文系、历史社会系，荐入燕京大学。师从潘光旦、顾颉刚等，后任教浙江大学、复旦大学。1955 年起负责编绘中国历史地图，任复旦大学历史系主任，创立中国历史地理学，文革受到保护，接见费正清等外国学者。1980 年成为中科院院士，出版《中国历史地图集》《历史上的中国和中国历代疆域》，提出"版图中国论"，对大陆历史观有重要影响。但其国家地图研究及地图册，亦屡受政治影响与官方干预，成为国界争端的依据。他提出中国现行沿袭元明清旧制的一级行政区划"极不合理"，受到重视。

《后记：关于新清史》中共临朝，铁打江山，誓开新纪元，蔑视历代史记，近三百年《清史稿》，扫入四旧。文革后，2002年才成立清史纂修小组，戴逸教授主导。至2010年清史工程，再出发。立项三百余，2019年三稿定。但新闻传"政审"未能通过。原因是受美国"新清史学派影响过大。"追寻该学派两位主角罗友枝、何炳棣的辩论已经六十年，罗破题的问题是："少数的游牧满族为何能够统治广大而复杂的中国二百多年？"何回答是汉化的影响。罗等则认为清朝是非汉传统的"征服王朝"。主张以族群边疆框架审视清史。被中共官方史家斥为分裂民族解构国家统一的"新帝国主义史学"。其实，"中国已亡，成为蒙满殖民地""元清二朝不是中国""驱逐鞑虏""十八行省为中国"……早已是孙中山等的信条。到了中共旗下，更有一套国际主义的说教，充满政治的偏执和垄断，不容史界客观研讨。现在大捧"雍康乾"、贬斥"新清史"，令修史叫停。可见大一统主义，已经造成史学的危机。

（金钟）

2024-5 修订
2026-1-18 校排版稿

第五章

台湾、香港

20.　周恩来魅力外交舞台背后

【作者按：周恩来在中共体制中是一位神话般的人物。在连绵不断的统治灾难中，扮演国内外讨好的角色。日理万机，无所不能。又有一幅美姿风度。我们在香港曾出版《红朝宰相》批判他的逢君之恶与伪善人格。本文涉及中共统战外交若干问题，周曾是具垄断地位的决策者，擅长隐秘手腕。如 1963 年国共密谈，迄今无人知其前因后果。本文揭示八二三炮战幕后原因，引发毛泽东的"绞索论"、庐山会议、大饥荒、反苏……连串后患。周恩来御前殿后、造成宁左勿右、浮夸不实的中共外交传统。】

1996 年，我们曾追踪周恩来的一段秘闻——中共媒体透露周曾于 1963 年 12 月，专程到广州，由南海舰队司令吴瑞林护航出海，和国民党当局在唐家湾万山要塞秘密沟通，这是两岸关系多年突破性的事。中共高级特工领导人罗青长发表文章，证实周恩来"与台湾当局秘密会晤的重大行动"。说台方是"两位能沟通国共两党关系的人"。会晤内容"沟通了当时台湾当局（蒋介石、陈诚、蒋经国？）与大陆"，在一个中国问题上的看法。周恩来向赴台特使阐述中央对台工作的"一纲四目"方针……此行和会晤，往返四小时。足显周剑及履及的诡行方式。一时在广州高干圈中纷传"周恩来见了蒋经国"。

金门炮战：毛攻击赫鲁晓夫和美国缓和外交

周恩来行色匆忙，为统战台湾。"一纲四目"何所指？势涉 1958 年八二三金门炮战后的两岸关系、中苏关系、中美关系。那是周恩来外交从万隆会议的风光转向危机不断的 1958 年、1959 年的坎坷之途。请看一个时间表——毛泽东 1957 年冬从莫斯科共党会议回国，

【1958】年部署大跃进"超英赶美"，引发党内外众怨；七月庐山会议整肃彭德怀；中苏七月底关于长波电台与联合舰队谈判分裂；八月下旬爆发金门炮战；【1959】年苏撤销核武援助和全部专家；八月中印边境战争；赫鲁晓夫九月访问美国；抨击人民公社……执行"和平共处总路线"，谋求缓和苏美关系。，毛则坚持"帝国主义是纸老虎"，指示外交部"坚持和美帝国主义斗争，不和美国发展关系"。

　　可见**八二三炮战是毛在内外交困中突然发动的**。大规模猛烈炮击，从 8 月 23 日到 10 月 6 日，发射四十四万枚炮弹，首日炸毙三名国军指挥官。蒋在美军协防下展开海空反击，十月暂停炮击。双方均有万人以上伤亡……为交代金门炮战之因，毛亲笔代国防部长写文告，说一大堆什么"声援中东"的空话废话，实际上另有图谋。毛蓄意不通知盟约国苏联，挑拨美苏关系之走向缓和，"给赫鲁晓夫头上泼一盆冷水"【注1】。1959 年 9 月赫氏应邀访问美国，毛之恼怒不可遏制。赫回经北京，不示弱，予以回敬，批评金门炮战是不必要地"制造紧张局势"，"以武力试探资本主义的稳定性"。赫欲会见彭德怀，毛不允。回国抵海参崴。苏共断然作出两项对策：撤销支持中共研发原子弹协议，撤回在中国的一千三百九十名援华专家——引致中苏交恶分道扬镳，毛泽东赫鲁晓夫绝交。

　　毛发动八二三炮战的动机，中共迄今不说实话。李志绥医生的见证值得留意：他认为是"一场表演、一场赌博、一场游戏"。并证实毛说：

　　　　"赫鲁晓夫要和美国拉关系，中国就炮打金门，美国会插手，在福建什么地方放一颗原子弹，炸死一两千万人，看你赫鲁晓夫怎么说？"【注2】

　　毛的类似狂妄恐吓，说过不止一次，他不怕原子弹，不怕死几亿人。也预言过大跃进"起码要死五千万人"——其实，中共从高层到前线将领，对炮打金门多持不理解心态。毛缓释"只炮击、不登陆、不轰炸、打打停停、不攻击美军"的规定。宣称台湾金门已是"国际阶级斗争中最严重最复杂的焦点之一"，"兵不厌诈"。掩饰他另有"诡计"藏身，摆出一副拿战争当儿戏的流氓姿态。

以"绞索论"诡辩，台湾反制金门炮战杀虐

金门炮火不但恶化中苏关系，更使台湾人看透中共肆意杀戮的虎狼心肠。毛亲笔代写四篇《致台湾同胞书》，声明炮战只是针对美国。在国务会议上又提出绑匪式的"绞索论"【注 3】，为炮战诡辩，称炮打金门如将绞索套在美国和台湾头上，两面三刀，操之于我……。可见炮战正是一场残酷的恶作剧。庐山会议狠斗彭德怀，既因为民"鼓与呼"，也因访欧时向赫鲁晓夫说了大跃进的状况，而被打成"里通外国"。毛以诡计多端（吴法宪语）嫁祸于人，这是毛独裁惯技——只有**周恩来**对毛如此对敌残暴之"绞索论"的方针作正面呼应："打而不登、断而不死，使敌昼夜惊慌，不得安宁。"深得毛意。值得留意的是港共宣传，竟在《中美关系文件汇编》中，【注4】将这场邪恶炮战删去，一字不留。可见内部知晓炮战的奸诈性质，不利统战台湾。

遭到炮火突然袭击的蒋介石总统，对 1958 年大陆开始的疯狂运动及其大饥荒，洞若观火。从未放弃反攻大陆机会，1961 年大陆陷于水深火热之际，蒋制定《国光计划》，拟以五十个师攻入大陆（内部彭孟缉、陈诚反对，美军顾问团怕苏联卷入，也表反对）。但 1962 年出现在香港的逃港潮，每天上千人亡命出逃的惨况震撼海外。蒋即训示："三千至五千人的突击队空投大陆，可以引发推翻共党暴政的革命"。情报局叶翔之筹划"海威行动"，详拟特种部队陆战方案。空投计划毅然实施，1962 年底九支国军分队空投广东沿海，并策建基地。行动持续到 1963 年 11 月 19 日，反共游击队在福建霞浦、南日登陆——正是前述 1963 年 12 月周恩来唐家密谈前夕。（国光计划殆至 1965 年失败。）

内外交困，周恩来制订"一纲四目"统战台湾

忍见大跃进～庐山会议～炮打金门～大饥荒～中苏分裂～中印

边界战——毛泽东系列专断决策，周恩来洞悉已在对内对外造成极为严重的困局。毛被迫改行缓兵之计。对内召开"七千人大会"，收拾残局，毛刘"三七开"分歧公开，触动最高权力斗争。毛对外则命周恩来推行以远交近攻、收买笼络，亚非拉，对抗美苏之外交战略。——毛完全低估炮打金门，遭到西方与亚洲国家的强烈反弹与警惕，由周恩来制订之"一纲四目"，企图镇抚台湾，由此而来。1960 年 5 月对台易策，使出"一中两制"招降计。1965 年成功统战李宗仁归顺，周召见曹聚仁、章士钊等，转告蒋父子：不和美国搞在一起，台澎金马由蒋管，不要来大陆搞颠覆活动。"他不派白色特务，我也不去红色特务"……

周恩来遂将毛旨概括为"一纲四目"：（即台湾回归祖国为纲。四目为：除外交外、军政大权归总裁；军政费用不足中央拨付；社会改革从缓；双方约定不派人进行破坏对方之事）。其后，周命张治中、傅作义、屈武等给台湾当局写信，不要"轻举妄动"。1963 年"唐家会谈"便是制台之急招，由周亲自出马，旨在迷惑台湾反攻大陆的军事行动，摆平"麻烦"。但台湾当局在中共统战加剧后，更为警觉，坚拒诱骗。

周访亚非十四国欲补败局遭到冷落

谋求"一个中国"之幻觉，炮打金门，离间美台关系，适得其反。在 1958 至 1972 年间，美台军援、高层往来更密切。国务卿杜勒斯赴台五次、总统副总统艾森豪威尔威尔、约翰逊相继访台；台湾副总统陈诚、蒋经国也亲访美国。美军对金马的护航并未放松……加上中印边界之战（1962）全球七十二国支持印度反中，众叛亲离。毛周只得不远万里去拉拢非洲十国小兄弟：唐家会谈后，周恩来匆匆上马"出访亚非十四国"。这场七十二天的远行，至今是周恩来外交的"范本"，而掩盖其丑闻。兹举二例：在突尼西亚（突尼斯），周遭到总统布尔吉巴的面斥：

"你要我们与西方为敌，你和印度交战、你骂狄托（铁托），又

骂赫鲁晓夫。别人不会说的，但我要告诉你，你这种论调，非洲不会有人听，也不会受欢迎的！"。【注5】

周出访最大任务是拢络埃及总统纳赛尔（Gamal Nasser 1918-1970）出面召开"第二次亚非会议"，以图拉不结盟国家重演 1955 年万隆会议光彩，结果被纳赛尔婉拒。中共对不结盟运动三巨头凌辱其二（尼赫鲁、狄托），纳赛尔情何以堪？他婉拒周恩来："我感到很为难。"全程除了给缅甸五千万美元无息贷款，并未挽回中共 1958-1962 外交的孤立状态。周和陈毅访亚非回国后，曾受到国家主席**刘少奇**严厉批评：第二次万隆会议未能召开、"印度尼西亚危机处理不当"。

力助毛泽东狂妄反苏，外交重排场个人魅力

回望一九五〇年代中期统战亚非以来的"周恩来外交"，表面上，成就了一位神采奕奕的著名外交家。但深入分析可见周恩来神话是夸张的。从大局看，一国外交首重睦邻，但毛周时代之四邻，除了北韩（勉强）外，哪有一个是"友邦"？连苏、越这样的"战友加兄弟"，竟然可以交恶到兵戎相向！当然，根子在毛的"输出革命"和井底狂妄，周恩来多予细节粉饰，但在战略、路线上，周不仅不能、不敢有所作为，而更多事实显示，他的角色是助桀为虐，依附和维护庞大专制机器，站在战后国际主流的对立面。

据中共外交部干部说：周恩来办外交有其内在缺陷。他特重视个人魅力，颇自许其形象、口才，翩翩风度，受人欢呼。外事活动爱讲排场，动辄大队人马迎来送往。而真正外交工作看报告批文件，有的重要汇报可以拖延很久不阅。他订之"外交授权有限"，造成繁琐，一个宴会人名菜单都要报毛批。周也特重请客送礼……苏联芭蕾舞大明星**乌兰诺娃**来中国，身体小有不适，被他喝斥：你们太不负责，知不知道她是斯大林的掌上明珠！即命赠送一件名贵貂皮大衣，并嘱由邓大姐亲送。

亿万饥民刚活过来，毛居心叵测，转移大饥荒人相食的滔天罪责，挑起"反修大论战"。诬指"苏修逼债"。周恩来竟销毁高层饥荒

统计【注6】。实为对外谎言第一人：北京外交圈在那段饥荒时期，称周为"诸葛亮"，说他会唱"空城计"，明知国家经济已万劫莫复，还对外天天吹嘘美好未来（刘少奇相反，敢于向苏联大使契尔沃年科透露，大跃进已经饿死三千万人）。1964-65 年，美国记者**史诺**（Edgar Snow 1905-1972）来访，他要求拜会刘少奇，周恩来竟不予安排。搞了一个高层酒会敷衍之，同时发表史诺和毛会见大照片。史诺才知道他在中国是为为毛所"专用"。

周甘当皇上御用工具，外事受权，极为谨慎，文革 1973 年冬，曾因一个对美会谈细节，被毛江肆意围斗十二天，尊严不如一条狗【注7】。甚至病危听命毛不批准手术！示范帝制的君臣关系"君要臣死，不得不死"。江青却可代表毛向外交部高干放言谈外交战略（1975 年 3 月），鼓吹世界革命、天下大乱。外交重点在"黑朋友、小朋友、穷朋友"，支持他们"枪杆子里面出政权"……【注8】

亚非拉外交惨败，印度尼西亚共全军覆没

亚非外交在毛主义的狂热熏陶下，周恩来决策性责任不容推卸。例如前述印度尼西亚危机 1965 年**"九三〇事件"**。周早对苏东代表说过，东南亚我们有上千万华侨、数百万共产党员，可一夜之间使其变色。而号称三百万党员的印度尼西亚共党，组织松散，艾地（总书记）【注9】崇拜毛主义，四次拜访北京。企图成立"革命委员会"，渗透苏加诺亲共政权。结果被苏哈托将军扑灭，印度尼西亚共全党溃败，艾地被诛，死者数十万，祸及华侨，并引致地域性排华浪潮，后果极为严重。中共至今没有反省，诬事件是"帝国主义颠覆苏加诺，剿灭印度尼西亚共"的阴谋。毛特地为他吹捧为亚洲未来领袖的艾地赋诗悼念。印度尼西亚人之仇共数十年不散，而华侨被视为中共的"第五纵队"，接回中国数十万。

统战亚非拉，周恩来有一个"八点援助计划"，企图和美苏优势比高低。尤其在 1964 年赢得原子弹爆炸和赫鲁晓夫下台"两大胜利"后，趾高气扬，中国领导第三世界抗衡美苏的指挥官，非周恩来莫

属。毛向来天马行空，目空一切，在"榻上治天下"。内外事务还得有大管家唯命是从。毛时代外交，初有毛制定的外交三原则（一边倒、另起炉灶、打扫屋子再请客），后有周恩来的两条纪律：外交无小事、外交授权有限。从"革命战争"的总路线，到划分三个世界，打倒帝修反——将外事工作全盘捆死，尤其防范"三和"的苏修影响。高层一些有国际观的意见，遭到严厉打压。曾任总书记的政治局委员张闻天有论和平共处的文章，准备在八大（1956）发言，稿送周恩来，被周无情扼杀。在接班人林彪得势期间，周恩来依然享有一人之下，亿万人之上的炙手权威。他可以将林彪排斥在中美密谋之外，核武研制也不让林彪插手，负责人聂荣臻说，原爆完全在周总理控制下，没有他，一事无成。

王稼祥批判周恩来、邓小平和陈毅的毛式外交

后来又有高层资历深厚的中共外交重臣王稼祥，在 1962 年七千人大会后，给周恩来（及邓小平、陈毅）[注10] 写信，提出对主要外交政策的建议，遭到多年围剿的事件。被毛亲自扣上**"三和一少"**大帽子（对美帝、苏修、尼赫鲁反动派和，减少援助世界革命），直到王死于文革批斗。这件上书的事以其挑战毛周独裁战略的正当性和勇气而言，在那个时代是无与伦比的。王稼祥要求调整中苏、中美关系，以缓和代替紧张，不要笼统说战争不可避免，对世界和平运动要讲够。和平共处有利于早日渡过困难时期（大跃进）。他还批评对外援助要实事求是，量力而行……

曾任中联部长、中共中央书记的王稼祥，自然了解当时不顾国力，**在饥荒年代出口粮食（如 59-60 年达 680 万吨，够三千多万人一年口粮）**只是引诱几个小国反苏吹捧毛主义；以及中苏关系真相（如苏联催债，实则条约订明十六年还清，毛为了争口气，五年还清。外交部后来证实，苏方从未逼债，还拒绝中方出口）。周恩来的角色，只能想象。**秘鲁**救灾计划五万美元，毛大笔一挥加两个 O，成为五百万，周恩来解释说，"要体会毛主席伟大的革命胸怀"。

218

　　狂澜不止，宦官在朝，王稼祥只得当面向毛认错。但是他的"三和一少"已经摆上了反苏的祭台，更成为文革的主要标靶。**陈毅**最先批判王稼祥，接手外交部，即强调"和美帝、苏修及印度反动派的斗争不可避免……"1965 年 9 月举行记者会，耸人听闻卖高调："我们准备，美苏合作瓜分中国……准备印度、日本、菲律宾、南朝鲜、蒋介石一起来。"（此话毛先内部说，陈毅奉毛唯恐不及。）

毛周外交反修好战，终于被时代埋葬

　　文革来临，康生更为得手，将王稼祥绑在苏共的"三和"路线上，到处煽风点火，喊打喊杀。"三和一少"升级为"三降一灭"，配合毛肃清国内"三自一包"，王稼祥厄运连绵，曾被称"刘邓王"一道批斗，生命垂危。1974 年病逝。1979 年平反。——王稼祥的那封信，至今没有解密。他 1962 年对毛泽东"革命外交"的异议，已经为文革红太阳霸权所证明。颠覆中共外交史的胡吹瞎编。**毛周外交，**就是从 1962 年开始狂热嘶叫、不顾颜面的高潮，成为一支反修好战的军乐队。（今日变相为臭名昭彰的"战狼外交"）

　　从以反美划线转移到以反苏划线，向原教旨同盟军苏共作战。表层原因是地缘权利的争夺，深层则是中苏从分歧到决战，显示两种文明的不兼容。一方是奠基于千年落后而保守封闭的农民意识，抗拒现代政治与外交模式而死不悔改。另一方则是苏美外交源出于欧洲文艺复兴以来的国际文明，博爱、平等、自由开放。不吝于在改变中寻求与普世价值共存共荣。周恩来在这个百年狂潮中，是一个曾经迷倒众生的漂亮人物，但是如本文描述的，在一个接一个的外交失败中，他终于追随暴君，消失在被共产烈焰烧焦的大地上。

　　注释：

【注 1】【注 2】《李志绥医生回忆录》，台北时报文化出版公司 1993 年 10 月 17 日初版。

【注 3】绞索论，1958 年 9 月 5、8 日，毛泽东在北京最高国务会议谈国际形势"东风压倒西风"，提出严厉的反美说：指美国包围中国和驻外八百个军事基地，就是一个个绞索，套在自己的脖子上，绞绳就在我们手中，对他们很不利……

【注 4】《中美关系大事年表》七十年代月刊出版。

【注 5】韩素音：《周恩来与现代中国》，张连康译，台北市丝路出版社 1995 年 5 月初版

【注 6】美国之音，2013 年月 13 日访问，前新华社高级记者杨继绳调查记录。

【注 7】周恩来被斗，《周恩来年谱》记载，1973 年 11 月中共政治局奉毛意旨政治局几次批判周恩来对美外交的右倾路线错误，会开了十多二十次。周在重病中，狼狈不堪……

【注 8】江青外交讲话，原载司马璐主编的《展望》半月刊 1975 年 6 月 16 日："江青关于外交问题的讲话"。

【注 9】艾地，迪帕·艾地（1923-1965）。1951 任印度尼西亚共产党总书记，崇尚毛主义，1965 年 930 事件中，300 万第三大共产党印度尼西亚共及上千万的同情者，在反共浪潮中一败涂地，死者数十万人，艾地死于 1965 年 11 月。

【注 10】王稼祥（1906-1974）安徽泾县人。莫斯科中山大学，"28 个半布尔什维克"之一。曾任中共外交部副部长，驻苏联大使，对外联络部长，中共中央书记。文革中因主张"三和一少"遭迫害而死。1979 年平反。

2025 修改稿/2026-1-1 8 校排版稿

21. 阎锡山与太原屠城之战

【*作者按：二十世纪中华民国风云人物阎锡山，是一位不世出的政治家、军事将领。在民族危亡的时代，统治山西 38 年，造成一个驰名中外的"模范省"，直到 1949 年被一场残暴的太原之战结束。最后，他出任行政院长，一度代理国家最高政务。笔者先父追随阎公左右，渡过那段悲剧性内战后期的震撼岁月。*】

在战云密布的 1949 年 7 月，先父冉勹庭首次出席国府迁移广州后的行政院会议，他记下对新任院长阎公印象："阎院长按时到院，八时即主持院中事务改进会报，并嘱各主管核计划及经费，均需覆实，切忌讨价还价。此公真可谓宵旰勤劳矣。"先父经历行政院十届院长，包括六任蒋公、二任孙科、孔宋张群……对閣公此议有感而发（宵旰、日夜勤政之意）。**阎锡山**（1883～1960，山西五台人，字百川、伯川）多年在山西、北伐、抗日、势及晋冀平津，雄居北方。何以突赴南方出任内阁之揆首？他选择 6 月 6 日上任，那年他正 66 岁。

以"战斗内阁"姿态出任行政院长

这是由于时局战况所决定。1949 年 6 月其时，国共内战可谓"兵败如山倒"，4 月，共军渡江、和谈失败。国府行政、立法、考试三院决定迁都广州。4 月 22 日南京中枢 6 小时撤空；九江至长江口 450 哩江防全面撤退。5 月李宗仁代总统到广州主政，月中河南张轸降共，武汉失守。行政院下旬决定将编制 1/3，迁重庆。撤与守？就任三个月的何应钦内阁六月辞职下台。阎锡山是决战派，享有朝野期待，终于在此内战的危机时刻，宣布承组"战斗内阁"。"绝不迁重庆，寸土必守……"获立法院高票通过，出任行政院长。

阎锡山拿出的第一个战斗方案是，亲撰《扭转时局方案》，"虽是一副良药，但处处不能执行，政府没有能力，参事秘书无人才"。阎的执政方式，不夠理想；对尖锐问题如总长顾祝同失职，不敢处理。徐堪处理军粮不当，一言不发；答记者讲理论，缺乏事实对策；对抑制黄金狂潮、代总统消费欠主意，在战局紧逼之下，讨论总体战之训练干部……属僚无不感到"何其迁哉！"直认为，阎公有地方經驗，统领一国大政"缺乏经验"。【注1】

以上，或许在那战火连天、兵荒马乱年头，不可苛求。和阎锡山二十、三十年前在山西推行的一系列洋务新政相比，那是一个令人向往的"独立王国"——例如水利、禁烟，厉行天足、义务教育。各县筹款办学校，1929 年达 26,500 所，主张"人民有知识，才能行良政治"。开公司发展工业：采矿、冶金、发电、机械、水利、毛纺……修交通，筑贯穿全省 820 公里的同蒲铁路。开山西银行，发晋币。太原兵工厂、山西火药厂，可与汉阳兵工厂、沈阳兵工厂齐名。政治上，阎锡山有一套中道理论，意欲调和传统与现代。又主张"村自治"，土地归村公有。抗日有"在三颗鸡蛋上跳舞"的策略，以防日本的军力、蒋的压力和共产党的张力。内含日本投降后反共扩张，直到内战的坚决抗共。

迁都广州与"府院之争"的分歧

国民政府在大陆的最后阶段，迁都选择是高层的最大争议——首途从南京迁广州，就有"府院之争"，当时行政院长孙科，称"不能在炮火下办公"，2 月初便将行政院迁往广州。代总统李宗仁主张暂缓迁穗。他认为徐州会战后，共方要消化战果，长江下游已趋于停战。政府方面有几十条炮舰在江上巡逻，配合空军，可以阻止共军渡江。李甚至认为，孙科连手 CC 派是"阻止他的和谈努力"【注2】。李亲赴广州和孙科长谈，孙于是同意迁回南京。李宗仁派出第二次"人民和谈团"去北平和中共谈停战。

孙科在 1948 年和李宗仁竞选副总统时结下私怨，所谓"敝眷蓝妮"的政治丑闻。事缘上海日占时期不明财产法规没收，涉及蓝妮一笔款。此姝系孙科情妇，孙科致函上海为蓝妮求情欲退回其款。函称蓝妮为"敝眷"。李谋士黄绍竑借此做爆料文章，孙科尴尬万分，不得不辞职。李宗仁遂情商何应钦将军出马任行政院长——何内阁拖了三个月，定广州为"行都"。

在何将军主政期间，李宗仁和何应钦、白崇禧三位高级将领，制定新的军力部署，以便与共军长期作战：

- 调胡宗南驻陕甘的 60 万人美式装备精锐部队，到鄂北鄂西一带；
- 调宋希濂原驻鄂西两个兵团（钟彬、陈克非）十万余人至湖南西北部；
- 武汉至长沙的粤汉路正面，由白崇禧华中战区负责。……

全局以华中战区为心脏。尤其宋希濂的湘西布局，令共军很难入侵。可是宋希濂擅自将十万大军撤至湖北恩施，使常德、芷江一线洞门大开，白军背腹受敌。宋希濂恃有靠山，抗命不从。常德城空，华中战区瓦解。两名将程潜、陈明仁亦趁势公然投共，白崇禧亲赴长沙劝阻程、陈勿变节，未果。五万共军遂入湘西如入无人之境。阁揆何应钦无奈 6 月 6 日告辞，这是阎锡山接位的困境。【注3】

政府决定迁都台湾，阎锡山代理最高权力

第二站广州迁重庆。没有争议，时在 1949 年 10 月。军事在白崇禧大灭共军于青树坪，三个月后，10 月 8 日衡阳失守，广州沦陷前李宗仁抵重庆，蒋介石 11 月 14 日飞渝，"国难已到最后关头"。阎锡山结束在广州策划扭转时局，军士授田方案，入川延续不忘总体战，皆无法实行。政府去向"钻牛角尖"。11 月初，中共二野、四野发起向西南进攻。蒋介石有对西昌的好印象，难弃"台湾？西昌？"的犹豫。西昌小城大用，张群反对，阎锡山也反对，认同先迁成都比较安全。于是成为国府大迁徙的第三站。阎、蒋于 11 月底，先后飞

往成都。局势相当危急。

蒋怀有"国民政府在大陆"的情结，要最后试探一个可能性——**昆明**可否为都？特派张群 12 月 7 日急飞昆明，会见云南主席卢汉，当面即获卢汉坚决否定。张群当机立断，电告蒋：滇地绝无可能，应即迁台。当日晚 8 时，蒋立即召开行政院会裁决：政府决定迁往台湾。阎锡山即以【总统令】发布迁都台湾重大决定。阎致电蒋主席，强调："要将在成都的全部人员迁往台湾。这是我们仅留下的人员，再不可抛弃了！"

随后，**迁台大行动** 12 月 8 日上午开始，第一架包机起飞，载阎锡山院长及内阁部长级官员共 14 人，下午抵达台北。12 月 9 日第二架民航 836 号包机 10 日凌晨 4:15 起飞。载次长级官员多人，包括资深幕僚冉勾庭（副主计长）、胡庆育（外交部），秦绍文（国防部）、尹静夫（经济部）、何葵明（内政部）等，于中午 11 时，安抵台北。……12 月 10 日，蒋公中午和胡宗南三度面授机宜后，至凤凰山机场，专机飞离成都，于下午 8 时抵台北松山机场。《蒋介石日记》22 月 10 日摘录：卢汉已经发出叛变通电，要求四川各将领拘捕"蒋匪"。一蒋终于放弃对西昌的幻觉，认同台湾在军事和未来发展的优势。【注4】

此间，李宗仁代总统于 11 月 13 日离开重庆不归，20 日竟直飞香港。蒋介石斥李之人格与政治之谬。李离国前在昆明与卢汉深谈数日，亦得白崇禧等同意"国亡身死，不如赴美就医"。李代总统行前**致电阎锡山**"以责任内阁全权处理国政"。故此，从 11 月 20 日李宗仁赴美至 1950 年 3 月 1 日蒋在台正式复任总统，共三个月另十天（共 101 日），阎锡山居于国家最高权力地位。这有据於宪法却无正式議决。府内皆知，自南京失守后在广州成立"非常委员会"，蒋任主席，兼国民党总裁，蒋介石仍拥有掌控政军之实权。阎执政大事当会请示于蒋。

阎锡山决定故宫国宝迁台首次检视

12 月 12 日，行政院在台北正式上班。尽力处理接出留在成都和海南的公务人员与家眷。至少有 800 人，包括借空中霸王号一次接公务员 53 人，充分利用亚洲第一大成都新津机场（二战期间美军出资，四川出 20 万人建成可直飞轰炸日本本土的军用机场）。然后改组裁并政府在台人事编制。提升高层中年官员，经费与请款由阎公亲判。（此外，我在香港报导过先父冉鹏在行政院参与调查宪兵司令张镇之死事件，他们是湖南常德同乡与同学关系，一文一武服务政府多年，公务不相干，私交甚相融。死后二十多年，张镇和张学良一道，竟为周恩来临终关注对象？成为两岸谍报奇闻……）

关于故宫文物迁台的视察。此案是阎当政的重要举措。2020 年 5 月由台湾民国历史文化学社出版的《仓皇辞庙：副主计长冉鹏日记》，详载 1950 年 2 月 1 日阎锡山院长派冉鹏（勺庭）负责视察台中秘藏之大陆运来故宫文物。2 月 3 日起，由教育部长杭立武组织邀请著名学者及故宫有关负责人 12 位，前往台中糖厂库房开箱检视。冉鹏日记可证：

> 民国 39 年 2 月 4 日（星期六）（台中）
>
> 晨起，即径往库房，续查故宫博物院组所藏文物。该组现存文物共有 2972 箱，参加伦敦艺展有 80 箱，均系精品，由组主任庄尚严陪同检视。余首抽查第 27 号箱瓷器，见乾隆瓷各精品，仍完好无缺。次查铜器（第 40 号箱），有名之散盘等故物依然。再次查书画箱（第 51 号箱），首先即看王右军之快雪时晴帖，神品依然，令人爱不释手。庄语我清高宗酷爱此帖，每年冬雪必出赏玩，且加以题跋，果见大多数均为御题，尤以 83 岁所题，目力不行，书法不佳，足证庄语不虚。嗣后检视文渊阁所藏四库全书，外皮之木匣，间有破损而书固丝毫无恙，可喜之至！余复至中博组看毛公鼎。
>
> 午由陈宗熙、李敬斋、熊国藻三人共宴于"小北投"，此时蒋梦麟、傅斯年、罗家伦、张道藩诸理事亦联袂抵台中，故共被邀请。饭讫，大家共赴仓库，余继查中央图书馆组。该组共有 644 箱，内善本占 445 箱，共 121,368 册。余曾抽查善本

书一箱拓片一箱，均无潮湿及蠹蚀情形。最后查电教组之器材，后会蒋等亦检查故宫文物毕，由处约集共摄一影以留纪念。后并随蒋等前往视察"北沟"库房新址。晚陈市长宗熙又于台中宾馆招待……

我在香港曾以此事证，致函时任台北故宫博物院院长秦孝仪先生，获赐覆，竟然是查无此事。现特录于此。这是国府迁台不足两个月，由阎锡山院长亲令冉鹏执行，首次对故宫国宝作开箱视察，而后由冉撰写报告呈交院长并获嘉勉，是阎阁一件应记入典籍的事。而且留有一帧照片，杭立武、张道藩、蒋梦麟、傅斯年、罗家伦等人清晰可见。

中共强攻太原，徐向前急先锋

蒋介石曾两次批阅阎锡山的〈扭转时局方案〉。10 月 15 日蒋日记："伯川对共匪认识最为深刻之一人，但对策尚不完备。"蒋如此评价部属反共第一人似为仅见。【注5】阎锡山作为留学日本的军阀出身，和共产党结怨，可从日本投降后争夺地盘开始，直到 1949 年的太原屠城。那是不共戴天之仇——1945 年 10 月的"**上党战役**"是对阎的重大侵犯。山西是阎氏治下，接受日降理所当然。但中共晋冀鲁豫军区，为增加正在重庆谈判的共方筹码，发动对长治（上党）地区进攻，晋军损失 15,000 人并及大量武器。共军损失 7,700 人。其后晋中战役，共军 129 师徐向前又歼灭晋军 10 万……阎公看透与中共在山西势不两立。内战三年，晋察鲁豫野战军攻城略地，占领华北许多地方，山西省太原、大同已被孤立。

1948 年"9 月会议"，中共宣布占领全中国，毛泽东见于山西强大的兵工厂、工业实力和发达的陆空交通，为南进之需。计划攻下太原，殊不知阎建有纵深大型防御体系，碉堡成群。规模与惨烈都将超过中共"三大战役"。因为共军面对的是一个现代化的战斗堡垒。而且得到国军大力支持，蒋介石飞赴太原，和阎密谈，军队扩大到十万，百里内建碉堡 5000 座，空运能力月近万吨。

共军以晋人战将徐向前，和阎有同乡、师生、抗日之谊，于十月作第一阶段首战太原，以八万人进攻晋军四大要塞，打"歼灭战"之空前残酷，地面烧土盈尺，炮弹皮铺满一层，交通、掩体到处是尸体横积，徐在担架上指挥，如此血战 17 昼夜，双方伤亡过万。晋军不降，还新建五个临战机场，以供国军增援。到 1949 年北平易帜后，毛妄想，"北平方式"可以通吃汉口京沪杭到广州各大城市，包括太原。【注6】遂对太原展开政治攻势，多次派人诱降，包括薄一波、徐向前亲自出马和胡耀邦的谈判。都被阎锡山严拒，斥之为**"弑师"**。以致处决卑劣的说客。他对美国时代周刊记者说，请看，我准备了 500 颗氰化钾，将和团以上干部一起殉城。……中共第二阶段失败。3 月 29 日，阎锡山向梁化之、王靖国、孙楚、阎慧卿等亲信交代"誓死保卫太原"部署后，飞往南京共商国是，旋任行政院长。

梁化之、阎慧卿遵命成仁，尸不与匪见

在阎锡山和他的忠诚部属不屈的斗志下，徐向前劝毛放弃政治攻势，改第三阶段"强攻"。随即部署"攻坚歼灭战"。毛随即调"杨罗耿兵团"、四野炮师、华野 19 师、20 师加入攻打太原。总兵力达到 32 万另加二十万民兵，生死决战来临。共军宣布 4 月 24 日**"总攻"**——1300 门重炮，燃烧弹，狂射如雨，600 处火焚，晋军布阵绥靖公署、政工、警宪铁三角指挥太原保卫战。多日少粮，士兵夜盲症。共军 25 万，分 12 路入城巷战，人海火海，太原顿如人间地狱……**阎慧卿在 4 月 24 日，与梁敦厚（字化之）自杀前，留下一封绝别电致她的阎锡山大哥：**

> 连日炮声如雷，震耳欲聋。弹飞似雨，骇魄惊心。屋外烟焰弥漫，一片火海；室内昏黑死寂，万念俱灰。大势已去，巷战不支。徐端赴难，敦厚殉城。军民千万，浴血街头。同仁五百，成仁火中。妹虽女流，死志已决。目睹玉碎，岂敢瓦全？生既未能挽国家狂澜于万一，死后当遵命尸首不与匪共见。临电依依，不尽所言！今生已矣，一别永诀。来生再见，愿非虚

幻。妹今发电之刻尚在人间，大哥至阅电之时，已成隔世！前楼火起，后山崩颓。死在眉睫，心转平安。嗟乎，果上苍之有召耶？痛哉！抑列祖之矜悯耶？

此函及阎锡山家史，多年后在大陆影视与网络上炒作连篇。甚至渗入党旋律篇章，将阎慧卿渲染成有仁有义的"铁娘子"。【注7】事过七十年，面对这篇绝笔（传为梁化之起草），史家岂能无动于衷、于那场惨绝人寰的太原大屠杀，而不忘毛和他的刽子手徐向前的屠城之罪？共军有录：**总攻当日 1300 门炮连续发射 100 万发炮弹，全歼阎锡山十万军的百分之八十。**（查参与总攻的聂荣臻在其回忆录称，华野三兵团等攻坚太原，全歼 12 万 4 千敌。）

从大处而言，毁灭太原，无异于摧毁四十年代"华北唯一的重工业基地"，狂暴地预演了 18 年后活见鬼的反走资之文革浩劫。这是共产党犯下的历史罪行。从军事而言，这是一场灭绝人性的恐怖主义大屠杀。因晋军训练有素及良好的社会条件，共军计划三月，打了六月，拿不下来（三大战役皆约 60 天，济南战役仅有 8 天）。毛、徐以游击战打天下，并无现代战争经验，便出此滥杀之计。其疯狂杀戮，及国军和晋民的英勇反抗与牺牲，也是整个内战所仅有。

台湾尊祭太原五百完人：民族精神

史证，灭太原之日：4 月 24 日，正与共军强渡长江同日。毛发新闻稿称"南京国民党反动卖国政府已于昨日宣告灭亡。"《毛年谱》卷帙浩繁，太原之战只有三行字为结——"太原前线解放军发起对太原城的总攻。本日，太原解放，俘孙楚、王靖国，歼灭阎锡山军队十三万五千余人。"翌日，毛朱大言炎炎宣布共军《约法三章》以应人心。同时，电告徐向前等"同意宣布梁化之、孙楚、王靖国、戴炳南四人为战犯，公审正法"。可以判断，共产党对毁灭太原，有难言之隐。将太原作为一个野蛮吞噬文明的陪葬品。至今中共对太原之战的真实研究实行封闭。

可是，在台北，当局在寻找历史的痛苦和碑铭。1949 年 10 月 30 日立法院通过 36 名议员提案立"太原五百完人成仁招魂冢"。1950 年 3 月行政院训令财政部垫款 20 万台币，拨地剑潭山，建五百完人建筑群（系冉鹏在职签署的最后公文）。1951 年 2 月落成典礼，蒋介石率五院院长、资政阎锡山、军方高层、省市长致祭。阎匾【先我而死】、蒋匾【民族正气】。嗣后 1970 年 3 月五百完人入忠烈祠。编入中小学教科书至"转型正义"时止。台北文化局定为"历史建筑"观光至今。台湾关于五百完人之争议，多限于 500 人自杀数之求实。以致被中共文宣大加利用。这是傲慢文士的偏见所致。

中国二十世纪军事史上，阎锡山上将和白崇禧、何应钦等名将一道拥有崇高的国家地位。本文探索阎将军以"烈士暮年、壮心不死"的心情，渡过内战后期不可思议的艰难。也揭露被掩盖和扭曲七十多年的 1949 年 4 月"太原之战"的残酷真相，显示一位视死如归的挂帅人物和他的部属，对一个苦难民族的忠诚。太原军民悲壮的牺牲，尤其令人感动，应该记在英雄的史册上。

注释：

【注 1】录自《仓皇辞庙，冉鹏日记》民国历史文化学社，台北，2020 年。

【注 2】唐德刚，《李宗仁回忆录》(下) 远流出版事业股份有限公司，2010 年。

【注 3】同上。1949 年 5 月下旬。

【注 4】楼文渊，《老蒋在干啥？》侍从日志解密 1949 大撤退。联经出版事业股份有限公司，2019 年，台北。

【注 5】同上。1949 年 10 月 15 日。

【注 6】《毛泽东年谱》1893-1949 下卷，1949-2 月中共中央文献研究室，2002 年。

【注 7】孟昭庚《阎锡山的五妹子》人民政协报，2013 年 10 月。文称：新中国后，当地人欲将梁化之阎慧卿残骸合葬于太原东门外，让经不幸婚姻的阎慧卿和梁化之死而同穴。但一再寻觅不得。梁化之儿女改革开放后，从美国回来为父扫墓。当年负责埋葬的人，最终未能找到梁化之阎慧卿之墓地。

2026-1-18 校排版稿

22. 港共媒体师爷费彝民

【作者按：为香港大公报社长费彝民 1988 年 5 月逝世撰写的这篇评论，是我和港共文化圈的一次交集。费是他们的大老板，是香港当代一位足迹很深的人物，他的死备极哀荣，因此，这篇不拘一格的文章发表，显得异端而受到公开凌辱。这和十年后首批香港"黑名单"作者上榜，颇有异曲同工之感。】

香港左派阵营近几年去世的人物中，应数费彝民最大牌了。中共高层除了邓小平外，几乎所有当权的显要都有唁电或致送花圈，北京人大常委及统战部派专人来港悼念，骨灰放在至尊的北京八宝山公墓。

费彝民（1908～1988）在香港左派中处于一个极为特殊的地位：他不是许家屯那样正式的官方代表，但他同中共权力中枢的关系，许家屯也许只能望其项背；他不是王宽诚、霍英东那样事事惹人注意的红色资本家，但他的财产和生活方式除了偶尔露峥嵘，将永不会让你猜到；他不像名报人那样不时执笔为文，但他以《大公报》社长而闻名和交游四方。

他无疑是个"尊者"，也是个"亲者"。他之死，自然有人为他避讳，为他护短扬长，乃至于借其尊荣而为自己卖广告，以"爱我如兄弟的老大哥"之名做肉麻文章。费社长是一位"公众人物"，盖棺而论定。作为独立执言者，雅无必要加入中共及其孝子贤孙们的唱诗班。

周恩来面晤五十次的中共秘密党员

费彝民学法文出身，早年做过编辑工作，自 1936 年参加上海《大公报》的创办起，便任经理职务，1952 年起任香港《大公报》社长。在他的经营管理之下，《大公报》克服不少困难，五、六十年代销路胜过《文汇报》。筹措资金、广告赚钱，大陆供纸，据说员工福利也比较好，五十年代的编辑都供有一个单位楼住，工人还有教育津贴。费是一位创业有成的报业家而不是张季鸾、徐铸成式的以编采和言论为业的报人。

但他更重要的身份是"社会活动家"。1950 年起，已出任中共南方地区的文教委员与全国记协副主席，后不断地出任人大代表和政协委员及其他官职。姬鹏飞说"他是我们的老朋友、老同志，为国家和人民做了很多工作"，前新华社长梁威林称他是"一位亲密无间、患难与共的老朋友。"

《大公报》四十年的老板胡政之曾说该报的影响力不下于一个政党，那么，五〇年代后的费彝民，不亚于一名中共部级高干。究竟费彝民是不是中共党员？为了统战的需要，有的人要终身做秘密党员，费的治丧也许可以证实费是地下党员的传闻。人大委员长万里，港澳办主任姬鹏飞，人大常委会及人大法律委员会均正式称费为"同志"，这不会是礼仪上的需要。

原《大公报》督印人，曾任费社长的秘书的周榆瑞曾详细描写过费氏早在四十年代就同中共统战干部关系极好，中共高层需要他在香港多交朋友，扩大国际统战，把他和党员相提并论。最近更有报导说他同周恩来谈过五十次话，而徐铸成这位大公文汇的重臣，只获周恩来三次面谈，可见费彝民同志在中共内部的地位之高。一位朋友说他"在中共眼里是一位绝对值得信赖的爱国者。"

独立大公报，一夜变色的关键角色

《大公报》自 1936 年创立上海版之后，影响和销路不断扩大，成为一份影响舆论的权威报纸，它的成功有赖于胡政之、张季鸾的才干和"不党、不私、不卖、不盲"的独立办报方针。但是，《大公报》在面临中国政局的大转变时，张胡二人先后于 1941 年、1949 年辞世，报纸由总编辑王芸生主持，实际上则被副总编辑李纯青控制，而李是一名老共产党员。

加上对一个新政权的幻想，《大公报》投共乃是不可避免的事。费彝民 1948 年被派来港参与《大公报》复刊，上海变色后，又返上海《大公报》任经理，1952 年派来香港接收《大公报》。无疑，这样来回奔波的费彝民，又控制财务，《大公报》要脱离北京而独立，殊非易事。

于是，一份在中国报业史上有辉煌记录的大报，一夜之间变成中共的统战工具和宣传喉舌，费彝民在此蜕变中的责任和担当，在他全权负责香港《大公报》任内的角色，可以想象。1952 年，香港政府曾封查进行颠覆活动的左派团体学校，驱逐左派演员，大公、文汇等左报便借题反"迫害"，并因港府拒绝广东省慰问团入境而引起暴乱，三月，警方控告《大公报》等触犯煽动叛乱条例，费彝民经十四次审讯，被判入狱九月并罚款，《大公报》停刊六个月。在中共抗议后，实则费入狱不足一月，封报只十二天。《文汇报》无事。

1967 年香港反英暴动二号头面人物

可见费彝民在港以"外围左报"行事，比左派喉舌还要左。费的另一桩被中共甚为称道的事是，动员人才返回内地，"支持祖国建设"，包括海外及港澳学者、艺术家与运动员。中国第一个世界冠军、乒乓球明星容国团，就是费动员的一员。这是费的莫大贡献，一位文汇报老职员说："他可以藉此邀功领赏，但不知道害得多少人家破人亡！"费彝民的统战殊荣，只有一个个案曾加以具体剖示，即名记者**周榆瑞案**【注1】。周是费的亲信之一，费以"周恩来要见他"为名，骗周返大陆，实则参加"思想改造运动"，进而被捕，秘密监禁达四年之久。到释放时，周甚至不愿再回港，"讨厌看到费彝民和他那一班人"。周榆瑞终于在 1961 年投奔英国，并以《彷徨与抉择》一书，揭开费的画皮，显示费深得中共高层、文化及公安系统的信任。

有了 1952 年的前功，到香港呼应文革的"六七反英暴动"时期，费彝民自然要立新功。在"祖国的强大支持下"，费挂名领导暴动的"斗委会"第二位，副主委，却是掌权的头面人物（主委杨光为工人），费的《大公报》成为反英旗帜，带头攻击港英是"血腥迫害华人的最高罪犯"，是"黄皮狗""白皮猪"。

为了显示在港的地位，费同几位左派大亨一道乘坐豪华平治房车去港督府示威，是当时一条家喻户晓的政治趣闻。为此，北京文革领导小组及港澳造反派都十分不满，骂他们是打着红旗的资产阶级。于是报章出现"三大斗委王宽诚、汤秉达、费彝民要求政治庇护"的笑料。

在梁威林、祁烽等中共港澳工委负责人的指导下，暴徒制造恐怖事件，满街大字报和土炸弹，更攻打法庭，揪斗领事，搞政治暗杀……这是香港面对共产党威胁的一次真正的危机，那时"收回香港"，似有易如反掌之势。费彝民在此"反英乱港"中，借北京红卫兵狐假虎威，能做到最极端的地步：对红卫兵火烧英国代办处大叫"好得很！"第二天，即将商台播音员**林彬烧死于私家车中——**岂能没有他个人的责任？！【注2】

在费社长死后，左派对此保持明智的沉默，洋洋洒洒的追念文章中无一人提及他的暴动史和政治作为，只有老记者陆铿称道费大哥的"政治胆识"，说如果当年中共收回香港，他至少是全港革委会副主任。幸好北京当局改弦易辙，港英当局奋力抵抗，保住香港，这未来的"亚洲四小龙"之一。

非富则贵的红色资本家兼政客

当大陆的文革健将们，从江青到造反派的小头目一一受到清算时，香港的文革好汉们却仍在此叱咤风云。费彝民二十年前是斗委会副主任，今天是基本法草委会副主任，仍是主宰香港命运的大人物，香港人无权选择，中共也无奈，不能在香港"大换血"，还得依靠在香港有实力基础的，首先是文宣系统的自己人。

费彝民以出身、教养、经历看，他不可能是一个做派十足的共产党官僚。但上贼船多年历练，在香港这个龙蛇混杂，又有中共的大靠山，他不必像他的前部下金庸那样拼搏发挥才智，而长袖善舞。费精通外语，擅交际，迷京剧，时常在社交场合清唱一段。宣传毛泽东思想时，他即兴演唱革命样板戏。江青的八个样板戏，出一个，他捧一个，亲自撰文，推崇备至。以文化人身份，广交各界，其海外统战之功，自是许家屯之流高干不可比拟。

二十年前，费就在半山区拥有舒适的华宅，是非富则贵的"乡村俱乐部"和赌马的常客。《大公报》赚多少钱，人们不知道，费在商业上成功到甚么程度，人们也不会知道。"坐平治车示威"被形容是"来不及脱下华贵的西装和领带，急欲与工人同甘共苦"。他是大老板，香港没有中纪委。无疑几十年来，中共从未亏待过费彝民。他的子女并无赴京接受共产主义洗礼的记录，自然都留学西方或拥有外国居留权。

有人赞美费氏是助人为乐的"重义君子"，兄弟亏空，付代价解决。岂止是"海派"作风。周榆瑞曾描述过费在中共营垒中长袖善舞的情景，他认为费是一个典型的苏州人，口惠而实不至。港报曾报导《大公报》名笔张季鸾的儿子张士基自大陆来港，谋生困难，向费求援，并声称拥有其父遗留之《大公报》股票，但费不理睬，不认账，赏一顿饭将之打发。

被邓小平怒斥高干吓破了胆？

费彝民精明能干，他们一类目睹国共两党的兴衰荣枯，尚不是良知丧尽，却一次又一次，在海外胡吹瞎捧，为虎作伥，左派知情人只有一句话：他的身家利益已与中共不可分离。费彝民是 1949 年以来投靠中共的知识分子中幸运的典型。他必将依附到底。面对香港前途，"休戚与共"无疑，热心响应邓小平"一国两制"，力促香港回归大陆。他相信九七前景，身为权贵，毫髮无损。

有一项传言是关于费彝民之死的。1984 年 5 月邓小平龙颜大怒、斥骂耿飚黄华表态香港不驻军是"胡说八道"！费彝民时在现场，坐邓身边，虽以侍臣之态陪笑于君侧，但传说事后，费即心脏病发，留医数月，此后四年，病就一直未断过，时好时发，终于今年五月不治。

一名未必"改造"好的资产阶级知识分子，周旋于一个极权中心的高能加速器中，他的心脏负荷可能随时出问题，这是合乎逻辑的。前例在案。教训是：准备投身于中共大业的有志之士，荣华富贵在恭候你，但一定要坚强，小心冷不防吓破了胆。

（本文刊于一九八八年七月号开放杂志前身《解放月报》。署名朱园，题名：〈费彝民逝世之谜〉。曾引起港共反应。）

注释：

【注 1】周榆瑞（1917-1980），1952 年香港畅销的政治小说《侍卫官杂记》作者。自传《彷徨与抉择》1962 年英文版、中文版，断销多年后，2015 年 6 月，香港开放出版社再版。

【注 2】林彬事件，林彬（1930-1967），香港商台广播员，因主播谴责中共反英暴动，被港共斗委会派凶手 8 月 25 日火油烧死座车中。当时港共已有暗杀名单 6 人，包括作家查良镛在内。查良镛在文革中的明报上，表现了批判毛泽东、同情刘邓温和派的立场，后来在香港九七回归问题上又质疑中共对待清朝领土割让的双重标准。都受到读者的尊重。

2025-修订
2026-1-18 校排版

23. 从匈牙利起义到香港反送中暴动

【1956 年匈牙利革命是反共产制度泛滥，划时代的里程碑，人民武装起义被数万苏军上千辆坦克、飞机镇压在血泊中。史料揭示，主导出兵镇压者竟是远在亚洲的毛泽东、邓小平，压倒苏共领导人的妥协主张。事件对中国有深刻影响，毛力倡杀人的"刀子论"，不惜流血镇压"人民内部矛盾"。从 1957 年反右运动到十年文革、四个坚持，以"阶级斗争"取代宪政法治，延续到血洗八九北京民运。香港 2019 年长达半年的反送中《逃犯条例》运动的激烈火爆，犹如匈牙利事件二十一世纪的重演，已被港版《国安法》压制。】

《香港人权与民主法案》，终于经美国国会一致通过、总统签署，成为美国支持香港自由民主的法律。【注1】北京暴跳如雷，叫骂美国干预中国内政。殊不知美国早有"世界警察"之名，从 1950 年出兵朝鲜，挽救大韩民国被共党吞噬，也保住了台湾，到 1999 年轰炸南联盟，支持科索沃独立……美国二十世纪扮演过多次打抱不平"干预外国内政"的罗宾汉角色。相比之下，中共七十年干预、颠覆外国政权的记录，无论是以外援名义、还是秘而不宣的"输出革命"，已不计其数。大到印度尼西亚共九三〇事件、1979 年侵越战争，小到被外国毛派丐帮敲诈成千上万美金……中美之涉外事务，两相比较，只是性质有善恶之分和得失毁誉之别。

评中共"革命外交"是一本大书。以内战夺取政权七十年以来，针对"帝修反"发动过对美国、印度、苏联、越南的四场战争，已遭到中共历史学者的讥评。对内不断的镇压自由民主运动，更是触发广泛的愤怒与反抗。本文结合今年香港大规模的"反送中"运动，略述 1956 年的匈牙利起义。因为那是中共将屠刀转向"人民内部矛盾"

的开始，也都具有鲜明的国际背景。

北京八九民运和香港雨伞革命的差别

这次中共处理香港"暴乱"，很多人担心的重演 1989 年出兵北京六四镇压，并未出现。研究其原因，可见"八九六四"的如下特征：

一曰，"关门打狗"。1989 年纵有改革开放气候，人民也开始享有出国自由，但共产党的权力与威严未根本动摇，仍然是极为封闭专制与民为敌的政治体制。

二曰，老人政治。邓小平接过毛泽东的独裁权力，凌驾党国之上，垂帘听政。独揽军权，在决策高层唯我独尊，为所欲为，没有人敢于挑战。

三曰，缺乏一名坚强有力的改革派代表人物，如苏联的赫鲁晓夫、匈牙利的伊姆雷．纳吉。赵紫阳反对戒严，但魄力尚未达到对抗邓小平，软弱有若现代光绪。更没有一支勇武卫队（这当然不易，林彪也只走到兵变边缘）。

四曰，社会背景。1989 年的中国经济只是刚刚摆脱毛式计划经济，和国际资本尚在"调情"阶段，GDP 不过 4500 亿美元，外汇储备更惨：55 亿美元（此二数仅及今日百分之一）。没有 IT 行业、智能手机等先进科技。

而香港今天的反抗，凭借的条件，显而易见的是：

【一】中共承诺，法定的"一国两制"，香港人纵有百般不满，毕竟有此承诺的大环境所恃，而施展大游行等中国严禁的抗争行为。兼有多党制和议会制、英式法制这样的宪政权利，都是比八九北京的优胜之处。

【二】香港的资本主义，并非很多国家战后的新兴转型，而是老牌大英帝国经营一百多年的殖民地，并取得根深蒂固的成就，获得港人尤其新生一代的认同。迄今仍是世界排第三位的金融中心。北京政权以为九七回归如囊中探物，完全低估两种制度的本质排斥性和香港千丝万缕的国际联系。

【三】意识形态欺压贫弱无效。中共打出国内老套两张牌：爱国主义与外国干预，完全不合口味、不服水土。爱国主义早被港人看透为遮羞布，从邓到习，多少红色富贵潜移西方？而外国干预只是笑话，香港本就是国际都市，就是专政国体之外的一部分（至于民族自决，也早是列宁主义在上世纪初的信条）。

【四】是信息高度发达。新一代以互联网赚钱，香港大学生以手机网络，实现如水四溢的反暴战略，对付港官黑警的一万枚催泪弹（连橡胶弹）。

这些就是香港 2019 年创世纪抗共大战的力量来源与保障，也是北京专制者不敢重演六四大屠杀于香港的重大障碍。

邓小平念念不忘"匈牙利暴乱"

香港 2019 年长达半年的英勇抗争，从反修改《逃犯条例》之反送中到反中共，从和平示威到暴力对抗，烽火连天，其激烈程度，在共产党统治底下，只有 1956 年"匈牙利起义"可比。今人已经遗忘的是，魔手伸向国外，镇压那场六十年前的东欧民主运动，中共曾扮演可耻的角色。匈牙利事件，是反抗二十世纪共产暴政的重要里程碑，世称"匈牙利革命"。中共不仅诱导镇压，而且祸延中国政治甚大。毛泽东 1957 年迫害知识分子的反右派运动，灵感直接来自匈牙利事件。直到 1989 年北京六四镇压，邓小平还在援引匈牙利。在决定戒严的高层会上说：

> "问题看得一清二楚。现成的例子就是匈牙利，一闹就让，让了一步再闹，再让第二步，还是不满足，再让第三步，永远不会满足，除非共产党垮台。中国搞自由化的人也一样，不达到目的，是不会罢休的。"【注2】

温故知新。被称为"多瑙河明珠"的布达佩斯，那场暴动曾震撼全球。二战后，匈牙利波兰等东欧国家，因苏军占领，而为共党所控制并驻军，这些国家原有的制度和"斯大林主义"统治三十年的苏联不同，人民痛恨一党专政、骇人听闻的大清洗和强制农业集体化、经济一团糟，在苏共二十大开始批判斯大林的背景下，终于继波兹南暴动后，1956 年 10 月 23 日爆发在裴多菲纪念碑前的民主集会，几小时集合二十万人，要求改革派**纳吉**（Imre Negy）上台执政，苏军滚出去，并拉倒巨大的斯大林铜像。匈共见势不可挡，让纳吉复出任总理。党魁格罗仍与民为敌，激怒民众攻打警察总部，遭卫队枪杀数十人。政府引来苏军第一次干预，两个师占领首都布达佩斯。纳吉组成新政府，释放政治犯，要求苏军撤退。四天后苏撤兵。起义者继续汹涌，兼有陆军保安军人参与，得到大量枪支装备。10 月 30 日，**发动进攻匈共首都市委大楼，**五十名党干侍卫全被击毙，包括市委书记麦泽。

毛泽东魔手伸向匈牙利，力主苏军镇压

同时，纳吉宣布取消一党专政，实行自由选举，并公告匈牙利中立，退出华沙条约。形势紧张之际，卡达尔另组亲苏政府，造成苏军第二次出兵。由科涅夫元帅指挥十七个师数万人、1150 辆坦克、280 架战机，火速占领全匈各要冲，11 月 14 日攻入布达佩斯，遭到起义者顽强抵抗，巷战数日，报导说上百家房屋被毁，街上死伤遍地。纳吉遂昭告天下："苏军进攻首都，企图推翻匈牙利的合法民主政府"，之后便入南斯拉夫大使馆寻求避难（后移罗马尼亚，遭诱捕，1958 年 6 月被处决）数日后，反叛平息……事后官方公布 1956 年十月事件，**造成匈牙利二千七百人死亡、苏军七百二十二人死亡。二十万难民逃出国境。**

苏军大阵仗出兵镇压，犹如打一场局部战争。这样严重的事态，决策内幕如何？当时苏联和东欧关系，正处于批判斯大林"大国主义"的敏感时期，苏共高层有分歧，当权的赫鲁晓夫很需要拉拢阵营大国中共的支持。而中苏关系还在蜜月中。毛泽东在斯大林去世后，争夺世界革命领袖的野心膨胀。于是，在波匈离心高潮之际，派出刘少奇为首的代表团（含邓小平、王稼祥、胡乔木等）赴莫斯科，协助

苏共决断。

刘少奇10月23日抵达，和苏共制定一份各党关系与合作宣言，直到匈共中央被起义者击溃的30日，苏共领导赫鲁晓夫、米高扬，仍然主张妥协，支持纳吉政府和平解决危机，刘则反之，遵毛指示，告诉赫鲁晓夫：中共意见必须出兵镇压匈牙利的"反革命武装暴乱"。毛还不忘指点，在匈牙利镇反时，最好等反革命多暴露后再下手。在场翻译师哲记得，当时邓小平最反对苏联撤军："不能撤！红军这么大的力量，还对付不了那么几个反动派？"。赫仍有迟虑，表示："出兵意味着全面占领匈牙利，我们就变成征服者了。"但是第二天，赫接受中共主张，决定出兵。

刘少奇31日回国。【注2】1956年11月，刘在二中全会汇报波匈事件，毛回顾镇反说："我们杀七十万人，六亿人，千分之一点三，东欧就没有大张旗鼓杀人。"1958年人大会上，毛又谈中国为何没有发生匈牙利事件，说了一段非常出名的话：就是因为秦始皇"只坑了四百六十个儒，我们坑了四万六千个儒。我们镇反没有杀掉一些反革命知识分子吗？我们超过秦始皇一百倍。"而1963年中共在攻击苏修的"九评"中，更洋洋得意地夸耀在匈牙利事件中的主导角色：

> "苏共领导在匈牙利反革命势力占据了布达佩斯的紧急关头，曾经一度准备采取投降主义的政策，企图把社会主义的匈牙利抛弃给反革命……我们坚决主张采取一切必要的措施粉粹匈牙利的反革命暴乱，坚决反对抛弃社会主义的匈牙利。"

拾起斯大林主义刀，砍杀中国六十年

毛泽东对苏共二十大及波匈事件的整体反应，在二中全会和批判狄托（铁托）的《再论无产阶级专政的历史经验》文中，归结为"刀子论"——毛称"列宁斯大林是两把刀子，俄国人将斯大林这把刀子已经丢掉，对列宁这把刀子也丢掉很多了。"**狄托**"普拉演说"，要求将各国的斯大林分子赶下台，毛宣称：

　　"斯大林主义就是马列主义，所谓非斯大林主义化，就是
搞修正主义。""赫鲁晓夫一棍子把斯大林打死，丢掉斯大林这
把刀子，在全世界刮起反斯大林风潮。是一种诽谤，颠倒了大
是大非。""东欧的问题，就是阶级斗争没有搞好，那么多反革
命没有搞掉，没有在斗争中训练无产阶级分清敌我，现在自食
其果。"

　　反修《九评》专文指控"资本主义已在南斯拉夫复辟"……1957
年，毛在国内展开引蛇出洞的反右运动（邓为反右总指挥）。一波波
的"阶级斗争"，直到全国全党"反苏反修"，最后文革破产。毛透过
介入波匈事件，以他暴戾的刀子论，拾起被抛弃的"刀子"，施展嗜
血杀人的专政手段，对抗苏东初发的政治改革与自由浪潮，不仅导致
匈牙利革命惨败于血泊中，而且，强化镇压国内党内的不同政见与民
主运动。他像自诩秦始皇一样，以声名狼藉的"斯大林主义"自居……
遗憾的是，毛的嗜杀本性及其扼杀自由民主的孽债，至今没有得到应
有的清算。

　　匈牙利革命是铁幕中，仅见的人民拿起枪为自由战斗的伟例，布
达佩斯街头洒下的鲜血，经过"布拉格之春"和北京"八九六四事件"
的浇灌，终于绽开绚丽的苏东自由民主之花。**1989 年匈牙利为 1956
年十月事件正名，为纳吉恢复名誉，在其殉难日补行隆重国葬，订
10 月 23 日为"纪念国庆节"。**匈共同年退出历史舞台。匈牙利成为
一个宪政民主国家。苏联也在两年后解体。共产党在欧洲横行一时的
历史宣告结束。2006 年欧洲政要云集布达佩斯隆重纪念匈牙利革命
五十周年。

　　现在人尽皆知，全球维持"斯大林主义"统治的政党只有一个，
存在于北京。这是历史的怪胎。不论其外貌、包装如何变幻，反人性
人道主义的专制本质依旧，在其操纵下对香港 2019 年自由运动的镇
压，和 1956 年它插手镇压匈牙利革命一样顽固、绝不退让。甚至
遥控指挥的隐秘也相似，让特区政府及其武警，充当镇压学生的行刑
队【注4】……要问希望何在？我认为香港不屈的雨伞革命显示人民已

经准备好，单等纳吉、狄托、吉拉斯、哥穆尔卡、杜布切克、赫鲁晓夫、赵紫阳、戈巴乔夫、叶利钦这类从堡垒内突破的人物出现，中国历史必能揭开新篇。

注释：

【注1】美国国会，2019 年 11 月 20 日通过由参议员麦克．鲁比奥提出的《香港人权与民主法案》（参议院一致通过、众议院 417：1 票）27 日总统川普签署。支持香港普选和基本人权等。

【注2】载《李鹏日记》1989 年 5 月 17 日，邓小平在政治局常委会上谈话。

【注3】中国盛传周恩来乘坦克入城坐镇指挥镇压，查实无其事。周系 1957 年 1 月匈牙利事件平息后两个月应邀访苏，及访波兰六日，于 16-17 日曾匆匆到布达佩斯访问一天，鼓励卡达尔加强专政，并致匈一亿卢布贷款。周此行飞程繁忙，访问欧亚十国。推销危机政策。

【注4】香港民主派，2019 年主导的反《逃犯条例》的反送中运动，经过疫情后，2020 年 6 月港府引入《港区国安法》被定性为“暴乱”。截至 10 月底警方拘捕一万余人，逾 1170 人被定罪。现立法会 90 议席，亲共建制派已占 89 席。二十多万人离开香港。留下一首哀歌《愿荣光归香港》。据悉，至 2025 年冬有二千人在香港狱中。

2019-12-10 纽约新冠疫中

修订 2024-5

2026-1-19 校排版

第六章

人物

24.　余英时教授牢不可破的成见

　　8 月 5 日午夜（2022 年），惊悉余英时教授逝世消息，连日来茫然若失，不能自已。看着网上的悼念文字，不断回顾认识余教授三十年的种种情景。自脱出大陆来到自由香港，在探讨历史真相的传播界跌打滚爬，寻求心灵的归宿。在意识形态上，余英时教授的远去，令我产生思想深处的失落和孤寂，虽然余生没有可能成为他的"门下弟子"。但以批毛为志业而言，教授是我尊敬的导师和知心人。

三十年前初识于香港长篇访问，诲人不倦

　　余教授给很多会见的人，都留有温文尔雅如沐春风的印象。惟有面对毛泽东，他表现了不可遏制的愤怒。时间倒回上世纪九十年代。1991 年，余英时教授来到香港开会，下榻富丽华酒店。6 月 27 日，他接受我的长篇专访（载开放杂志 1991 年 7 月号）。从"六四事件"两年后的中国局势谈起，涉及中国历史、文化传统、共产党的流氓专政等，最后我问他：中国和平演变的希望何在？他说，"我看最好的办法还是分裂，中央垮掉或实行虚君制，各地自治，阳奉阴违，让大一统成为有名无实的东西。"他说中国历史上，分裂比统一的时间多得多。"20 世纪给中国的破坏实在太厉害，共产主义制造的灾难，一个文革，就大大超过了历史学家的想象。"

　　这篇份量很重的访问，以美国名教授的身份，就其畅言之罕见，几乎可以和我 1988 年对刘晓波的那篇备受抨击的访问（以"中国需要三百年殖民地"著称）相比。事后，有人告诉我，中共对余教授此篇访谈"十分恼怒，要求大陆学者批驳"。（不知下文）

　　同年 12 月号，《开放》创刊五周年，又正值苏东瓦解高潮，我们推出专题《中共稳定性评估》，特邀多位政论名家笔谈，余教授提出

一个重要的论点：**中共不放弃改革开放、又要反和平演变，这是瘫痪的稳定、"两头蛇的僵局"**——此后，余教授对开放杂志和出版社的支持和指教，几乎是有求必应。包括撰稿、对重要著作赐序、接受访谈，题词书名等。

以"边缘人"理论解释中共的起源

余教授为我主编的《共产中国五十年》的序言（1999 年版）值得一提。序详细阐述对"中共起源"的研究所得，认为这是对"了解中共本质有无比的重要性"。着重解释他提出的"边缘人理论"：西风东渐，使中国传统社会解体，处于主体边缘的游离分子获得罕见的活动空间，这些痞子、无赖、流氓之辈，斗倒初期的知识分子，进入权力核心。张国焘、龚楚、伊罗生都提供了翔实数据。毛邓即属于这类人，根本不代表只占人口 0.4% 的产业工人。毛不像刘邦朱元璋那样，打天下后回归儒家规范治天下，而是激烈地蹂躏中国文化，以马列为名一统天下……

2006 年 7 月，李勇兄【注1】在纽约将美国万人杰基金会新闻奖授予我，赞词曰"批毛前锋"，令人感慰此道不孤。我负责的杂志社出版社确实在香港新闻界"批毛反共"不遗余力，以大量实据，揭露毛祸国殃民、罪大恶极，深信只有清算毛，中国民主化才有希望。我早在 1984 年以官方资料揭露大饥荒真相，激怒邓小平下禁令；独家专访毛的侍女陈惠敏，传遍大陆。文革后三十年批毛三大著作："李锐庐山会议实录""李志绥医生回忆录"和"张戎毛泽东传"，我们深度介入其二。但是，正如学者秦晖指出，从九十年代西方左派学者带头，一股为毛翻案风潮传入中国，适应中共当局的倒行逆施。以致毛的偶像和邪说逐渐复活，批毛之声渐远。

在对中共绥靖姑息潮流中，余英时教授是一位不掩好恶的批判家。事缘 1994 年毛的御医李志绥回忆录出版之际，那时我们已经和李医生有联系，他在芝加哥开始为《开放》撰稿，我成为他在香港唯一的联络人。10 月 17 日他的回忆录在台湾发行，我当即寄一本给他

（他说很多人要书，包括在美的副总理李岚清，他只有一本不能给）。11 月，我为他做了一篇独家越洋访问《在暴君身边二十二年》。12 月，台湾中国时报发表余英时的整版书评〈在榻上乱天下的毛泽东〉，充分肯定李志绥回忆录出版的价值。

批评中时出版社故意删节李志绥回忆录

令人意外的是，余教授在此书评中，爆料指摘中时出版社之中译本，对英文原著作了两处"故意的删节"。一是毛怀疑斯诺是中情局的特务，一是邓小平腿骨折，毛派二女去护理，邓使一女怀孕事。原著皆载，中文版却完全删落。余教授并称李志绥回忆录"写得很谨慎，大体忠于亲见亲闻的事实"。《中国时报》当时在台湾是数一数二的大报，不失风度地原文刊出余英时的批评。余教授是该报作者，严正批评其非，在对中共隐恶扬善的环境中，显示非凡的勇气。

余教授在 1993～1995 年间，发表几篇重要的评毛论文，收集在他的《历史人物与文化危机》中（三民书局 2004-2013 二版）该书从曾国藩、毛泽东到费正清，历数中国思想界从晚清到后冷战百余年的演变和困扰，指出毛三十年统治给中国人留下史无先例的文化危机，旧的价值系统被摧残，新的价值系统却未出现。所谓"中国特色"若乞灵传统文化和民族主义，无异于"死亡之吻"。余论述中我最感贴近的是〈打天下的光棍〉、〈在榻上乱天下的毛泽东〉两篇。利用中国史鉴和社会分析，将毛的成功原因和个人特质，深入简出，极为可读地描绘出来，逻辑铿锵，有一气呵成之感。从井冈山收服土匪起，到延安利用农村流氓边缘人打垮城市知识边缘人，承袭刘邦朱元璋的"打天下的光棍"传统，建立霸业。余英时将毛一生（1893-1976）分为三部曲（以 1921、1949 为分水岭），指其至死没有修成正果，保持光棍造反身份。毛在中南海不止一次以"革命的山大王"自诩。

毛独霸天下两大特质：害怕秩序、意志顽强

对于毛 1949～1976 的二十七年"独霸统治"，余教授提出两点

分析，我认为相当独到。第一，很多人称毛为"皇帝"，未尽适当。因为毛和中国史上的所有皇帝不同。他们得天下后，无不兢兢业业寻求治天下之道，以图建立稳定的秩序。但毛相反，最怕秩序。1949年后一个又一个运动，反映对"异化"的深刻恐惧，临终还要嘱咐，文革是"第一次，以后还要进行多次"。（邱会作回忆录云：毛晚年问医生，他何时上天堂？准备去造反，看那里的秩序有什么问题）。余教授更从李医生书中看到毛所以起居无常地"榻上治国"，并非战争习惯所致，而是如李志绥指出"毛将时间表、规则、礼节和仪式，都看作是对他的控制，因此拒绝遵循。"拒绝将他的巨大的绝对权力日常规范化，就成为毛1949年后整个生命的核心问题。抓住这个核心，可以顺理成章解释毛的一系列重大举措。

第二，毛具有极端浪漫而不愿受任何约束的坚强"意志"（按，湖南人被称为骡子脾气）。浪漫、放纵、个人自由，是中国近代的潮流，但一个拥有绝对权力的政治领袖任其浪漫意志横冲直闯、所向披靡，后果将不堪设想。毛既否定秩序又如此肆意妄为，这就是哲学家黑格尔说的"否定意志"，他只有在不断的否定、破坏中肯定自己的存在。我们在文革中几乎无所不在的印证黑格尔的哲学。例如毛竟然发出如邪魔般的最高指示："八亿人口，不斗行吗？"【注2】

我们和余教授在"李志绥回忆录"的评价上，可谓不约而同。杂志社和田园书屋合作推广，并协助代销（记得有一家公司要求一次购买一百本，显然是偷运大陆）。我们和苦闷的大陆人心连心，使李书长销不衰，突破同类书的畅销记录。中共当局遂发动大规模的批判行动，获得海外左派毛派倾巢声援。我们决定出版专集《反叛的御医》，全方位全过程介绍李医生和他的书。余教授雅为支持，允载他的书评，并特地撰文说明他和李医生失之交臂的经过，还透露李医生1972年1月曾秘密出差日本，向旧友传告尚在保密之中的林彪事件。余教授同时向读者介绍西方知识界的反应，推崇梅兆赞【注3】〈揭开恶魔的面具〉等评论，批评邓榕为父作传，充满崇毛的谎言。指出"二十世纪造下三个混世魔王希特勒、斯大林、毛泽东"，只有毛身边的李志绥留下详实记录，其"史料价值将随着时序推移而愈来愈高"。《反叛的御医》被读者视为李医生回忆录的续集。

不掩饰对毛泽东罪恶有牢不可破的愤怒

回忆一九九〇年代有余教授参与的那段批毛佳话，足显一位大师级的历史学家，放下身段将理念引入传媒的时代精神，就像他长期在媒体上为香港自由、台湾民主发声一样，是出版界也是我和同仁们的荣幸。我曾探寻中共基本教义"唯物史观"的某些原理，在崎岖的小道上，获唐德刚教授赐以"三峡史观"；2017 年曾向余教授请教司马迁治学名言"究天人之际"的释义。他告诉我，斯大林的"五阶段论"史观，苏联史界早已放弃，历史进程不是那样一条直线的发展……随后寄赠一册《论天人之际》给我，可惜，这本书之史论深奥，我未能透悟。网上报导，社会主义取代资本主义的必然性，已在大陆史学界受到质疑，但官方仍然不愿放弃……两年前，又承余教授馈赠"回忆录"一册，详述他的学术历练。我在电话上致谢时，他已有力不从心的叹息。

毛泽东统治是中国二千多年"中央集权专制制度"最黑暗的时期。余绪犹存。晚年余英时，面对中西文明一场新的大冲突。他总是告诫传媒，不要相信极权主义是"铁打江山"。虽然中国现代史已经成为"彻头彻尾的伪史"，我们或已看不到转变。但中国的"士"是社会的良心，要警惕中共的统战……在此生死存续之秋，遥念二十多年前，余英时教授站在台湾、香港第一线批判毛泽东的大义凛然，是何等珍贵而沉痛的示范，没有一位知名学者可与比肩。与其说是出于他深厚的学养与名望，毋宁说是一位正派学者高尚的良知与人格使然。下面特摘录两段余教授的内心自白，敬献于这位伟大的驱魔者在天之灵：

——1949 年以后，毛泽东的独裁真正达到"朕即国家"的境界，谈毛泽东就等于谈整个中国。任何中国人写毛泽东无可避免地会受到主观好恶的支配，完全客观的论断是不可能的。我不但不可能是例外，而且，我的成见是牢不可破的：在中国史上，毛泽东具有秦始皇、明太祖的一切负面；在二十世纪世界史上，他则和希特勒、斯大林是一丘之貉。【注4】

　　——我在作历史分析时，尽量保持客观冷静，但是我也不可能完全掩饰我的愤怒。不论毛泽东的主观愿望如何，近三、四十年中国的灾难，他个人的责任比任何人都要大。几千万中国人的死亡、无数家庭的毁灭、整个中国社会生机的长期断断，现代化被一再延阻，都是在他当权的二十七年造成的……读史者如果面对这样血泪凝成的人间悲剧而竟然无动于衷，那只能说他是别具一副心肠了。【注5】

注释：

【注1】李勇，台湾《联合报》《世界日报》资深记者。纽约中华公所主席。

【注2】"八亿人口，不斗行吗？"1976 年中共人民日报作为"最高指示"发表。系毛泽东 1975 年底接见尼克松女儿朱莉的谈话（收于毛年谱时，竟加以粉饰，附加一些温和文词）。

【注3】梅兆赞（1932-2021 Jonathan Mirsky）曾任泰晤士报亚洲版主编。1972 年和一批支持中共的西方学者访问北京，获周恩来接见。1989 年天安门事件彻底改变观念。曾撰文"从毛粉到反革命"。

【注4】摘自余英时：《打天下的光棍——毛泽东三部曲》。

【注5】摘自余英时：〈在榻上乱天下的毛泽东〉。

2024 年 8 月修订，纽约
2026-1-19 校排版

25. 赤色弄潮儿百年足迹

——记史家司马璐先生

【司马璐先生（1919-2021），江苏海安人。18 岁投奔延安，历经艰险，脱共自立，1949 年 30 岁，勇赴香港，创办《展望》杂志，成为知名中共党史专家、反共主义者。1983 移居美国，2002 年和青年时代女友戈扬结婚。他是 20 世纪赤潮中独步千山，寻觅真理而成就卓越的先知人物。对后来者极富启示。司马璐 1952 年出版回忆录《斗争十八年》，内容丰富、文笔精彩，受到热烈欢迎。他以 102 岁高寿，逝世于纽约。】

昔人已乘黄鹤去，白云千载空悠悠。司马璐先生谢世以来，纽约小区朋友们表示了对他的最高敬意。他是海外民主派和关注中国前途的人们的一位传奇人物，在超过一个世纪的生命中，至少七十多年不倦地投身在追求自由的崇高事业中。他又几乎是中共的同龄人，很少有更资深的人，像他那样体验和研究过共产党的历史。作为一名后进的晚辈，更有一份难言的伤感。当我们看到反对中国现代极权主义的奋斗，遭遇到从未有过的困局之时。

我和司马璐先生见面交往的机会不多，但是在我们的专业：文字与出版层面，却有不少的心灵沟通。司马璐在大陆变色的 1949 年，毅然决然从上海来到香港。1952 年，在港出版自传《斗争十八年》，一纸风行。1958 年开始主办《展望》半月刊出版（《明报》也在当年创刊）。我则是 1980 年才移居香港。翌年入行传媒，从事新闻评论。当时香港的政论杂志不下十种，比较出名的几本都是本地文化人主办的。唯有自联出版社的《展望》是以大陆政治为主的一本，虽然装帧简陋，却内容实在，引起我的兴趣。

在香港和前辈相遇，《展望》杂志的印象

记得曾到展望编辑部去见过司马先生，（也买过他们出版的书如《瞿秋白传》《周恩来语录》《斗争十八年》等）一个初到贵境的小编辑没有和他的谈话记忆，只有那里空间非常狭窄的印象。没多久，1983 年司马璐移民美国。我一直保留着部分《展望》杂志和几本书到今天。它吸引我的是七十年代和更早以前的信息，因为那时我们在大陆对外界一无所知。另外，司马璐是研究瞿秋白的专家，而我在香港《七十年代》发表的第一篇文章正是评论瞿秋白的〈人之将死 其言也善〉；同时，我发现先父（已在台湾过世）的挚友陈克文先生是《展望》的作者……这是我在香港和司马璐先生的一点交集。

司马璐的人生与事业有"个人奋斗"的自由主义特色，机智灵活，多姿多彩。他对政治敏感而向往，但只是限于读书人"以天下为己任"的情怀，冷眼观察而不入仕途。在学问上，则是一个边走边学的探索主义者，有很好的文史基础和独立思考能力，他的著作和杂志，有独家材料也有可读性。……这样一位别具一格的人物，在大浪淘沙的时代，活了一百年，无疑是值得研究的对象。笔者只能以其文字遗产，作肤浅的读后感式的评介。先说说杂志《展望》。其重心不在追踪及时新闻，而是以比较宏观和历史的角度看中共政治，看文革和中苏关系。例如对毛刘周的最高权力斗争，及邓小平倒而复出的整套个人资料，都有很深入的来龙去脉分析；而赫鲁晓夫二十大的秘密报告，到七十年代还在连载，加上他本人的长篇史著《中共党史暨文献选粹》……《展望》杂志这种侧重史料的严肃性，可能和他出版《斗争十八年》赢得的名声有关，他对中共"和平演变"可能性的著作，受到苏东学界的重视，被邀两次出访欧洲。

独家发表江青内部讲话：透露中共反美外交

以下若干事证，可以看到《展望》的独特份量。1975 年 6 月 16

日出版的 321 期发表北京"原始档"：江青当年三月在香山对领事级以上外交干部的**《关于外交问题的讲话》**，今已密封，很难看到。江青自称"主席工作很忙……我来传传口信"，以显其权威。江青怀着接班野心，大谈毛的世界革命外交，将"人民革命"放在国家独立、民族解放之上。称中共"对第三世界道义上支持、经济上无代价的援助"。

> "正如主席对西哈努克所说的：'要军火，买；没有，送，可以。只有一个条件——就是革命。'""只要革命，我们一定支持到底"。策略上"我们又把外交重心放在黑朋友、小朋友、穷朋友的身上。他们感激我们、报答我们。我们虽然没有白朋友、大朋友、富朋友，可是我们并没有孤立。在我们进联合国问题上表决时，虽然大国声大势威，但无奈小朋友势众声亮，最后我们还是进了联合国，接着大国也登门来访。"

江青这篇讲话，长期没有公开和受到应有的重视。《展望》不仅发表，还郑重评论，指出"东南亚国家面临新威胁"。事实上，毛共正是在美国越战失利、东南亚三国陷共后，即加强对泰共、马共、缅共的鼓励和渗透，支持他们武装颠覆政府，"相信枪杆子出政权的伟大真理"。

甚至毛在垂死之际，还派四人帮**张春桥秘访赤柬取经。**至于交朋友，世人早已看穿，中共入联的秘密之一是收买黑朋友、穷朋友，**1971年 10 月联大通过二十三国"逐蒋纳共"2758 号提案，其中二十国是"黑朋友、穷朋友"！**（遭到美苏两大集团抵制），而设在湖南益阳的马共电台直到 1981 年才关闭。江青这篇内部谈话其狂嚣无忌，无异于今日"战狼外交"的先导纲领。

党史文献选粹，陈独秀 1927 年远见卓识

《中共党史暨文献选粹》是司马璐数十年心血结晶。他在香港台湾收集过一些资料，尤其得到居留香港的张国焘先生之助。到 1975

年已经结集出版三册——之一：马克思主义在中国的传播；之二：中共的成立与初期活动；之三：第一次国共合作。知名评论家司马长风当年的书评是："作者条理分明、要言不烦，对中共历史之了解，别具只眼，力求公正……有前所未见的文献"。比之少有的港台同类著作，司马璐这部中共党史，虽仅止于 1927 年中共发轫的"上海时期"，已达一千页之巨，足见其之弥珍。文革后，中共当局曾找他"明码实价"收购他的党史资料。

司马璐之中共党史三册，撰编方式与一般学者"论述加注"不同的是，除论与注外，还有大量的史料原文附录（即文献选粹）。省却学者读者追寻之苦。我对于**"1927 年"**的兴趣从中获益良多。1927年对于中国二十世纪的演变实在太重要，其影响迄今不衰……作为湖南人，对农民运动、马日事变更是希望看到我们长期被中共官史一面倒蒙蔽的真相。例如湖南农民运动，《展望》就有当年和毛一起办"武昌农运讲习所"的**陈克文先生**的驳证。毛鼓吹"痞子造反"赞扬农民"过火"行为"好得很"的"考察报告"，当时遭到陈独秀极大的反感与抵制，他审稿时删去大部分内容，还表示不准毛出席"五大"。

马日事变（1927 年 5 月 21 日），《展望》原始文件显示，正是因为共产党和国民党左派占领长沙后，搞暴力土改，杀工商巨子名流和北伐军官家属，触怒三十五军军长何键和部下许克祥发动的一次"清党"，解除中共武装和机关，逮捕处决共党暴徒。从"五大"到八七会议，中共内部的"盲动主义"炽烈，陈独秀的妥协主义终于败下阵来。陈的主张，在他提出的"十一条国共两党关系决议案"中，可见其要义：

① 承认国民党当然处于国民革命之领导地位；

② 参加政府工作的共产党员为减少政局纠纷可以请假；

③ 工农民众团体均应接受国民党之领导与监督；

④ 工农武装均应服从国民政府之管理与训练。

陈独秀的意愿是从大局出发，放弃暴力路线争取"退却求存"。

早在中共"五大"上，陈独秀面对严峻的非共潮流，他已提出要"约束农民运动，不要削弱北伐革命军的后方"。共产国际代表**罗易**【注1】的文件称，毛泽东也不得不当面向陈独秀表示支持他的主张，说"我们不应该在农村发展社会革命而削弱国民革命的后方。"但八七会议指控陈独秀"投降主义"（解散汉口工人纠察队、反对农军进攻长沙）撤销他的"总书记"后，准备"上山"的毛泽东就特别强调"无产阶级的领导权"。因为当时中共借助统战，**一年之间从九百五十人扩张到五万八千人**（共产国际的罗易竟然成为国民党左派的"荣誉主席"），国民党人数则从六十五万锐减到二十余万人，面临被中共架空、颠覆的危机。这是 1927 年国民党"分共"的重要背景。

毛泽东策划全国农协，狂妄野心破产

《展望》对于 1927 年的农运狂潮发表独家的史料。1927 年，毛在党内一直没有重要地位，但他和彭湃拥有"中国农运大王"的威名。当时中共和国民党左派宣扬被夸张的数字：**中国有二百五十万产业工人和参加农会的一千万农民。**毛在农运讲习所也高唱"农民解放就是国民革命之成功！"三月底，全国农民协会推举十三名执行委员，邓演达为宣传部长、毛泽东为组织部长、彭湃为秘书长。议决 7 月 1 日在武汉召开第一次全国农民协会代表大会。代表共六百八十人，各省名额分配——湖南一百二十人、广东八十人、湖北八十人、江西五十人、河南五十人、陕西、江苏、四川、山西在三十至二十间。"宣传纲要"特别指出，雄踞群首的湖南省"多数乡村已建立农民领导下的民主政治"并夺得地主阶级的枪支；广东省农会有四万支"快枪"——最后全国农协自灭，毛也九月九日被捕，险遭处死。

这份数据完全可以视为，嗣后毛发动广泛的武力割据的滥觞。而湖南农运的组织性实力遥遥领先各省。农运大王势将临驾华夏。和他共事过的陈克文先生回忆，当时他曾应毛的同党易礼容邀请，去湖南参观农运，眼见湖南农民一日有三餐米饭吃（他广西乡下三日难得吃到一顿米饭），不禁问道，这样富足的农民为何还要搞农运，是不是湖南地主特别可恶？回答竟然是：湖南出了个毛泽东呀。陈克文恍然大悟，原来毛早就看准了农民是他夺取政治权力的本钱，可以利用农民组成一大造反党、为打江山的赌注……山大王果然从此成就了一代帝王。**农协"一大"由于宁汉合流反共派占上风，而胎死腹中。毛却贼心不死，将农运转变为"武力割据"的根据地策略。**最后打遍天下。后来出版"毛选"时，将痞子大作《湖南农运考察报告》选为首篇，其心耿耿。

附带说说农运大王**彭湃**（1896-1929）因 1927 大屠杀之罪，文革遭到报复的事。这位两次留学日本早稻田大学的粤东地主之子，在毛还沉溺在汪精卫的信用时，已在海陆丰成为十万人的农会领袖，还在广州首开"农运讲习所"。国民党开始"清共"，通缉二百名共党之首要，彭湃遂发动海陆丰暴动，成立中共首个"工农兵苏维埃政权"，以三个月的红色恐怖，**杀戮地主 1882 人及其他国民党与社会分子万余人，**逼使五万人逃亡香港与广州。赤潮终被政府军击败，彭湃逃避上海，任中共政治局委员，1929 年被捕于租界，随即遭政府秘密处决。不料天意难违，被澎湃狂潮杀戮的亡魂，四十年后，借文革造反之机，在海陆丰掀起复仇运动，彭湃后人惨被批斗，侄儿彭科竟遭斩首示众，首级悬挂三日……直到 1978 年习仲勋复出，以四人帮之罪，了结"反彭湃事件"。

《斗争十八年》为共党画出形形色色面谱

司马璐所著《斗争十八年》迄今已近七十年，是一本值得介绍的回忆录。和 1954 年龚楚的《我与红军》、1974 年张国焘的《我的回忆》。形成中共建国前的一个香港出版的连续系列。张国焘是中共初期重要领导人，龚楚是中共割据江西的红军将领，张、龚分别于 1938、1935 脱离中共，都在香港待过很长时间。司马璐文化人出身，是标准的"延安干部"，经历上海、延安、派入骑二军、抗日游击、浙江地下工作。最后回到重庆，脱党、加入民盟、办杂志、甚至组建"人民党"，直到 1949 年拒绝潘汉年拉拢，从上海潜渡香港，时龄三十，正当盛年。

司马璐记录的时代，正值中共借一二九运动抗日救国之名，裹挟一代知识青年误入赤色狂潮之际。在漫长的斗争中，他们饱经血泪折磨，构成毛共政权的高干中层。司马璐描绘他接触、相识的共营人物的形形色色嘴脸，上至毛刘周，下至身边的"可怜虫"。从康生牵洋狗、着马靴，出门四个警卫员，到不惜牺牲同志和敌伪拉关系的老革命，还有那些为高干当"临时太太"，提供性服务的无奈少女……司马璐本人也经历不幸，幻想中间路线的成功，但残酷不绝的事实，使他犹如年轻的心灵被强奸一样痛苦，终于在重庆达到对共党"深恶痛绝"的程度。

最后在上海看到和他满腹牢骚的文化界朋友，最后"百分之九十"都投靠共党政权，他决定亡命天涯。他有坚定的人格信仰和旺盛的生命力，不是可以随意抛弃的"螺丝钉"。因此，来港后即办出版社着手从事写作，出版回忆录，而成绩斐然。回忆录销售十余万册。当时读大学的**余英时**教授，五十年后还记得"曾读斗争十八年，香江反共万人传"。

很多人在探讨：中共凭什么维持统治七十年？司马璐的书给出重要的启示，那就是——中共凭借的是一个高度专制的政党。这个党的特质，**他定义为"军阀主义、流氓主义和野蛮的专制主义"。即枪杆子、欺诈与无法无天。**这个党和民主国家政党完全不同，不为选票、不为民调，专为制伏训练做奴才的人们，只有进、不准出。它渗透处处，无所不用其极。司马璐描写过民盟章伯钧常骂："中国是一个流氓社会，搞政治的没有七分流氓气是不成的，你看蒋、毛出身。一个都市流氓、一个农村流氓。"而张申府见人就骂"五十号"（周恩来重庆公馆）混蛋。周亲信徐冰则骂民盟是"一批臭官僚、烂政客、党棍子"。王炳南也直言国民党卖我们的帐，不就因为有五十万大军一个强大的共产党？

最后一幕：和延安情人告别在上海滩

1949 年，在群魔乱舞的上海，聚集不少"民主人士"等候佳运，司马璐对他们说："以我对共产党人的了解，初来时候，利用你们一阵，以后就一天天难捱了。轻者吃苦头，重则一命呜呼。"即使"民革"主委郭春涛也信了周恩来的许诺"二十年不谈共产主义"。被司马璐斥为："周恩来胡说，骗三岁小孩子。共产党一旦控制政权，就要立即实行独裁，不如此，就不成其为共产党了。"结果，两人不欢而散——

> 司马璐认为共产党最有力的功能，一是谎言欺骗。"天下受骗人数不尽，这是人类的弱点"；二是严密的组织。如军营、如魔窟、如地狱，非常可怕（个人档案、组织关系，捆绑终身）。

司马璐的人生感悟，都写在 1952 年的回忆录中，有声有色，充满自信。1957 年一场"阳谋"，不仅"民主党派"全线瓦解，章伯钧首当其冲。全国知识分子兵连祸结，斯文扫地。中共反右之战，俘虏不弱于"三大战役"，戴帽不戴帽的"右派分子"何止百万！刘宾雁的遗言："毛泽东是亚洲最大的政治流氓"。今天，我们不能不敬佩司马璐先生当年的警世恒言，长鸣至今。为学界的先知！

上海"解放"后，令司马璐吃惊的是国民党中统大队长王大超、常和贪官污吏鬼混的银行家卢绪章……这类人渣亮相党员并任要职。只有他延安时的恋人**夏森**女士【注2】，不忘旧情，前来探望。这位年方二七的四川大学美女，穿过时代的风云，不顾忌讳，低声告诉他：

> "立刻离开我们的地方……这是没有办法的。这是革命，革命就是残酷的事，我这个共产党员，是不够成色的。好在幸亏我只是一个女人。"

他和夏森的爱情是回忆录中凄怆的一章。几天后，他在霞飞路遇到农学家董时进，彼此哈哈一声再见。司马璐拿到广州通行证后，"一溜烟跑到香港来"。踏上自由世界崎岖漫长的新路。从此，将不幸的青春埋葬在那块无边黑暗的墓地，以他机灵顽强的生命力，另写人生。

注释：

【注 1】罗易，马纳本德·纳特·罗易，印度共产党人（1887-1954）早年为共产国际理论家、活动家。曾在墨西哥、印度、中国发动革命。1927 年赴中国，为共产国际代表团团长，宁汉分裂时，五月底国际密电命中共武装革命，罗易将密电泄露给汪精卫，汪即决定分共，是为罗易事件。八月罗易即返回苏联。后与国际决裂，返印被捕，二战前主张印度英国合作，晚年提倡新人民主义。

【注 2】夏森，1923— ，女，四川人，1938 年赴延安，入图书馆工作和司马璐相识为友，经抗大、党校、再入东北军区司令部。1949 后中科院理论教育处、文学研究所、社科院外事局离休。至 2021 年捐 200 万成立夏森助学金，资助贫困大学生，获全国脱贫攻坚奖。丈夫汝信，曾任社科院哲学所长、中共中央候补委员。

2021-4 修订 2024-5

2026-1-19 校排版稿

26. 斯大林女儿没有乡愁

——为《开放杂志》创刊 25 周年而作

【作者按：斯大林独女斯维特兰娜，1967 年逃脱苏联，在西方不屈生活四十四年，她看透共产体制的丑恶与罪孽，也无法抚平父亲对她及家族的深重创伤，她把爱交给上帝，坚拒回国。是二十世纪独具魅力的驱魔人，留下的著作，一片凄惶、不堪回首。有感于杂志生涯的艰辛共鸣，特以此文为敞刊二十五年感言。三年后，开放杂志印刷版终告结束。】

苏共独裁者斯大林唯一的女儿斯维特兰娜·阿里卢耶娃（Svetlana Alliluyeva）今年 11 月 22 日在美国威斯康星州去世，她活了八十五岁（1926-2011）。斯大林时代过去六十年，苏联也烟消云散二十年，为甚么这位孤独的女人还成为国际新闻？中国各大网站都加以报导。谷歌搜索达数百万条。

这些报导都集中在她的叛逃和婚姻上。渲染成一条"克里姆林宫公主"逃亡的奇情新闻，没有人去挖掘历史的内涵。中共媒体报导时，动了手脚，将这位"红色公主"形容成一个暴烈、叛逆、绝情、任性、出尔反尔的女人，她的命运则是尝尽了"叛逃"的孤独、失望和贫困。将她谴责斯大林是"一个精神和道德上的魔鬼"，改魔鬼二字为"怪物"。

文革时代读禁书，赫鲁晓夫介绍其人

可是，历经过那种风雨晦暗岁月的人，却难忘对她的一份同情和敬意。她是二十世纪最有魅力的驱魔人，也是影响我辈人生走向的人物之一。1980 年，当我跨过罗湖桥进入香港社会时，带在身边的书，除了新版《辞海》和爱伦堡回忆录《人、岁月、生活》外，就是斯大林女儿的《给友人的二十封信》。文革对于一个困于信息饥饿的人，若有值得回味之处，就是在林彪事件后的松弛期，得以读到一批"内部出版"的禁书，其中刻骨铭心的是《赫鲁晓夫回忆录》和《第三帝国的兴亡》，关于斯大林女儿的故事，正是《赫鲁晓夫回忆录》中令人大开眼界的章节。而纳粹的历史则让人将文革的认识提升到法西斯暴政的层面。那时的昆明处于一片混乱，弄到一本禁书，限时传阅，看到天亮……"众人皆醉我独醒"的感觉，启发着未来自由写作的梦想。

斯维特兰娜**《给友人的二十封信》**，只有十五万字，何以成为世界性畅销书？诚然，与作者是苏联大独裁者的女儿，居然成为专制黑幕的亲身揭露者，这层意义之惊人，对中国人来说，只有林彪"九一三"的叛逃可以相比（中国接班人、苏联大公主）。这二十封信便成为读书人的焦点。当时苏联已然摆脱斯大林主义，古拉格上百万囚徒获得自由，被镇压者恢复名誉，但党国体制尚未改变，待释放的政治犯还有四千余人。

《二十封信》：家族毁灭、初恋被痛辱

这二十封信，写于 1963 年，是一部"抒情性信札"形式的家史。从 1953 年斯大林中风病死现场起，描述父母近亲家族每个人的命运，重点是母亲娜·阿利卢耶娃和母系亲人的不幸遭遇，透过这个金字塔顶峰家庭的神秘内幕，展现斯大林恐怖统治的专横与血腥。作者已三十七岁，在特权环境中成长的她，已有传奇的初恋和两次婚姻，她的专业是文学历史研究与翻译，并有著作出版。

1963 年是赫鲁晓夫执政的末期，中苏分歧已经公开化，苏联不同政见者运动兴起，知识界相当活跃。斯维特兰娜的思想与此同步，她的书贯穿着"后斯大林时代"一代的反叛意识。她在该书中写道：

　　"数以百万计的人毫无意义的牺牲了，数以万计的有才华的生命过早地死去了。这种损失的故事，二十本书也说不完，更何况是二十封信。"

　　"善会胜利，善能战胜一切，虽然它来到时，最好的人已经死去，不公正地莫名其妙地死去了。"

　　二十封信最沉重的是对死亡的记录。她母亲 1932 年自杀而死，时三十一岁，女儿在十年后才知道真相，十六岁的她，从此动摇了对父亲的绝对崇拜，并继而体认到父亲的独裁本质。她母亲的义父、姐夫，她的舅舅、她的姨妈、斯大林前妻的兄嫂都被捕、处决，还有他们家的老朋友布哈林。[注1]……

　　她母亲是属于狂热拥抱革命理想的一代，她的单纯与敏感，发现丈夫斯大林并不是她想象的人，而陷于可怕的幻灭，可以连孩子也不顾地走向自杀。她的大哥斯大林前妻之子雅可夫，也曾自杀未遂，竟被斯大林嘲笑"连枪也打不准"。后来雅可夫作战被俘，德军欲以他交换被俘之德军元帅，被斯大林冷漠地予以拒绝。雅可夫在集中营触电自杀……斯维特兰娜和父辈领导人从小到大都很熟，她目睹"人们犹如黑夜里的影子似地突然就消失了。"苏共"十大家族"每家都遭受清洗之害（如莫洛托夫都未能幸免）。

　　斯维特兰娜详细描述她和父亲二十七年的家庭生活，包括母亲死后，斯大林如何将感情都寄托在她身上，如何爱她、宠她，直到她成年后开始分道扬镳。原因除了母亲之死的启示，就是在婚姻上和父亲不断的冲突。

　　第一场冲突是，1942 年认识青年剧作家卡普勒（1904—1979），她十六岁，卡三十八岁。正当她获悉母亲之死真相后的苦闷时候，卡普勒的浪漫才识，让她陷于爱的漩涡（卡是《列宁在十月》电影剧作者）。一举一动全在秘密警察监视下，电话、通信全落入斯大林之手，老父怒不可遏，一顿训斥，两记耳光，毁掉了父女情。她写道："我曾是他亲爱的女儿，从此再也不是了。"卡普勒为他的浪漫，付出被监禁流放十年的沉重代价。

其后，斯维特兰娜分别在 1944 年、1949 年有过两次婚姻，两次离婚，都与斯大林干预有关。父死后，她独居了十年。《给友人的二十封信》到此为止。她是应友人之邀写的，并不打算出版，也不可能出版。这本书感情真挚、文字优美，哀而不伤，但那些娓娓道来的悲剧，仍然令人十分震栗。那位友人看过手稿后，写信给她说：

"天哪，多么黑暗啊，多么暗无天日，这么多人死于非命，可怕，真可怕！多么不幸的国家啊，想一想是谁在统治我们啊。"

初临美国一年，感受一个热情善良的国家

斯维特兰娜 1967 年从印度叛逃美国，并非预谋，详载于 **《仅仅一年》**：她抵达美国后的第一本书，时居普林斯顿。她和印度勃拉哲士·辛格的相恋，是书中的重心。她的书出版传闻，沸沸扬扬。莫斯科闻讯极为紧张，透过名记者维克多. 刘易斯抢先在英国出版她留在国内的手稿，抹黑她是"一个性欲旺盛的女疯子和乃父的亲密助手"，还说她已住进了"疯人院"……一时间各大媒体纷纷转载。只有《哈泼杂志》（HARPER'S）[注2]的正版面世后，她才接受记者采访于纽约长岛。两本书的热销，给她带来可观的收入，可以维持体面的生活。

精神上也丰收。到处受到明星般的欢迎，每天收到大堆的鲜花、信件。不少好心人邀请她去居住，不止一人向她求婚。数十家大学和教会邀请演讲……她看到了一个她在苏联想象不到的热情、善良、美丽的美国。时时情不自禁而落泪。会见中，最令她激动的是列夫. 托尔斯泰女儿，她对布尔什维克的血腥革命深恶痛绝，而坚拒返回俄国。

苏联总理**柯西金**来联大开会却说她"精神不稳定""她有病"，"在政治上被人利用。"说她的书有损苏美关系。她透过《仅仅一年》详述出逃历程，回敬了柯西金的无稽之谈——斯维特兰娜和辛格的相

识发生在 1963 年，二人在克里姆林宫高干医院住院期间。辛格是印共二十八年的老党员，出身印度贵族世家，时已五十四岁，二人相谈投契而生情缘，斯维特兰娜为他的高尚气质所折服，也因为她已皈依东正教。辛格是一个虔诚的教徒，和甘地非暴力哲学的信徒，属印共的温和改良派。此时老弱多病。斯维特兰娜对他一往情深，可是，苏共不批准他们结婚。

1965 年 5 月，柯西金当面教训她："你这样年轻健康，为何不找一个壮壮实实的年轻人，要找一个病歪歪的老印度教徒？不行。我们坚决反对他带你走，印度是一个贫穷落后的国家，我去过，他们对妇女也不好……"她辩说，辛格已经住在她家，他病重，我有责任照顾他——辛格一病不起，"终于死在我怀里。"她要去印度为辛格做后事的申请，却得到赫鲁晓夫批准，条件是两周后必须回国，且派专人跟踪同行。

小时就很喜欢印度的她，到了印度，非常能融入环境，亲友待她也极友善，她想留下不归，回程一再延期后，她在登机前的一个酒会时刻，溜出来，毅然走进美国大使馆。寻求政治庇护，迅速得到批准。当晚就被大使馆安排飞往瑞士。她在声明中说明，不愿回苏联的另一原因是宗教信仰，她认为甘地学说比共产主义更符合她的观点。那年，她四十一岁。

在瑞士，她见到美国著名苏联问题专家乔治.凯南（1904-2005），这位前驻苏大使给了她一些亲切的到西方之后的引导。她在《仅仅一年》中将自己的心路历程陈述得极为清晰，表明和过去决裂来自深刻的体验和成熟的决断。包括对斯大林更为有力的否定：

> "我成长中家庭一切不正常，令人窒息，母亲自杀是走投无路最雄辩的象征。周围是高高的宫墙，到处都有秘密警察。那个精神空虚、冷酷无情的人，把自己和同事、老友、所有亲人，整个世界隔离，将国家变成监狱。略有思想的人都被扑灭，无一幸免，那引起千百万人恐惧憎恨的人——就是我的父亲。……我是他精神毁灭的见证，看到他逐渐变成一座阴森森

　　的纪念碑。"

　　她说，父亲死后，她也看到他的党和个人迷信、恐怖制度有深刻的一致性，父亲的那些同谋也不能逃脱罪责，这个谎言基础上的大厦从上到下已经散架。"我们这代人对国家、革命和党的历史太无知了，人们对我们隐瞒真情为时太久了。"

　　斯维特兰娜说，啊她在父亲葬礼上，违例没有吻死者额头，父死后也从未去墓地拜祭。她说摆脱斯大林神话，她比一般斯大林主义者更为困难。父亲干的坏事太可怕了，知道越多，理解越深，越可怕。牺牲在他手下数以万计的人，包括妈妈。她知道他干了甚么，她知道父亲不是精神病患者，也不是误入歧途。他专心致志的事情就是算计敌人、竞争者，用恐怖手段消灭他们。她有一次为一女同学父母被捕求情，父亲大吼："他们是叛徒、敌人、反革命，必须消灭，像踩死臭虫那样！"

晚年避世，永不为俄罗斯人

　　看到斯维特兰娜这些透视斯大林的文字，不禁令人想到另一位当时正在上海提篮桥监狱备受折磨的不屈女性林昭。她为后人留下的蘸着鲜血的文字，一样是对独裁者，"中国的斯大林"决绝的反叛。毛泽东不仅没有从斯大林暴政中引以为戒，反而变本加厉推行史无前例的文化大屠杀，残酷杀害了大批林昭这样的理想主义者。今天，历史仍然这样无情，四十多年后，在毛主义阴魂不散的中国，林昭被封杀；斯维特兰娜老太太去世，也不放过她。断章取义，歪曲她的思想，亵渎她的灵魂。用以防范高层的反叛和欺骗单纯无知的年轻一代。

　　"斯大林女儿叛逃"的热潮过后，斯维特兰娜在美国住下来。1970 年，她和美国建筑师 W·彼得斯结婚，生女奥尔加。三年后，再次离婚。为了女儿接受更好的教育，她带女儿去英国上贵族学校，1984 年，她的积蓄所剩无几，为了女儿获得免费教育，她选择回国。

俄罗斯当局在物质上给予优待，她也发表了一些诸如美国和苏联好坏差不多、变节者没有完全的自由之类的话。但是，当局没收了她的护照，她又受到秘密监视，更加十四岁的奥尔加完全不适应俄国的生活环境，而她欲重温和国内子女团圆的旧梦也告破灭，她那在堪察加工作的地理学家的女儿卡佳甚至不愿见她。

1985 年，她又从格鲁吉亚出境，返回美国。从此，她以"拉娜．彼得斯"之名隐居在威斯康星州，她要让"斯大林女儿"永远消失，但正如乔治·凯南【注3】1967 年告诫过她的："因为你与斯大林的血脉关系，阴影将到处追踪你，你要比常人有更大的勇气、耐心与信心。"去年一个俄罗斯电视台为拍她的记录片，找到了她，她回顾一生说："我从来没有过普通人的生活，这已写在我的额头上，人们都知道我是谁。这就是命运，我必须接受这种命运。"

她更令人印象深刻的留言是：

> "我入籍美国已三十年了，我没有背叛美国，我不想讲俄语。我一直憎恨俄罗斯，苏联时期的俄罗斯。无论怎样，我永远不会回到俄罗斯。我已经不是俄罗斯人。"

她的晚年，已经和普通美国老年人一样，孤独而闲适，没有儿孙满堂的"享受"，她的爱，已经属于上帝。

斯大林女儿的结局被中共媒体渲染、消遣，对她的书却一笔带过。但是，当代中国还有多少人会为此所误？三十年来，形形色色的社会主义叛离者，已如过江之鲫，有几人能风光一世？落魄者又有多少？斯维特兰娜不善理财，我行我素，那是完全可以理解的。

斯维特兰娜以她那高不可攀的红色公主之名，给了共产帝国无可比拟的一掌，谁能估量她对终结冷战、瓦解苏东的影响有多大？她那执着的反叛精神又有几个异见者可比？她对于极权主义的逃亡长达四十四年，她渴望自由的追求从少女时代延续到终老。

艰辛的流亡者驱魔之路

今天，回顾一本政论杂志创刊的二十五年之路，特撰此文，不无缅怀对一切去国愤世、以求真相大白的流亡者的敬意，而苏共演变和中共一系列倒行逆施，都是一体两面的互动链接。将林彪和斯大林之女相提并论，绝非夸张不类。那是一座庞然大物倒塌前，发出的异象，至少显示铜墙铁壁的神话，已经打破。我们别无选择——批毛和苏联反斯大林一样是民主化的必经之途。

因此，我们推销"修正主义"。站在"九评"的对立面，同情和理解苏共二十大路线。我们直观的感到走苏修之路，至少好过你"无法无天"。推荐发表"五七一工程纪要"全文。突破八十年代初期香港政论刊物的局限。本刊（开放杂志）1987 年创刊后，正是戈尔巴乔夫上台推行改革之际，苏东局势好戏连场，直到 1991 年苏共倒台苏联解体，似乎才有更多人注意到"堡垒最易从内部攻破"的道理。

现在，我们已有更多的官方档案可供选用，但赫鲁晓夫、斯维特兰娜一类的自传与回忆录仍具有独特的价值，不仅在于正史少载的见证与感召力。重温《给友人的二十封信》及《仅仅一年》，对照中国今日的政局民情，会深感和六十年代"后斯大林时代"苏联何其相似。书中的议题没有过时，可以引起我们会心的共鸣。而斯维特兰娜流亡西方的经历，更让人感到亲切，她当年面对的困扰和内心挣扎，依然是今天许多在中共体制内苟且偷生进退两难的人们的写照。那些一个个活跃在克里姆林宫墙内外的命运各异的人物，不由人想到中国的林昭、孙历生、戈扬、遇罗锦……当然，也会想到今日中国，多少红色公主、王子王孙的飞扬跋扈，自鸣得意。他们怎能理解斯维特兰娜的选择——就像一群啄食的鸡，永远不会仰望翱翔蓝天的鹰一样。（怀着这样的期待多少年，中国无数的红二代仍然在默默经营他们嫡传的领地、中国梦……开放出版社有幸遇到一个例外：为罗瑞卿之子罗宇，出版了他的回忆录《告别总参谋部》。）

我们这些以写作为业，立足西方的中国流亡族，道路之坎坷，和斯维特兰娜并无本质的区别。这条路从来是如此艰辛、不易，但只要魔鬼统治着我们的祖邦，就有驱魔人山水独行、百折不回。斯维特兰娜走完她的一生，留下无与伦比的启迪，她是这个时代勇敢的先行者，更是女性的典范。

注释：

【注1】布哈林，尼古拉·布哈林（1888-1938），曾任苏共政治局委员，苏共重要的理论家、领导人，共产国际活动家，出席中共六大作主题报告。斯大林盟友，后发生分歧，被斯大林大清洗中冠以"人民公敌、间谍、杀人犯"，处以死刑立即执行。刑前留书给年轻妻子申冤，妻子困于苏共专政，将丈夫遗书一字不漏，牢记心中，四十年后公开出版。1988 年戈巴乔夫为布哈林平反。

【注2】《哈泼》HARPER'S，美国综合性月刊，1850 年创刊，现发行 20 万册，总部纽约。

【注3】乔治·凯南 George Kennan 1904-2005 出生威斯康星州米尔沃基。外交家，历史学家。1946 年"长电报"论证苏联扩张主义，为白宫反苏"围堵"政策提供理据。曾任驻苏联、南斯拉夫大使。

开放杂志 2012 年元月号

2026-1-19 校排版稿

27. 江泽民和他的上海帮

【江泽民成为共产中国的最高掌权者后，毫无保留地从一名技术官僚，脱胎换骨，变成一个极权主义的独裁者。经营上海帮，闷声发大财，还为一名无德无才的太子党篡夺国家权力铺路……】

一群乌鸦在外滩飞过。习近平及时向外宾宣布江泽民在上海病逝，享年 96 岁（1926-2022），同时给这位前任领导核心，一大堆伟大的荣誉头衔。确定共产党王朝的世系相传："**毛邓江胡习**"。江是第三代、习近平是第五代。也可弥补一下两个月前，他二十大对第四代胡锦涛的失礼（中共二十大 2022 年 10 月 22 日闭幕式上，习近平公然使人将前任总书记胡锦涛，从主席台架走，引起外界哗然。迄无解释。）习让胡出席江泽民 12 月 6 日的追悼大会，更落力营造党天下世袭的夸张气势……巧合的对照是，江泽民和**英女王伊莉莎白二世**同年生、同年死，都高寿 96 岁。英女王在位七十年，工作到生命最后，享受了十天举世尊荣的葬礼。江泽民在位只有十三年，已离休二十年。送葬依然不脱"大会堂—八宝山"规格。几天来，外国人对这位有表演欲的共党领袖泄露不少好感，中国人却记得他是镇压 1989 天安门民主运动的最大受益者。

罕有民国高等教育背景的技术官僚

共产党首领都有他们发迹的地缘背景。毛泽东是井冈山、邓小平是刘邓二野、胡锦涛是清华大学、习近平是陕北梁家河，江泽民呢？上海滩。这五代地缘政治，代表中共"打天下坐天下"的不同身段，各有各自的故事。江泽民出生江苏扬州，他在中共统治五朝元首中，具有独家文化身份，是唯一的接受民国时代、大学毕业资格者；也是唯一通晓多种外语者（据说有英、日、俄、罗马尼亚等）。1949 年，江已从上海交通大学毕业两年，是一个在南京上海政治活跃家庭中成熟、和中共关系不清的青年。因此，他的生平历练和同期投奔延安等割据区的一群大有不同。

二战后有"技术官僚治国"风潮。在欧亚多国流行。据说苏共政治局除了苏斯洛夫外，都是有理工教育的工程师。中共建政后，江从上海一个食品厂、肥皂厂干部，转入一机部任处长，1954-1956 年派往莫斯科汽车厂实习，回国后在长春一汽动力厂，避过反右运动和大跃进运动，负责上海电气研究所，多次带队出国考察。文革初，已是武汉热机研究所领导人，受过造反派批斗，下放干校。1971 年再起，秘密派往东欧唯一亲毛独裁的罗马尼亚，完成援建十五所机械厂。任一机部外事局副局长。到 1980 年 54 岁前后，已多次为进出口、引进外资与技术，领团赴十余国考察经贸，1983 年任电子工业部部长。1985 年得汪道涵举荐进入上海官场，任市长，59 岁。从经贸着手改造上海……三十多年，可谓中共一名夠成色的"技术官僚"。

一朝上海帮，脱胎为极权主义者

文革后，人们也曾对"技术官僚"有某种期待，因为第一代第二代，都是革命家，八十年代这种期待似乎不可避免，但是，六四事件，期待很快变为失望甚至是绝望——有足够资格的官僚代表李鹏，从苏联留学回国的这位水电工程师，竟然转化为天安门屠杀学生的强横形象。然后，够资格的江泽民和他的副手朱镕基步步接管了国家的最高权力。在八九学潮中，江主动取缔上海钦本立主编的《世界经济导报》，不用兵而制伏学潮，受元老帮瞩目，隐密上京取代赵紫阳任总书记后，人们清楚地看到江泽民随着权力上升，实现了角色的转换，完全倒向邓小平路线，强硬对付自由化倾向。清洗赵派，政改叫停。苏东变天，跟风邓南巡，稳定压倒一切，"闷声发大财"。

江泽民中共"十四大"拉上海帮全面执政后（高层开会可用上海话），导弹威胁台湾总统选举，制造台海危机。1997 年邓死，有非常情绪化的哭丧表情。"十五大"攀上权力顶峰。2000 年前后，过了 70 岁，左右开弓，肆无忌惮。疯狂镇压法轮功、迫害组党潮，大肆逮捕维权律师。和普京拉关系秘订中俄边界条约，加入世贸 WTO。借 911 恐袭事件，靠拢美国……2009 年卸任的江泽民，向部属说，他当权十三年，只做了三件事：一为确立社会主义市场经济、二为将邓小平理论写入党章、三为提出"三个代表"（代表先进生产力、先进文化、人民根本利益）。一派党魁八卦的传统装扮。

这番从技术官僚蜕变为共产党守门人的自白，正是中共文革"在理论和实践上完全失败"之际，无力寻求权力合法性的概括。所谓"中国特色社会主义"，从邓"禁止争论"姓资姓社，到资本家可以入党的"三个代表"，江泽民是这场赌博的操盘人。他们不以所谓"反修防修"彻底破产为耻，无视苏东和国际共运在道德和信仰上，占据自我完善否定教条的高地：苏共戈巴乔夫的公开化改革，最后主动否定党与苏联存在的价值。中共面对世纪巨变，红旗落地，胆战心惊中，选择"挂羊头卖狗肉"之计，屈从国际资本，输血求存，以愚弄百姓，维持特权。江泽民眼看他熟悉的罗马尼亚暴君齐奥塞斯库被就地处决……依然照本宣科、无动于衷。

朱镕基难得保持"技术官僚"本色

值得留意的是，继李鹏、江泽民之后，第三号"技术官僚"人物朱镕基（1928-湖南长沙人）。他的发迹和上海帮密切相关。他和江一样具有国民党时代的高等教育背景，1949 年在清华大学加入中共，并于 1951 年毕业于电机系，成为国家计委干部，不幸于 1958 年被打成右派分子，开除党籍。文革下放湖北襄阳五七干校，1975 年调回石油部任工程师。经过平反回到经委官场，朱镕基已经五十岁，直到调任上海，1988 年六十岁，出任上海市长，凭借十年经委经验，四年治沪，功绩卓著，包括处理六四事件、民生、反贪、开发浦东，尤得老邓欢心。甚至枉有中国戈巴乔夫之名。1994 年朱一跃三级跳为十四大政治局常委，成为江泽民的国务重臣。1998 年出任总理，施展一系列经济体制改革，国务院 40 部委简为 29 个，直到加入世贸，他的强势风格、凌厉口才，赢得上下交誉——这一切明显来自一位"技术官僚"的资质。

但是，当朱老板一旦离开他的本份，扮演党官僚时，令人生畏的"经济沙皇"，就失去他的风采而空余自鸣得意了。2000 年 3 月台湾总统大选前三天，朱镕基面对数百中外记者声嘶力竭演出一场反台独单口秀。从儿童时代唱抗日歌说到绝不放弃武统，差点流出鳄鱼泪。我的肉麻感残留至今。原来北京是不惜它的政治明星到战狼群落的贬值啊。可能是老江的蓄意安排，因为 1996 年他以导弹威胁台湾首次总统大选，殊不知李登辉到陈水扁受益的正是被羞辱的选票。

质疑江泽民是有根据的。江不怕上海人笑话他：总书记是马路上拾到一块金币；三个代表是"江泽民的三块手表"；拉资本家入党，是拉妓女和老婆同床……"三个代表"入党章又入宪，公然强奸民意，造成党内外"三信危机"。江泽民在邓小平四项原则的专制下，为中共在苏东危机后，推动全民性的"新洋务运动"【注】，引进外资，利用人口优势的廉价劳动力，造成"世界工厂"的崛起。

江不遗余力，可谓鸿运当头。习近平为他盖棺时，御赐谥旨："雄才大略……高超的领导艺术"——他能英文背诵林肯演说，也敢在西班牙国王面前梳头。会唱京戏、意大利情歌，插科打诨，乐此不疲，正是惯于毛式粗野作风的干部望尘莫及的海派功夫，让江拿到走资西化的头牌红星地位。（江青打进延安，勇征山大王，欲尝头牌，可惜未能善终。）

江泽民为习近平篡夺王权，开门铺路

江泽民掌权经历的最大的事，是中俄边界条约的签订。事缘中俄漫长而悠久的边界四千三百公里，中国失去黑龙江乌苏里江以东领土约一百六十万平方公里，相当于四十个台湾岛、一千个香港面积。及至中苏交恶，毛 1969 年挑衅珍宝岛火并，而边界解冻不得……及至江泽民 1999 年 12 月叶利钦总统访华之机签订《中俄国界线东西

两段的叙述议定书》，至 2004 年《中俄国界东段的补充协议》声称
"两国圆满地解决了边界问题"。虽有不少的争议性评论。平心而论，
江泽民处理中俄边境问题，比之邓小平那种非现代式的"收回香港"，
是捡了一个便宜。因为二者的历史、现实条件完全不同。采取比较低
调的温和的手法解决分歧，是唯一的选择。两国民众也不曾有香港式
的不满反应。

　　江泽民大权，专治权谋，以上海帮为班底，留下一堆肮脏和垃圾，
基本不涉朱镕基。发生在胡锦涛当权时期的**陈良宇案**，不少上海帮成
员挪用社保基金获利。陈是江泽民提拔重用的上海领导，官至政治局
委员，敢作敢为，和胡温宏观调控对抗，江有意列陈为胡锦涛后的接
班人。遭到曾庆红和太子党抵制，最后陈良宇被中纪委逮捕判刑 18
年，上海帮溃败。习近平的登龙野心，1997 年的中共"十五大"，是
关键的一步。要从地方爬进中央，列入中央候补委员。可惜他的得票
太少，和邓朴方一起在被差额要删除的最后几票之内。江泽民以祭邓
（尸骨未寒）之心，临时决定将差额比例缩小，留下邓朴方，顺便也
给习仲勋面子。于是**十五大公布的 151 名中央候补委员"当选"名
单的最后一名习近平、第二名邓朴方。**

　　都说江泽民的追悼大会，排场出人意料的隆重，超过邓小平。这
是习近平的一招：向助他青云直上的江泽民报恩。因为在上海帮垮台
之后，江泽民在接班人问题上已经完全倒向陈云的太子党方案（我们
的子弟才可靠）。按照邓小平安排，接班人要在两届前选出。我们不
知道内幕，但是有一个细节很有趣：那就是 2002 年的中共十六大一
中全会选出的中央委员会名单。只有候补中委按得票多少排列，正式
中委却按姓氏笔划排列——结果习近平大名排列第一，十分耀眼！五
年功夫，从末名殿军一变为天字第一号。这是上海赌場高妙的一手！

　　江泽民的一生，见证和参与了共产党在中国七十多年的灾难性
统治，他能够休戚与共，全身而退，也映照出上海滩商业文化渗透中
国当代政治的影响力。

　　注：新洋务运动——本书对 1979～2019 中国大陆"改革开放"，即中共 1978 年十二届三中全会至 2020 新冠瘟疫前四十年政策的概括称谓。着眼于和清朝末年 1861-1895 洋务运动的比较。二者的基本思想颇为相似："中学为体，西学为用"。洋务派坚守中国传统文化体制，共产党则坚守政治上的一党专制。异曲同工。笔者亦曾指 1950-1957 年的苏援，可谓中共政权"第一次洋务运动"；文革后"改革开放"是"第二次洋务运动"。待研究的课题。

2025-7 修订
2026-1-19 校排版稿

28. 邓小平：韬光养晦始末

【作者按：本文应约而作。试论邓小平（1904-1997）主导的因应苏东之变的策略与背景，介绍邓的权力之路，死忠毛派，冲锋陷阵不遗余力，他常用韬光养晦、善于守拙之计谋，渡过难关。邓为中共政改设置深重障碍。导致习近平政权复辟独裁，肆无忌惮和发动乌克兰战争的罪犯结盟……】

中共权力巨头中，毛泽东之外，最显赫的三位刘少奇、周恩来、林彪，曾出任国家主席、总理、军委领导。1952 年，毛开始"削藩"，弱化地方权力，加强中央集权。以"五马进京"，调高岗、饶漱石、邓子恢、邓小平、习仲勋等入高层，一度有刘少奇党务、高岗经济、周恩来外事的三足鼎立之局。两年后，高饶被整肃，邓小平积极参与（高 1954 年自杀死、饶 1975 年死于狱中）。作为非常重要的党务负责人，毛看中了邓小平。随即出任中央书记处"总书记"，毛对他说，"你是中央政治局的总书记，也是我的总书记。"

再两年，邓在 1956 年中共"八大"，担当修改党章报告人，在刘的政治报告之后，成为掌握实权的二号明星人物（虽然排名于七巨头后：毛刘周朱陈林邓）。很像第三帝国的**希姆莱**，负责纳粹党务，是希特勒手下的二号人物（高于戈林、戈倍尔及众将帅），那是一党专制下的惯例。又一年，邓随毛 1957 年访苏。毛当面告诉赫鲁晓夫，他的接班人，第一刘少奇、第二邓小平（此事多年未公开）。

"文化大革命"伊始，"刘邓两个最大的走资派"，是家喻户晓的打倒对象。却有严格保密的离奇事发生：1967 年 5 月，中办主任汪东兴受毛之托去邓家看望，下达保邓"约法三章"：

第一、要忍，不要着急；第二、刘邓可以分开；第三、如果有事，可以给我（毛）写信。邓又获准和毛面谈。

一天深夜，毛秘书接邓去和毛"谈到天亮才回家"。谈话中毛问邓对林彪的看法，邓未表态。——这次毛邓文革高潮中的密会，在邓榕 2000 年的著作中才公开。邓的女儿当年曾对朋友说，她爸"为革命当黑帮"——这是毛的一次顶级阴谋。有力地证明，邓其人在毛的极权网络中具有非同凡响的地位，邓如果没有政治上非一般的江湖义气，不可能成为毛的亲信。

毛泽东权力幕僚心腹，中共希姆莱

后来邓在 1973 年文革中的复出，自然是毛上述密会的继续。邓在文革残酷清洗的狂潮中，安然无恙归巢来。毛怎样肯定邓的价值？他说：我给你们请了一个总参谋长，有些人怕他，他办事比较果断。"柔中有刚，绵里藏针。外面和气一点，内部是钢铁公司"……没有正式文件，造反派已经将这番话贴上街。民间往往将"绵里藏针"和"笑里藏刀"，视为同类可怕。国人无不感到毛的阴险，竟玩到最高层，邓死而复生，竟如此厉害，国家前景莫测。邓在 1976 年清明天安门事件中，又被"四人帮"搞下台，但毛已行将入土，邓老神健在。毛驾崩后，邓又一次复出，至掌权终身。

历史显示，邓才是真正的二号人物，接班人。请看：最高层行列刘少奇、陶铸、陈伯达、康生、罗瑞卿、贺龙、林彪、江青乃至周恩来，哪一个安然度过文革大劫、没有死于非命？唯有希姆莱式的邓，是享有毛和后毛时代完整专政履历的党魁。整体而言，邓和周是毛王朝两名最重要的大臣，邓没有周显赫耀眼，但实权不弱于周，风格近于毛，他有内敛藏拙功夫，在顶层个个比他大比他高（毛下刘周、彭帅康生都是 1898 年生人，比邓长 6 岁），邓不发重言、不讲大话，精于使用权力，毛说他"会办事"，绵里藏针。（邓的理论有限：大跃进时他的共产主义标准是，"每人每年 30 公斤肉、半斤苹果、二两白酒，允许穿高跟鞋和擦口红。"）

1976 年毛死，邓小平已七十二岁，他和同龄层的陈云、彭真、杨尚昆同属第一代权贵，论资排辈，邓位高于众，且有毛的遗威在身，他敢直言：**"毛在，毛说了算；我在，我说了算"**（李锐言）。邓有如此权威，实有他人不及的资历所支撑：当年还在西南时，韩战爆发，他即电呈毛出兵不忘扫除内部反动势力（镇反）；反右运动他是前台指挥，去大学作报告，"几百万解放军不怕几个学生娃娃造反"；大跃进，毛当众封邓为副帅，"我是主帅，你是副帅。敢不敢指挥呀？"（此大跃进封党棍挂帅之事，多年不公开）。1960 年开始的反苏修，更见毛倚重于邓，大打出手，邓出征莫斯科七次，还出任大外宣"九评"的负责人……可见文革前，邓已是毛的极端暴力路线的"心腹大臣"、御前特宠。

骑劫胡赵，以韬晦谋略应付苏东危机

因此，邓在"邓小平时代"，不遗余力维护毛及其"思想"的正统地位，掩饰毛对其党国造成巨大灾难的罪责，擅自宣布毛像永远悬挂天安门……有顽强的忠君意识与主仆恩怨。邓凭借在毛统治下分享独裁权力的丰富经验和高度信心，在他晚年执政的 1978～1997，近二十年间，为所欲为，肆无忌惮，不单鼓吹助长贫富悬殊的畸形发展，而且在政治上不断强化对公民权利的剥夺，自由、法制每况愈下。

最放胆无忌的措施是，将开放中的胡耀邦、赵紫阳体系一锅端掉，悍然动用武力镇压八九学生运动。外交上亦独断独行，甚至悍然发动 1979 年侵略越南战争、死撑红色高棉暴虐政权。虽遭到国际广泛谴责，侵越战争在联大仅一票支持。不顾民意强行收回香港主权，都显示一个独裁霸主的心态。

面对 1991 年苏联解体、苏共溃败，这二十世纪最大的地缘政治事件。一个顽强赤化半个地球七十年的共产帝国，瞬间从地平在线消失。——这是对邓小平一党独裁从未有过的最大挑战。党政军内都有梦魇般的惊恐反应，唇亡齿寒，何去何从？国际上更不乏"多米诺骨牌效应"的观望者。邓明白，中共的诞生和体制都来自联共（布）。而毛邓倾力而为的"反修反苏"，喧嚣天下，又如何交代？

最可怕是这个超级大国的崩溃，不是来自战争和西方渗透，甚至不是政变。换言之，是人民，包括二千万党员，抛弃这个强制给他们的伟大联盟和红遍世界的共产党。而此刻正是镇压天安门民主运动硝烟未散之际，内忧外患之下，只见邓小平"矮人多心计"，稳坐钓鱼船，抛出对策（二十八字诀）：

"冷静观察、稳住脚跟、沉着应付、韬光养晦、善于守拙、绝不当头、有所作为。"

——对内则有"不走老路、不走邪路"，改变世界大战观，分析东西方冷战新局。在清洗胡耀邦赵紫阳改革派的政治体制后，大力加速改革开放、谋求经济成为统治合法性基础……形成以"韬光养晦"为名的应变策略，阶段性战役，延续到习近平上台，长达二十年。

"韬光养晦"是中国传统的隐忍术法，卧薪尝胆，生聚教训，很多人物包括邓本人都借此避过逆境，而伺机再起，打倒敌手。这种权谋之计多求"逆转胜"。邓小平的二十八字诀，正是如此。

在此韬晦期间，他和他指定的接班人，大力烹调民族主义浓汤：九七香港、零八奥运，醉倒众生。最得意 2000 年加入世贸，终于 GDP 激升百倍，以"世界工厂""世界市场"之姿，达到经济总量第二的大国地位……同时，就像晚清的洋务运动一样，"中学为体、西学为用"，帝制不能改变。共产党专权也不能改变。或谓"只要赛先生，不要德先生"。坚拒历史反省，不放弃俄罗斯共产党久加诺夫检讨苏共失败之因，继续实行**"权力垄断、资源垄断和意识形态垄断"**。

这是邓小平名为"改革开放"，实为第二次"洋务运动"的本质所在。也是邓集团面对世界性共产运动大危局的一场救亡运动。他们不认输，对中国式权力垄断有信心。文革式大灾难都闯过来，不择手段就可以立竿见影，保住红色江山……

红卫兵接棒统治和复辟终身制

他们面对这次 1991 年冬发生的全球共党大危机，采取了硬软两手策略应对。一方面有他们数十年应付无数次危机的强硬经验。如对 1956 年匈牙利事件，毛恐吓说我们杀了几十万反革命知识分子"比秦始皇厉害一百倍"……最成功莫过于害死数千万人的"大饥荒"，利用封锁、谎言、嫁祸于人等手段，竟然使国内外不少人数十年不知有此二十世纪最大的饥荒灾难！（如历史学家唐德刚教授，1980 年回安徽探亲，始知不少乡亲在 20 年前已经饿死，伏案大哭……）

邓看到文革后新时期的社会控制有成效：已经摆脱闭关锁国十多年，全面阶级斗争狂热，为拜金享乐的追求所代替。这是实施养精蓄锐的"韬晦"策略的有利背景。邓亲历毛使用无法无天的暴力惨遭失败，不如选择"软刀子专政"，欺诈和收买为主的手段，例如压制言论的三不政策、统战港台的"一国两制"等等。外交弃毛之"联美反苏"，"一条横线"，世界革命当老大，落为笑柄。（邓不忘和基辛格会谈，诬蔑赫尔辛基欧安会是慕尼黑主义，被基辛格驳斥打脸，无话可说。）——避免文革式极端暴政模式，内外政策有一定程度的缓和与务实。讨好美国，交代幕僚"不能反美"……都印证"中国老百姓是好统治的"这句老话。

在韬晦策略初期期间，主政的江泽民、胡锦涛，分别代表战后技术官僚和共青团派系。他们的保守和平庸，却厚颜执政二十年，缘于邓等老人帮铲除中共史上最有改革希望的第二代（来自三八式干部）胡耀邦赵紫阳，而自命"第二代"，强行"四个坚持"。相延江泽民胡锦涛二朝，毫无自主力，依循封锁、杜绝任何自由化多元化的可能性。换来上下交相利的权钱色官僚阶层，以仅占 0.4%人口，巧取豪夺 70%的国家财富。他们推出意在分化中东、赤化非洲的"一带一路"战略；封网谷歌、推特、脸书、维基百科；扼杀港台蒙疆自决民意的"反分裂法""国安法"出台……可谓韬晦之下，苛政横行依旧、政治上不敢越雷池一步。决定性地为习近平上台准备了条件。

西方传媒惊叹：让我们期待 2035 年！

韬光养晦的权宜性质，不可能是长久之计。按照毛打掉刘林、邓打掉胡赵的时序，轮到了第五代"文革"一代接班。那是 1950 年代前期出生的高干子弟，俗称"太子党"一辈。臭名昭著的"**红卫兵**"正是这代人的纹身标志。1953 年出生的习近平是他们的代表，黄袍加身，开口就以"竟无一人是男儿"昭示天下。大力推行个人崇拜，小学生也要读"习近平思想"，滥施一党制到无孔不入地步，和尚也要排队听党的话。他要数千万党员都是"男儿"。"战狼外交"不顾国际礼仪，天天恶骂曾支持中国崛起的西方大国为"外国敌对势力"，煽动极端民族主义无度……

——这一切都为了颠覆邓小平曾经否定的终身制！眼看习近平公然在北京"二十大"会场羞辱胡锦涛，海内外观众无不对中国政治前景完全失望。习报告指出党内"存在不少落实党的领导弱化、虚化、淡化、边缘化问题，对党中央重大决策部署执行不力。党员干部政治信仰出现严重危机……"这不仅是对内部问题的暴露，也是习政治野心膨胀和将走向"2.0 文革"的预警。

可以设想，习近平心目中，有这个数十年的铁打江山，他可以 100% 的得票率，毫无牵制地为所欲为，实现他的皇帝梦。西方传媒已经发出惊叹："让我们期待 2035 年吧！"到那年，习近平不过八十二岁，完成他的第三度连任。那时是毛泽东、勃涅日列夫临终之年。（到 2026 年之际，敏感的外国记者发现，已在位 13 年的习近平，没有丝毫找接班人气象。）

中国人对帝王将相的预言，充满历史的宿命论。一个在此东方大国无法无天折腾七十多年的政党，经过此番韬光养晦，躲过一劫。红色暴龙再起，肆无忌惮，在全球愤怒的乌克兰战争中，竟和侵略者结盟，反西方、反北约、反美国……韬光养晦，有此遗效，邓小平生前有无预感？他和毛泽东一样没有遗嘱。

2023 年纽约，2026-1-20 校排版稿

结论：十评毛泽东

【作者按：本文为《开放杂志》2014 年 1 月号作。事缘杂志即将上网，结束二十八年印刷版，有感于主编的批毛立场，应该有一篇归纳性的文章交代读者。率而命笔，拙文发表迄今已十年。不久前得到 YouTube 网站配图以"为千百万冤魂代言"之名广泛传阅。特选为本书之结论供参考。】

一、实施阶级灭绝政策，反人类罪

中共建国后，毛在位二十七年中，发动连续不断的政治运动，以阶级斗争和无产阶级专政为名，划分阶级成分，制造敌我矛盾和革命对象，从国府人员到文化知识界，最后转向国家干部和党内。一浪高一浪，打击面不断扩大，国家机关变为"绞肉机"（林立果）。法纪虚设，一党专政走向个人独裁。数据显示几乎所有大运动都是出自毛的主张和决策，而取得"伟大胜利"。成绩错误永远是"九个指头比一个指头"。损害与残暴被掩盖。

毛独创"按比例"杀人、定罪之法，镇反、土改、肃反、反右都有不同的镇压、捕人百分比。强制完成指标，全面实施"杀关管"，"五类分子"遍布城乡。尤为惨烈的是，地富阶级、国府官吏、军警人员、右派分子及其家属，大规模遭到株连、劳改、杀戮、家破人亡，人权尽毁，祸及子孙，沦为贱民残渣者，数量不可量计。"一切运动都是镇反运动"——这种以公权力实施的暴行，完全达到国际公法的群体灭绝罪、反人类罪性质。

二、荒诞跃进大饥荒，饿殍四千万

毛 1957 年访苏回来，发动异想天开的"大跃进"人民公社运动。强行征粮，办公共食堂，演成一场惨绝人寰的大饥荒，赤地千里，饿殍遍野，人相食，重灾区十室九空，一村村人死光。学者调查结果，死于饥馑者不下三千至四千万。这场空前绝后的灾难，毛负有始作俑者、见死不救的责任。毛为达空想指标下令要"马克思加秦始皇强迫命令"，吃不饱"不如死一半给一半人吃饱""大跃进，中国非死五千万人不可"，亲定超额公粮指标。灾情急如火，不仅不开仓赈灾（储粮充足），还封锁消息，不准逃荒。

特别恶劣的是，事发后，毫无悔意自责，且嫁祸于人。如饿死百万人的信阳事件，竟批示是反革命复辟、国民党残余势力的猖狂报复所致，逮捕十余万基层干部。更在高层整肃异议者，先罢彭德怀，后诛刘少奇。不惜发动阶级斗争、四清、直至文革，以掩饰其千古大祸之罪，厚黑居心，无出其右。

三、谋杀国家主席刘少奇

刘少奇（1898-1969）是 1959 年、1964 年两届全国人大选出的国家主席兼国防委员会主席。因和毛泽东产生政策分歧，在毛发动的文革中被"诬陷，残酷迫害"（悼词）至死。毛是加害的元凶。1966 年写"炮打司令部"、1968 年诬陷刘是最大的"走资派""叛徒、内奸、工贼"，1969 年将病重瘫痪的刘押送河南开封，撤销药物治疗，捆绑在床六个月，直至十一月十三日死亡。死后不准以真名火化。

这是十足的谋杀罪行，完全超越权力之争性质。没有毛的指令，具体执行者周恩来等人绝不敢妄为。毛在内部斗争中，采用形式不同的谋杀手段，对异己在肉体上加以毁灭，如文革中还有彭德怀、贺龙、林彪甚至周恩来（拖延治癌）等人。刘少奇是法定的国家元首，谋杀性质至为严重。

四、复辟家天下，操纵江青篡权祸国

毛在文革中，自称"无法无天"，打破党纪国法，任命妻子江青为中央文革小组领导人，让江青充当文革"旗手"，打倒一切，大乱天下，公报私仇，冤死于江青旨意之下的干部、知识分子不计其数。毛独裁无忌，大权私授，可查的文件中，对身后接班名单都有批示："党主席江青"。江青在受审时，也公开宣称毛给华国锋的批示中还有两句："有问题，找江青"。江青自称"我是毛主席的一条狗，教我咬谁我咬谁"。

四人帮承受祸国殃民的全部罪责，真正的主犯毛却只是犯了"三七开"的错误，这是对历史的公然颠倒。毛还要侄子毛远新接掌军权，据张玉凤提供的两份毛圈定的接班名单，第一人都是毛远新。"八人帮"在毛遗体前连手的合影更是昭然若揭——这是毛颠覆共和国体制，复辟皇权家天下的大罪。

五、煽动仇恨，教唆青少年大施红色恐怖

在个人崇拜背景下，产生以中学生为主的"红卫兵"运动，得到毛的大力支持，举行八次上百万人的天安门接见，煽动他们"要武"，学生打死老师、子女斗争父母，冲向社会"横扫牛鬼蛇神"。仅 1966年红八月在北京被红卫兵活活打死的无辜教师与民众达 10275 人（彭小明回忆录），自杀二十万人。并导致全国大规模的捣毁文物、殴斗知识分子和无法控制的"武斗"。文化革命变为暴力肆虐，腥风血雨的大仇杀。毛发表多次打人有理、越乱越好，"八亿人不斗行吗？"等"最高指示"，要求 1967 年展开"全国全面内战"。

死于文革浩劫者数以百万计（叶剑英说被迫害二千万）。祸首非毛莫属。尤其伤天害理的是，利用心智尚未成熟的青少年去做打砸抢杀的政治斗争牺牲品，古今中外，绝无仅有。

六、焚书坑儒毁灭文化与科技教育

毛泽东 1958 年说，秦始皇算什么？他只坑了四百六十个儒，我们坑了四万六千个儒，我们镇反还没有杀掉一些反革命的知识分子吗？我们超过秦始皇一百倍。——当时听众发出一片笑声。到了文革，就再没有人笑了。毛的"焚书坑儒"再次成千百倍地增长。

大革文化之命，已是铺天盖地、血淋淋的现实。传统文化古迹被狂暴地破坏达八成以上，图书馆被扫四旧，文物藏书都是"封资修"的大毒草被毁弃。知识分子被划归"臭老九"，游街示众，人身侮辱是家常便饭。全国大中学校停课关闭闹革命数年之久，科研停顿，实验室被砸掉，一个文明古国倒退到蛮荒边缘。这一切都来自于毛的指示："不要迷信大学，孔夫子也没有上过大学""资产阶级统治我们学校的现象不能再继续下去。"

七、勾结日寇里通汉奸，叛国有罪

毛泽东为推翻国民政府夺取政权，无所不用其极。八年抗战，国军在正面战场浴血杀敌，牺牲惨重。毛在延安坐拿八路军饷，保存实力，扩大地盘。制定"一分抗日、二分应付、七分发展"的战略方针，借日寇入侵良机，损耗国军，此说已为战况所证实。不特于此，苏共驻延安代表孙平还有电文记录：毛长期保持和日军冈村宁次南京总部"可耻的"秘密关系。

在 1943 年的重要关头，毛又派潘汉年赴南京和汪精卫伪政府联络，实行"联日反蒋"谋略，被汪严词所拒。此机密为毛严密控制。1955 年潘在北京开会，请示上司陈毅有关会晤汪精卫之史事。不料毛竟翻脸，指示要将潘关押，封口至死，以掩盖他的通敌叛国之罪。潘入狱后，毛七次会见日本来宾，都笑谑"感谢皇军侵略中国，我们才能走出山沟取得胜利……"

八、诽谤赫鲁晓夫改革遗毒至今

今日中共领导所以对苏联瓦解恐惧万分，根源来自毛泽东对苏共二战后尤其是苏共二十大后，以赫鲁晓夫为代表的改革派的妖魔化。中苏分歧从论战反修到边界火并，本质上是农民造反打天下做皇帝的毛政权，根本不理解一个工业化大国在和平经济竞争时代，思维与体制求变的历史趋势。毛主导的反修"九评"，不过是列宁时代的陈词滥调加民族主义的煽情之作，而对苏联现实的扭曲则是中共宣传一贯的欺诈手法，最后，反修成为文革浩劫的旗帜，两党分歧，意识形态之争变成两国交恶，国家利益受损。

1957 年毛在莫斯科摆出大家长姿态，信口雌黄，那正是自绝于国际共运人性化主流的开始，背道而驰的受害者是他的八亿臣民，被极左折腾到生不如死。中苏分歧长达二十余年，阴影笼罩，流毒深广，党内外惨遭迫害者无数。由于邓小平专横，一手遮天，毛的反苏政策及其恶果，从未得到清算。成为今日中国政治改革容纳自由民主主义一大思想障碍。

九、输出暴政，红色高棉杀人三百万

毛泽东输出革命，无孔不入。北美、欧洲、日本并不成功。收买一个阿尔巴尼亚，为了拉拢霍查反苏，1961 年，一次就给了五亿卢布。在亚洲、非洲、拉丁美洲大量撒钱，助建"毛主义党"。在东南亚下足功夫，花钱不下于二百亿美元。最突出的是支持波尔布特的红棉（赤柬），只因波布最仰慕毛主义。中联部负责为赤柬游击队提供经费、武器、人员等资源，1975 年攻占金边，将中国大跃进人民公社极左模式推向恐怖极端。三天内清空首都，暴力驱赶下乡，死伤无算。在全国废除货币、关闭学校、禁止出版、拆散家庭，进行大清洗、设集中营，被屠杀、饿死者二、三百万，含华裔二十一万。波尔布特与英萨利事后即赴北京晋见毛报喜。

三年后，赤柬终于被越南军队推翻，建立亲越政府。中共在联合国仍然承认已被瓦解的赤柬政府，且在 1979 年邓小平继承毛旨发动侵越战争（国际上只获北韩一家支持），九十年代赤柬杀人魔头受到国际法庭公审。

十、超级特权，中国贪腐第一人

毛泽东被宣传为生活简朴从不摸钱的领袖。实际上，他享有帝王般的豪华富贵，骄奢淫逸。在全国人民挣扎在工资三、五十元的贫穷岁月中，毛拥有六十一座行宫，虽然有的从未住过，是各地高干的谄媚之作，但劳民伤财，划为禁苑，动辄占地数千平米，侍仆成群，远非今日贪官豪宅成串可比。著名韶山"滴水洞"密宫，建于大饥荒年代，造价上亿，工程奇特，相当于一百万劳力苦役一年。

毛的巨额稿费有人估算过亿元，官方只认一百二十万元。但五十年代已达百万，后来累计无疑是天文数字。而铁的事实是，文革斗私已经取消全国稿费制，独留"伟大领袖"一人享有。而且中外作家的出版权连同著作，都被扫进垃圾堆，毛在这样专制垄断之下，获取的稿费无论百万、上亿不仅是卑鄙贪污，毋宁说是公开的抢劫掠夺。

至于"和多名女性发生不正当关系"，这对贪官的流行指控，对于毛而言，那岂是小巫见大巫？其玩弄女性、荒淫无道，已是中国家喻户晓的谈资。中纪委若要立案，不用调查。

2024-6.20 纽约
2026-1-20 校排版稿

附录：参考书目

【说明：本书目谨以"作者编者•书名•出版时间•地区"中文录之，编排无分类顺序，多选自作者的藏书。】

谭若思　　毛泽东传 1989 中国

何方　　　谈毛泽东外交 2017 香港

傅建中　　季辛吉秘录 1998 台北

杨奎松　　毛泽东与莫斯科的恩恩怨怨 1999 中国

笑蜀　　　历史的先声：中共曾经的承诺 2013 香港

蒋永敏 刘维开　　蒋介石与国共和战 2012 台北

沈志华　　毛泽东斯大林与朝鲜战争 2017 台北

唐德刚　　李宗仁回忆录（上下册）2010 台北

罗伊•麦德维杰夫　　斯大林和斯大林主义 1989 中国

麦克阿瑟　　麦克阿瑟回忆录（梁颂宇）2017 中国

陈孝威　　为什么失去大陆？ 1988 香港

杨继绳　　墓碑 2010 香港

王友琴　　文革受难者 2004 香港

高华　　　红太阳是怎样升起的 2005 香港

依娃　　　寻找大饥荒的幸存者 2013 美国

韩素音　　周恩来与现代中国 1995 台北

莫士莱　　马歇尔传 1992 台北

周榆瑞　　彷徨与抉择 1962 2015 香港

高文谦　　晚年周恩来 2003 美国

阎明复　　阎明复回忆录 2015 中国

余汝信　　文革与人民解放军 2012 香港

师哲　　　在历史巨人身边 1992 中国

李锐　　　庐山会议实录 1991 中国

许行　　　共产帝国的陨落 2014 中国

江流　　　苏联剧变研究 1994 中国

金挥等　　战后苏联经济 1985 中国

费正清　　美国与中国 1974 中国

马克思恩格斯　　论殖民主义 1962 中国

建国以来毛泽东文稿（1-13 卷）1987-1999 中国

毛泽东年谱（1-6 册）2013　中国

周恩来年谱（上中下三卷）1997 中国

刘少奇年谱（上下卷）1998 中国

毛泽东军事文集（第五卷）1993 中国

中文大学　　中华人民共和国史（第 4-8 卷）2008 香港

石仲泉等　　中共八大史 1998 中国

香港文化资料社　　中苏论战文选 1977 香港

姜义华　　毛泽东卷 1994 中国

毛泽东　　毛泽东诗词集 1996 中国

张戎 哈利戴　　毛泽东鲜为人知的故事 2006 香港

潘佐夫 梁思文　　毛泽东真实故事 2015 台北

赫鲁晓夫回忆录 1976 中国

戈巴乔夫回忆录 1995 中国

福尔采娃等　在苏共二十大的发言 1956 中国

西蒙诺夫　　我写斯大林 1991 中国

托洛茨基　　斯大林评传 1998 中国

托洛茨基自传　1941 香港

丘耶夫　　　同莫洛托夫的 140 次谈话 1992 中国

约翰多恩堡　　勃烈日涅夫 1978　香港

楼文渊　　老蒋在干啥　2019 台北

金钟　　　红朝宰相 周恩来人格分析 1998 香港

孟庆树　　陈绍禹王明传记与回忆 2011 莫斯科

李志绥　　毛泽东私人医生回忆录 1994 台北

宗凤鸣　　赵紫阳软禁中的谈话 2006 香港

千家驹　　千家驹自撰年谱 1997 中国

费正清　　费正清对华回忆录 1991 中国

司徒雷登　　在华五十年 从传教士到大使 2012 中国

马若德 费正清　　剑桥中华人民共和国史 中国

黄仁宇　万历十五年 1985 台北

庄士敦　紫禁城的黄昏 1991 中国

孟森　明清史讲义 1981 中国

李剑农　戊戌以后三十年中国政治史 1980 中国

袁伟时　晚清大变局思潮与人物 1995 中国

浦洛基　雅尔塔 改变世界的八日秘会 2011 台北

琼斯、凯维尔　中苏关系内幕纪实（1949-1984）1995 北京

司徒华　大江东去 司徒华回忆录 2011 香港

蒋梦麟　西潮 1959　台北

维克特　红都女皇江青同志 2016 香港

傅秉常　傅秉常日记 2017 中国

王凡西　双山回忆录 1988 香港

梁升俊　蒋李恩怨录 1970 香港

余英时　余英时回忆录 2018 台北

陈克文　陈克文回忆录 2012 台北

冉鹏　仓皇辞庙 冉鹏日记 2020 台北

林桶法　1949 大撤退 2012 台北

许家屯　许家屯香港回忆录 1993 台北

阿川宏之　山本五十六 1994 台北

斯维特兰娜　致友人的二十封信 1980 中国

肖斯塔科维奇　见证 1998 中国

司马璐　瞿秋白传 1962 香港

章诒和　最后的贵族 2004 香港

赵旭　夹边沟惨案访谈录 2008 美国

降边嘉措　十世班禅喇嘛传记 1999 香港

金庸　香港的前途 1984 香港

余杰　西朝鲜为奴之地 2022 台北

张崇岫　战俘启示录 2014 香港

黄峥　王光美访谈录 2006 中国

张颖　外交风云亲历记 2005 中国

谭松　血红的土地 土改访问录 2019 台北

邱会作回忆录 2011　香港

吴法宪回忆录 2009　香港

聂荣臻回忆录（下）1984 北京
金冲及　　国共决战　2013 香港
徐景贤最后回忆 2013 香港
张国焘　　我的回忆（三卷）　1974 香港
司马璐　　斗争十八年 1952 香港
龚楚　　　我与红军 1954 香港
谭其骧　　简明中国历史地图集 1991 北京
刘绍唐　　传记文学月刊 台北
杜导正　　炎黄春秋杂志 中国
胡秋原　　中华杂志（1970 年代）　台北
金钟　　　开放三十年备忘录　2019 香港
金钟　　　金钟日记（手稿）1980～2020

（2025 年 10 月　金钟辑）